TRANZLATY

La lingua è per tutti

भाषा सभी के लिए है

Il richiamo della foresta

जंगल की आवाज़

Jack London

जैक लंदन

Italiano / हिंदी

Nel primitivo
आदिम में

Buck non leggeva i giornali.

बक अखबार नहीं पढ़ता था।

Se avesse letto i giornali avrebbe saputo che i guai si stavano avvicinando.

अगर उसने समाचार पत्र पढ़े होते तो उसे पता चल जाता कि मुसीबत आने वाली है।

Non erano guai solo per lui, ma per tutti i cani da caccia.

यह केवल उसके लिए ही नहीं, बल्कि हर समुद्री कुत्ते के लिए परेशानी थी।

Ogni cane con muscoli forti e pelo lungo e caldo sarebbe stato nei guai.

हर मजबूत मांसपेशियों वाला और गर्म, लंबे बालों वाला कुत्ता परेशानी में पड़ने वाला था।

Da Puget Bay a San Diego nessun cane poteva sfuggire a ciò che stava per accadere.

पुगेट बे से सैन डिएगो तक कोई भी कुत्ता आने वाली मुसीबत से बच नहीं सकता था।

Gli uomini, brancolando nell'oscurità artica, avevano trovato un metallo giallo.

आर्कटिक के अंधेरे में टटोलते हुए लोगों को एक पीली धातु मिली थी।

Le compagnie di navigazione a vapore e di trasporto erano alla ricerca della scoperta.

स्टीमशिप और परिवहन कम्पनियां इस खोज की तलाश में थीं।

Migliaia di uomini si riversarono nel Nord.

हजारों लोग उत्तरी क्षेत्र की ओर भाग रहे थे।

Questi uomini volevano dei cani, e i cani che volevano erano cani pesanti.

इन लोगों को कुत्ते चाहिए थे और जो कुत्ते वे चाहते थे वे भारी कुत्ते थे।

Cani dotati di muscoli forti per lavorare duro.

मजबूत मांसपेशियों वाले कुत्ते जिनसे परिश्रम किया जा सके।
Cani con il pelo folto che li protegge dal gelo.

ठंड से बचाने के लिए रोयेंदार कोट पहने कुत्ते।

Buck viveva in una grande casa nella soleggiata Santa Clara Valley.

बक, धूप से भरी सांता क्लारा घाटी में एक बड़े घर में रहता था।
La casa del giudice Miller era chiamata così.

जज मिलर का स्थान, उनके घर को बुलाया गया।
La sua casa era nascosta tra gli alberi, lontana dalla strada.

उसका घर सड़क से पीछे, पेड़ों के बीच छिपा हुआ था।
Si poteva intravedere l'ampia veranda che circondava la casa.

घर के चारों ओर फैले चौड़े बरामदे की झलक देखी जा सकती थी।
Si accedeva alla casa tramite vialetti ghiaiosi.

घर तक पहुंचने के लिए बजरी से बने रास्ते थे।
I sentieri si snodavano attraverso ampi prati.

रास्ते चौड़े-चौड़े लॉन के बीच से होकर गुजरते थे।
In alto si intrecciavano i rami degli alti pioppi.

ऊपर ऊंचे चिनार के पेड़ों की आपस में जुड़ी हुई शाखाएं थीं।
Nella parte posteriore della casa le cose erano ancora più spaziose.

घर के पीछे की ओर चीजें और भी अधिक विशाल थीं।
C'erano grandi scuderie, dove una dozzina di stallieri chiacchieravano

वहाँ बड़े अस्तबल थे, जहाँ एक दर्जन दूल्हे बातें कर रहे थे
C'erano file di cottage per i servi ricoperti di vite

वहाँ बेल-बूटे से सजे नौकरों की झोपड़ियाँ कतारों में थीं
E c'era una serie infinita e ordinata di latrine

और वहाँ बाहरी घरों की एक अंतहीन और व्यवस्थित श्रृंखला थी
Lunghi pergolati d'uva, pascoli verdi, frutteti e campi di bacche.

लम्बे अंगूर के बगीचे, हरे-भरे चरागाह, बगीचे और बेरी के खेत।

Poi c'era l'impianto di pompaggio per il pozzo artesiano.

फिर वहां आर्टेसियन कुँए के लिए पम्पिंग प्लांट भी था।

E c'era la grande cisterna di cemento piena d'acqua.

और वहां पानी से भरा बड़ा सीमेंट का टैंक था।

Qui i ragazzi del giudice Miller hanno fatto il loro tuffo mattutino.

यहां जज मिलर के लड़कों ने सुबह की सैर की।

E lì si rinfrescavano anche nel caldo pomeriggio.

और वे वहां गर्म दोपहर में भी ठंडक पाते थे।

E su questo grande dominio, Buck era colui che lo governava tutto.

और इस विशाल क्षेत्र पर, बक ही शासन करता था।

Buck nacque su questa terra e visse qui tutti i suoi quattro anni.

बक का जन्म इसी भूमि पर हुआ था और उन्होंने अपने पूरे चार वर्ष यहीं बिताए।

C'erano effettivamente altri cani, ma non avevano molta importanza.

वहाँ अन्य कुत्ते भी थे, लेकिन उनका कोई विशेष महत्व नहीं था।

In un posto vasto come questo ci si aspettava la presenza di altri cani.

इस विशाल स्थान पर अन्य कुत्तों की भी अपेक्षा की जा सकती थी।

Questi cani andavano e venivano oppure vivevano nei canili affollati.

ये कुत्ते आते-जाते रहते थे या व्यस्त कुत्तों के बाड़ों में रहते थे।

Alcuni cani vivevano nascosti in casa, come Toots e Ysabel.

कुछ कुत्ते घर में छिपे रहते थे, जैसे टूट्स और यिसाबेल।

Toots era un carlino giapponese, Ysabel una cagnolina messicana senza pelo.

टूट्स एक जापानी पग नस्ल का कुत्ता था, जबकि यिसाबेल एक मैक्सिकन बाल रहित कुत्ता था।

Queste strane creature raramente uscivano di casa.

ये विचित्र प्राणी शायद ही कभी घर से बाहर निकलते हों।

Non toccarono terra né annusarono l'aria esterna.

उन्होंने न तो ज़मीन को छुआ और न ही बाहर की खुली हवा को सूँघा।

C'erano anche i fox terrier, almeno una ventina.

वहाँ फॉक्स टेरियर भी थे, जिनकी संख्या कम से कम बीस थी।

Questi terrier abbaiavano ferocemente a Toots e Ysabel in casa.

ये टेरियर कुत्ते घर के अंदर टूट्स और यिसाबेल पर भयंकर रूप से भौंकते थे।

Toots e Ysabel rimasero dietro le finestre, al sicuro da ogni pericolo.

टूट्स और यिसाबेल खिड़कियों के पीछे सुरक्षित रहे।

Erano sorvegliati da domestiche armate di scope e stracci.

उनकी सुरक्षा झाड़ू और पोछा लेकर घरेलू नौकरानियां करती थीं।

Ma Buck non era un cane da casa e nemmeno da canile.

लेकिन बक कोई घरेलू कुत्ता नहीं था, और न ही वह कोई केनेल कुत्ता था।

L'intera proprietà apparteneva a Buck come suo legittimo regno.

सम्पूर्ण सम्पत्ति बक की थी तथा उस पर उसका वास्तविक अधिकार था।

Buck nuotava nella vasca o andava a caccia con i figli del giudice.

बक टैंक में तैरता था या जज के बेटों के साथ शिकार करने जाता था।

Camminava con Mollie e Alice nelle prime ore del mattino o tardi.

वह सुबह-सुबह या देर शाम मोली और ऐलिस के साथ टहलता था।

Nelle notti fredde si sdraiava davanti al fuoco della biblioteca insieme al giudice.

ठण्डी रातों में वह जज के साथ लाइब्रेरी की आग के सामने लेटता था।

Buck accompagnava i nipoti del giudice sulla sua robusta schiena.

बक ने जज के पोतों को अपनी मजबूत पीठ पर बिठाकर घुमाया।

Si rotolava nell'erba insieme ai ragazzi, sorvegliandoli da vicino.

वह लड़कों के साथ घास में लोटता रहा और उनकी कड़ी निगरानी करता रहा।

Si avventurarono fino alla fontana e addirittura oltre i campi di bacche.

वे फव्वारे तक गए और यहां तक कि बेरी के खेतों के पास से भी गुजरे।

Tra i fox terrier, Buck camminava sempre con orgoglio regale.

फॉक्स टेरियर कुत्तों के बीच, बक हमेशा शाही गर्व के साथ चलता था।

Ignorò Toots e Ysabel, trattandoli come se fossero aria.

उसने टूट्स और यिसाबेल को नजरअंदाज कर दिया, उनके साथ ऐसा व्यवहार किया जैसे वे हवा हों।

Buck governava tutte le creature viventi sulla terra del giudice Miller.

बक जज मिलर की भूमि पर सभी जीवित प्राणियों पर शासन करता था।

Dominava gli animali, gli insetti, gli uccelli e perfino gli esseri umani.

उसने पशुओं, कीड़ों, पक्षियों और यहां तक कि मनुष्यों पर भी शासन किया।

Il padre di Buck, Elmo, era un enorme e fedele San Bernardo.

बक के पिता एल्मो एक विशाल और वफादार सेंट बर्नार्ड थे।

Elmo non si allontanò mai dal Giudice e lo servì fedelmente.

एल्मो ने कभी भी जज का साथ नहीं छोड़ा और उनकी ईमानदारी से सेवा की।

Buck sembrava pronto a seguire il nobile esempio del padre.

बक अपने पिता के महान उदाहरण का अनुसरण करने के लिए तैयार लग रहा था।

Buck non era altrettanto grande: pesava sessanta chili.

बक इतना बड़ा नहीं था, उसका वजन एक सौ चालीस पाउंड था।

Sua madre, Shep, era una splendida cagnolina da pastore scozzese.

उनकी माँ, शेप, एक अच्छी स्कॉटिश शेफर्ड कुतिया थी।

Ma nonostante il suo peso, Buck camminava con una presenza regale.

लेकिन उस वजन पर भी, बक राजसी उपस्थिति के साथ चलता था।

Ciò derivava dal buon cibo e dal rispetto che riceveva sempre.

यह सब अच्छे भोजन और हमेशा प्राप्त सम्मान के कारण संभव हुआ।

Per quattro anni Buck aveva vissuto come un nobile viziato.

चार साल तक बक एक बिगड़ैल रईस की तरह रहा था।

Era orgoglioso di sé stesso e perfino un po' egocentrico.

उसे अपने आप पर गर्व था और वह थोड़ा अहंकारी भी था।

Quel tipo di orgoglio era comune tra i signori delle campagne remote.

दूरदराज के गांवों के सरदारों में इस तरह का गर्व आम बात थी।

Ma Buck si salvò dal diventare un cane domestico viziato.

लेकिन बक ने खुद को लाड़-प्यार में पाला गया घरेलू कुत्ता बनने से बचा लिया।

Rimase snello e forte grazie alla caccia e all'esercizio fisico.

शिकार और व्यायाम के माध्यम से वह दुबला और मजबूत बना रहा।

Amava profondamente l'acqua, come chi si bagna nei laghi freddi.

वह पानी से बहुत प्रेम करता था, जैसे लोग ठण्डी झीलों में स्नान करते हैं।

Questo amore per l'acqua mantenne Buck forte e molto sano.

पानी के प्रति इस प्रेम ने बक को मजबूत और बहुत स्वस्थ रखा।

Questo era il cane che Buck era diventato nell'autunno del 1897.

यह वह कुत्ता था जो बक 1897 की शरद ऋतु में बन गया था।

Quando lo sciopero del Klondike spinse gli uomini verso il gelido Nord.

जब क्लोंडाइक हमले ने लोगों को बर्फीले उत्तर की ओर खींच लिया।

Da ogni parte del mondo la gente accorse in massa verso la fredda terra.

दुनिया भर से लोग इस ठण्डी भूमि की ओर दौड़ पड़े।

Buck, tuttavia, non leggeva i giornali e non capiva le notizie.

हालाँकि, बक न तो अखबार पढ़ते थे और न ही समाचार समझते थे।

Non sapeva che Manuel fosse una persona cattiva con cui stare.

वह नहीं जानता था कि मैनुअल एक बुरा आदमी था।

Manuel, che aiutava in giardino, aveva un grosso problema.

बगीचे में मदद करने वाले मैनुअल के सामने एक गंभीर समस्या थी।

Manuel era dipendente dal gioco d'azzardo alla lotteria cinese.

मैनुअल को चीनी लॉटरी में जुआ खेलने की लत थी।

Credeva fermamente anche in un sistema fisso per vincere.

वह जीत के लिए एक निश्चित प्रणाली में भी दृढ़ता से विश्वास करते थे।

Questa convinzione rese il suo fallimento certo e inevitabile.

इस विश्वास ने उनकी असफलता को निश्चित और अपरिहार्य बना दिया।

Per giocare con un sistema erano necessari soldi, soldi che a Manuel mancavano.

किसी सिस्टम को चलाने के लिए धन की आवश्यकता होती है, जो मैनुअल के पास नहीं था।

Il suo stipendio bastava a malapena a sostenere la moglie e i numerosi figli.

उनके वेतन से उनकी पत्नी और कई बच्चों का गुजारा मुश्किल से हो पाता था।

La notte in cui Manuel tradì Buck, tutto era normale.

जिस रात मैनुअल ने बक को धोखा दिया, उस रात सब कुछ सामान्य था।

Il giudice si trovava a una riunione dell'Associazione dei coltivatori di uva passa.

न्यायाधीश किशमिश उत्पादक संघ की बैठक में थे।

A quel tempo i figli del giudice erano impegnati a fondare un club sportivo.

उस समय जज के बेटे एक एथलेटिक क्लब बनाने में व्यस्त थे।
Nessuno vide Manuel e Buck uscire dal frutteto.

किसी ने भी मैनुअल और बक को बाग से जाते हुए नहीं देखा।
Buck pensava che questa fosse solo una semplice passeggiata notturna.

बक ने सोचा कि यह सैर एक साधारण रात्रिकालीन सैर मात्र थी।
Incontrarono un solo uomo alla stazione della bandiera, a College Park.

कॉलेज पार्क स्थित फ्लैग स्टेशन पर उनकी मुलाकात केवल एक व्यक्ति से हुई।
Quell'uomo parlò con Manuel e si scambiarono i soldi.

उस आदमी ने मैनुअल से बात की और उन्होंने पैसों का लेन-देन किया।
"Imballa la merce prima di consegnarla", suggerì.

उन्होंने सुझाव दिया, "माल पहुंचाने से पहले उसे लपेट लें।"
La voce dell'uomo era roca e impaziente mentre parlava.

बोलते समय उस आदमी की आवाज़ कर्कश और अधीर थी।
Manuel legò con cura una corda spessa attorno al collo di Buck.

मैनुअल ने सावधानीपूर्वक बक की गर्दन के चारों ओर एक मोटी रस्सी बाँधी।
"Se giri la corda, lo strangolerai di brutto"

"रस्सी को मोड़ो, और तुम उसका खूब गला घोंटोगे"
Lo straniero emise un grugnito, dimostrando di aver capito bene.

अजनबी ने घुरघुराहट से यह दर्शाया कि वह अच्छी तरह समझ गया है।
Quel giorno Buck accettò la corda con calma e silenziosa dignità.

उस दिन बक ने शांति और गरिमा के साथ रस्सी स्वीकार कर ली।
Era un atto insolito, ma Buck si fidava degli uomini che conosceva.

यह एक असामान्य कार्य था, लेकिन बक को उन लोगों पर भरोसा था जिन्हें वह जानता था।

Credeva che la loro saggezza andasse ben oltre il suo pensiero.

उनका मानना था कि उनकी बुद्धिमत्ता उनकी सोच से कहीं आगे थी।

Ma poi la corda venne consegnata nelle mani dello straniero.

लेकिन फिर रस्सी अजनबी के हाथ में सौंप दी गई।

Buck emise un ringhio basso che suonava come un avvertimento e una minaccia silenziosa.

बक ने धीमी आवाज में गुर्राहट की, जो शांत धमकी के साथ चेतावनी थी।

Era orgoglioso e autoritario e intendeva mostrare il suo disappunto.

वह घमंडी और दबंग था, और अपनी नाराजगी जाहिर करना चाहता था।

Buck credeva che il suo avvertimento sarebbe stato interpretato come un ordine.

बक का मानना था कि उसकी चेतावनी को आदेश समझा जाएगा।

Con suo grande stupore, la corda si strinse rapidamente attorno al suo grosso collo.

उसे यह देख कर आश्चर्य हुआ कि रस्सी उसकी मोटी गर्दन के चारों ओर तेजी से कस गई।

Gli mancò l'aria e cominciò a lottare in preda a una rabbia improvvisa.

उसकी सांस रुक गई और वह अचानक गुस्से में लड़ने लगा।

Si lanciò verso l'uomo, che si lanciò rapidamente contro Buck a mezz'aria.

वह उस आदमी की ओर झपटा, जो तुरन्त ही हवा में बक से जा मिला।

L'uomo afferrò Buck per la gola e lo fece ruotare abilmente in aria.

उस आदमी ने बक का गला पकड़ लिया और उसे कुशलता से हवा में घुमा दिया।

Buck venne scaraventato a terra con violenza, atterrando sulla schiena.

बक को जोर से नीचे फेंका गया और वह पीठ के बल गिरा।

La corda ora lo strangolava crudelmente mentre lui scalciava selvaggiamente.

रस्सी ने अब उसका गला बेरहमी से दबा दिया और वह बेतहाशा लातें मारने लगा।

La sua lingua cadde fuori, il suo petto si sollevò, ma non riprese fiato.

उसकी जीभ बाहर गिर गई, छाती फूल गई, परन्तु सांस नहीं आई।

Non era mai stato trattato con tanta violenza in vita sua.

उनके जीवन में कभी भी उनके साथ इतनी हिंसा नहीं की गयी थी।

Non era mai stato così profondamente invaso da una rabbia così profonda.

वह पहले कभी इतने गहरे क्रोध से भरा नहीं था।

Ma il potere di Buck svanì e i suoi occhi diventarono vitrei.

लेकिन बक की शक्ति फीकी पड़ गई और उसकी आंखें काँच जैसी हो गईं।

Svenne proprio mentre un treno veniva fermato lì vicino.

जैसे ही एक रेलगाड़ी पास में रुकी, वह बेहोश हो गया।

Poi i due uomini lo caricarono velocemente nel vagone bagagli.

फिर दोनों व्यक्तियों ने उसे तेजी से सामान ढोने वाली गाड़ी में फेंक दिया।

La cosa successiva che Buck sentì fu dolore alla lingua gonfia.

अगली बात जो बक ने महसूस की वह थी उसकी सूजी हुई जीभ में दर्द।

Si muoveva su un carro traballante, solo vagamente cosciente.

वह हिलती हुई गाड़ी में आगे बढ़ रहा था, उसे केवल हल्का सा होश था।

Il fischio acuto di un treno rivelò a Buck la sua posizione.

रेलगाड़ी की सीटी की तेज आवाज ने बक को उसका स्थान बता दिया।

Aveva spesso cavalcato con il Giudice e conosceva quella sensazione.

वह कई बार जज के साथ सफर कर चुका था और उस भावना को जानता था।

Fu un'esperienza unica viaggiare di nuovo in un vagone bagagli.

यह एक बार फिर सामान ढोने वाली गाड़ी में यात्रा करने का अनोखा अनुभव था।

Buck aprì gli occhi e il suo sguardo ardeva di rabbia.

बक ने अपनी आँखें खोलीं और उसकी निगाहें क्रोध से जल उठीं।

Questa era l'ira di un re orgoglioso detronizzato.

यह एक घमंडी राजा का क्रोध था जिसे उसके सिंहासन से उतार दिया गया था।

Un uomo allungò la mano per afferrarlo, ma Buck colpì per primo.

एक आदमी उसे पकड़ने के लिए आगे बढ़ा, लेकिन बक ने पहले हमला कर दिया।

Affondò i denti nella mano dell'uomo e la strinse forte.

उसने उस आदमी के हाथ में अपने दांत गड़ा दिए और उसे कसकर पकड़ लिया।

Non mi lasciò andare finché non svenne per la seconda volta.

उसने तब तक नहीं छोड़ा जब तक कि वह दूसरी बार बेहोश नहीं हो गया।

"Sì, ha degli attacchi", borbottò l'uomo al facchino.

"हाँ, उसे दौरे पड़ते हैं," आदमी ने सामान वाले से कहा।

Il facchino aveva sentito la colluttazione e si era avvicinato.

सामान उठाने वाले ने संघर्ष की आवाज सुनी और पास आ गया।

"Lo porto a Frisco per conto del capo", spiegò l'uomo.

"मैं उसे बॉस के लिए 'फ्रिस्को' ले जा रहा हूँ," आदमी ने समझाया।

"C'è un bravo dottore per cani che dice di poterli curare."

"वहाँ एक अच्छा कुत्ता-डॉक्टर है जो कहता है कि वह उन्हें ठीक कर सकता है।"

Più tardi quella notte l'uomo raccontò la sua versione completa.

बाद में उस रात उस आदमी ने अपना पूरा ब्यौरा बताया।

Parlava da un capannone dietro un saloon sul molo.

उन्होंने यह बात डॉक पर स्थित एक सैलून के पीछे बने शेड से कही।

"Mi hanno dato solo cinquanta dollari", si lamentò con il gestore del saloon.

"मुझे केवल पचास डॉलर दिए गए थे," उसने सैलून वाले से शिकायत की।

"Non lo rifarei, nemmeno per mille dollari in contanti."

"मैं ऐसा दोबारा नहीं करूंगा, एक हजार रुपये की नकदी के लिए भी नहीं।"

La sua mano destra era strettamente avvolta in un panno insanguinato.

उसका दाहिना हाथ खून से सने कपड़े में कसकर बंधा हुआ था।

La gamba dei suoi pantaloni era completamente strappata dal ginocchio al piede.

उसकी पतलून का पैर घुटने से लेकर पैर तक फटा हुआ था।

"Quanto è stato pagato l'altro tizio?" chiese il gestore del saloon.

"दूसरे मग को कितने पैसे मिले?" सैलून वाले ने पूछा।

«Cento», rispose l'uomo, «non ne accetterebbe uno in meno».

"सौ," आदमी ने जवाब दिया, "वह एक सेंट भी कम नहीं लेगा।"

"Questo fa centocinquanta", disse il gestore del saloon.

"इसका मूल्य डेढ़ सौ आता है," सैलून वाले ने कहा।

"E lui li merita tutti, altrimenti non sono meglio di uno stupido."

"और वह इस सब के लायक है, अन्यथा मैं एक मूर्ख से बेहतर कुछ नहीं हूँ।"

L'uomo aprì gli involucri per esaminarsi la mano.

उस आदमी ने अपना हाथ जांचने के लिए कागज की पट्टियाँ खोलीं।

La mano era gravemente graffiata e ricoperta di croste di sangue secco.

हाथ बुरी तरह से फट गया था और उस पर सूखा खून लगा हुआ था।

"Se non mi viene l'idrofobia..." cominciò a dire.

"अगर मुझे हाइड्रोफोबिया नहीं हुआ तो..." उसने कहना शुरू किया।

"Sarà perché sei nato per impiccarti", giunse una risata.

"ऐसा इसलिए होगा क्योंकि तुम लटकने के लिए ही पैदा हुए हो," एक हंसी आई।

"Aiutami prima di partire", gli chiesero.

उनसे कहा गया, "जाने से पहले मेरी मदद करो।"

Buck era stordito dal dolore alla lingua e alla gola.

बक अपनी जीभ और गले में दर्द से स्तब्ध था।

Era mezzo strangolato e riusciva a malapena a stare in piedi.

उसका गला आधा दबा हुआ था और वह मुश्किल से सीधा खड़ा हो पा रहा था।

Ciononostante, Buck cercò di affrontare gli uomini che lo avevano ferito così duramente.

फिर भी, बक ने उन लोगों का सामना करने की कोशिश की जिन्होंने उसे चोट पहुंचाई थी।

Ma lo gettarono a terra e lo strangolarono ancora una volta.

लेकिन उन्होंने उसे नीचे गिरा दिया और एक बार फिर उसका गला घोंट दिया।

Solo allora riuscirono a segargli il pesante collare di ottone.

तभी वे उसके भारी पीतल के कॉलर को काट कर अलग कर सके।

Tolsero la corda e lo spinsero in una cassa.

उन्होंने रस्सी हटा दी और उसे एक टोकरे में डाल दिया।

La cassa era piccola e aveva la forma di una gabbia di ferro grezza.

टोकरा छोटा था और उसका आकार किसी खुरदरे लोहे के पिंजरे जैसा था।

Buck rimase lì per tutta la notte, pieno di rabbia e di orgoglio ferito.

बक क्रोध और आहत अभिमान से भरा हुआ पूरी रात वहीं पड़ा रहा।

Non riusciva nemmeno a capire cosa gli stesse succedendo.

वह समझ ही नहीं पा रहा था कि उसके साथ क्या हो रहा है।

Perché quegli strani uomini lo tenevano in quella piccola cassa?

ये अजीब आदमी उसे इस छोटे से बक्से में क्यों रख रहे थे?

Cosa volevano da lui e perché questa crudele prigionia?

वे उससे क्या चाहते थे और उसे यह क्रूर कैद क्यों दी गयी?

Sentì una pressione oscura e la sensazione che il disastro si avvicinasse.

उसे एक अंधकारमय दबाव महसूस हुआ; एक विपत्ति का एहसास जो उसके करीब आ रहा था।

Era una paura vaga, ma si impadronì pesantemente del suo spirito.

यह एक अस्पष्ट भय था, लेकिन यह उसके मन पर गहरा असर कर रहा था।

Diverse volte sobbalzò quando la porta del capanno sbatteva.

कई बार शेड का दरवाजा खटखटाने पर वह उछल पड़ा।

Si aspettava che il giudice o i ragazzi apparissero e lo salvassero.

उसे उम्मीद थी कि जज या लड़के आकर उसे बचा लेंगे।

Ma ogni volta solo la faccia grassa del gestore del saloon faceva capolino all'interno.

लेकिन हर बार केवल सैलून-कीपर का मोटा चेहरा ही अंदर झांकता था।

Il volto dell'uomo era illuminato dalla debole luce di una candela di sego.

आदमी का चेहरा मोमबत्तियों की मंद रोशनी से रोशन था।

Ogni volta, il latrato gioioso di Buck si trasformava in un ringhio basso e arrabbiato.

हर बार, बक की खुशी भरी भौंक एक धीमी, क्रोधित गुर्राहट में बदल जाती थी।

Il gestore del saloon lo ha lasciato solo per la notte nella cassa

सैलून-कीपर ने उसे रात भर पिंजरे में अकेला छोड़ दिया

Ma quando si svegliò la mattina seguente, altri uomini stavano arrivando.

लेकिन जब वह सुबह उठा तो और भी लोग आ रहे थे।

Arrivarono quattro uomini e, con cautela, sollevarono la cassa senza dire una parola.

चार आदमी आये और बिना कुछ कहे, सावधानी से टोकरा उठा लिया।

Buck capì subito in quale situazione si trovava.

बक को तुरन्त पता चल गया कि वह किस स्थिति में है।

Erano ulteriori tormentatori che doveva combattere e temere.

वे और भी अधिक कष्टदायक थे जिनसे उसे लड़ना और डरना पड़ा।

Questi uomini apparivano malvagi, trasandati e molto mal curati.

ये लोग दुष्ट, फटेहाल और बहुत बुरी तरह से तैयार दिख रहे थे।

Buck ringhiò e si lanciò contro di loro con furia attraverso le sbarre.

बक गुर्राया और सलाखों के बीच से उन पर भयंकर रूप से झपटा।

Si limitarono a ridere e a colpirlo con lunghi bastoni di legno.

वे बस हंसते रहे और उस पर लंबी लकड़ी की छड़ियों से प्रहार करते रहे।

Buck morse i bastoncini, poi capì che era quello che gli piaceva.

बक ने लाठी को चबाया, फिर उसे एहसास हुआ कि उन्हें यही पसंद है।

Così si sdraiò in silenzio, imbronciato e acceso da una rabbia silenziosa.

इसलिए वह चुपचाप लेट गया, उदास और शांत क्रोध से जलता हुआ।

Caricarono la cassa su un carro e se ne andarono con lui.

उन्होंने टोकरा एक गाड़ी में डाला और उसे लेकर चले गए।

La cassa, con Buck chiuso dentro, cambiò spesso proprietario.

बक को अंदर बंद कर देने वाला यह टोकरा अक्सर हाथों में बदलता रहता था।

Gli impiegati dell'ufficio espresso presero in mano la situazione e si occuparono di lui per un breve periodo.

एक्सप्रेस कार्यालय के क्लर्कों ने कार्यभार संभाला और कुछ देर तक उसे संभाला।

Poi un altro carro trasportò Buck attraverso la rumorosa città.

फिर एक अन्य गाड़ी बक को शोरगुल वाले शहर से होकर ले गई।

Un camion lo portò con sé scatole e pacchi su un traghetto.

एक ट्रक उसे बक्सों और पार्सलों के साथ एक नौका पर ले गया।

Dopo l'attraversamento, il camion lo scaricò presso un deposito ferroviario.

सड़क पार करने के बाद ट्रक ने उसे एक रेल डिपो पर उतार दिया।

Alla fine Buck venne fatto salire a bordo di un vagone espresso in attesa.

अंततः बक को प्रतीक्षारत एक्सप्रेस बोगी में बिठाया गया।

Per due giorni e due notti i treni trascinarono via il vagone espresso.

दो दिन और दो रात तक रेलगाड़ियाँ एक्सप्रेस डिब्बे को खींचती रहीं।

Buck non mangiò né bevve durante tutto il doloroso viaggio.

पूरी कष्टसाध्य यात्रा के दौरान बक ने न तो कुछ खाया और न ही कुछ पिया।

Quando i messaggeri cercarono di avvicinarlo, lui ringhiò.

जब एक्सप्रेस संदेशवाहक उसके पास आने की कोशिश करने लगे तो वह गुर्राने लगा।

Risposero prendendolo in giro e prendendolo in giro crudelmente.

उन्होंने उसका मजाक उड़ाया और उसे क्रूरतापूर्वक चिढ़ाया।

Buck si gettò contro le sbarre, schiumando e tremando

बक ने खुद को सलाखों पर फेंक दिया, झाग उगल रहा था और कांप रहा था

risero sonoramente e lo presero in giro come i bulli della scuola.

वे जोर-जोर से हंसे और स्कूल के गुंडों की तरह उसका मजाक उड़ाया।

Abbaiavano come cani finti e agitavano le braccia.

वे नकली कुत्तों की तरह भौंकने लगे और अपनी भुजाएं फड़फड़ाने लगे।

Arrivarono persino a cantare come galli, solo per farlo arrabbiare ancora di più.

वे उसे और अधिक परेशान करने के लिए मुर्गों की तरह बांग भी देने लगे।

Era un comportamento sciocco e Buck sapeva che era ridicolo.

यह मूर्खतापूर्ण व्यवहार था और बक जानता था कि यह हास्यास्पद है।

Ma questo non fece altro che accrescere il suo senso di indignazione e vergogna.

लेकिन इससे उनका आक्रोश और शर्म और बढ़ गई।

Durante il viaggio la fame non lo disturbò molto.

यात्रा के दौरान उन्हें भूख की ज्यादा चिंता नहीं हुई।

Ma la sete portava con sé dolori acuti e sofferenze insopportabili.

लेकिन प्यास के कारण तीव्र दर्द और असहनीय पीड़ा हुई।

La sua gola secca e infiammata e la lingua bruciavano per il calore.

उसका सूखा, सूजा हुआ गला और जीभ गर्मी से जलने लगे।

Questo dolore alimentava la febbre che cresceva nel suo corpo orgoglioso.

इस दर्द ने उसके गर्वित शरीर के भीतर बढ़ते बुखार को और बढ़ा दिया।

Durante questa prova Buck fu grato per una sola cosa.

इस परीक्षण के दौरान बक एक बात के लिए आभारी था।

Gli avevano tolto la corda dal grosso collo.

उसकी मोटी गर्दन से रस्सी हटा दी गई थी।

La corda aveva dato a quegli uomini un vantaggio ingiusto e crudele.

रस्सी ने उन लोगों को अनुचित और क्रूर लाभ दिया था।

Ora la corda non c'era più e Buck giurò che non sarebbe mai più tornata.

अब रस्सी गायब हो चुकी थी, और बक ने कसम खाई कि वह कभी वापस नहीं आएगी।

Decise che nessuna corda gli sarebbe mai più passata intorno al collo.

उसने निश्चय किया कि अब कभी भी उसकी गर्दन में रस्सी नहीं पड़ेगी।

Per due lunghi giorni e due lunghe notti soffrì senza cibo.

दो दिन और दो रात तक वह बिना भोजन के कष्ट झेलता रहा।
E in quelle ore, accumulò dentro di sé una rabbia enorme.

और उन घंटों में, उसके अंदर बहुत अधिक क्रोध पैदा हो गया।
I suoi occhi diventarono iniettati di sangue e selvaggi per la rabbia costante.

लगातार क्रोध से उसकी आंखें लाल और उग्र हो गयीं।
Non era più Buck, ma un demone con le fauci che schioccavano.

वह अब बक नहीं था, बल्कि एक तीखे जबड़े वाला राक्षस था।
Nemmeno il Giudice avrebbe potuto riconoscere questa folle creatura.

यहां तक कि जज भी इस पागल प्राणी को नहीं जानते होंगे।
I messaggeri espressi tirarono un sospiro di sollievo quando giunsero a Seattle

एक्सप्रेस संदेशवाहकों ने सिएटल पहुंचने पर राहत की सांस ली
Quattro uomini sollevarono la cassa e la portarono in un cortile sul retro.

चार लोगों ने टोकरा उठाया और उसे पिछवाड़े में ले आये।
Il cortile era piccolo, circondato da mura alte e solide.

आँगन छोटा था, जो ऊँची और ठोस दीवारों से घिरा हुआ था।
Un uomo corpulento uscì dalla stanza con una scollatura larga e una camicia rossa.

एक बड़ा आदमी लाल रंग की ढीली स्वेटर शर्ट पहने बाहर निकला।
Firmò il registro delle consegne con una calligrafia spessa e decisa.

उन्होंने डिलीवरी बुक पर मोटे और मोटे हाथ से हस्ताक्षर किये।
Buck intuì subito che quell'uomo era il suo prossimo aguzzino.

बक को तुरन्त ही यह आभास हो गया कि यह आदमी ही उसका अगला उत्पीड़क है।
Si lanciò violentemente contro le sbarre, con gli occhi rossi di rabbia.

वह हिंसक ढंग से सलाखों पर झपटा, उसकी आंखें क्रोध से लाल थीं।
L'uomo si limitò a sorridere amaramente e andò a prendere un'ascia.

वह आदमी बस मंद-मंद मुस्कुराया और कुल्हाड़ी लाने चला गया।
Teneva anche una mazza nella sua grossa e forte mano destra.

वह अपने मोटे और मजबूत दाहिने हाथ में एक डंडा भी लाया था।
"Lo porterai fuori adesso?" chiese l'autista preoccupato.

"अब आप उसे बाहर ले जाओगे?" ड्राइवर ने चिंतित होकर पूछा।
"Certo", disse l'uomo, infilando l'ascia nella cassa come se fosse una leva.

"ज़रूर," आदमी ने कहा और कुल्हाड़ी को लीवर की तरह टोकरे में ठूंस दिया।
I quattro uomini si dileguarono all'istante, saltando sul muro del cortile.

चारों व्यक्ति तुरन्त तितर-बितर हो गए और कूदकर आँगन की दीवार पर चढ़ गए।
Dai loro punti sicuri in alto, aspettavano di ammirare lo spettacolo.

वे ऊपर अपने सुरक्षित स्थानों से इस तमाशे को देखने के लिए इंतजार कर रहे थे।
Buck si lanciò contro il legno scheggiato, mordendolo e scuotendolo violentemente.

बक ने टूटी हुई लकड़ी पर झपट्टा मारा, उसे जोर से काटने और हिलाने लगा।
Ogni volta che l'ascia colpiva la gabbia, Buck era lì pronto ad attaccarla.

हर बार जब कुल्हाड़ी पिंजरे से टकराती, तो बक उस पर हमला करने के लिए वहां मौजूद होता।
Ringhiò e schioccò le dita in preda a una rabbia selvaggia, desideroso di essere liberato.

वह जंगली क्रोध से गुर्राया और चिल्लाया, वह आज़ाद होने के लिए उत्सुक था।

L'uomo all'esterno era calmo e fermo, concentrato sul suo compito.

बाहर खड़ा आदमी शांत और स्थिर था तथा अपने काम पर ध्यान लगाए हुए था।

"Bene allora, diavolo dagli occhi rossi", disse quando il buco fu grande.

"ठीक है, तुम लाल आंखों वाले शैतान," उसने कहा जब छेद बड़ा था।

Lasciò cadere l'ascia e prese la mazza nella mano destra.

उसने कुल्हाड़ी गिरा दी और डंडा अपने दाहिने हाथ में ले लिया।

Buck sembrava davvero un diavolo: aveva gli occhi iniettati di sangue e fiammeggianti.

बक सचमुच शैतान जैसा दिख रहा था; उसकी आंखें लाल और धधक रही थीं।

Il suo pelo si rizzò, la schiuma gli salì alla bocca e gli occhi brillarono.

उसका कोट कड़ा हो गया, उसके मुंह से झाग निकल रहा था, आंखें चमक रही थीं।

Lui tese i muscoli e si lanciò dritto verso il maglione rosso.

उसने अपनी मांसपेशियां सिकोड़ीं और सीधे लाल स्वेटर की ओर झपटा।

Centoquaranta libbre di furia si riversarono sull'uomo calmo.

एक सौ चालीस पाउंड का क्रोध शांत आदमी पर टूट पड़ा।

Un attimo prima che le sue fauci si chiudessero, un colpo terribile lo colpì.

इससे पहले कि उसके जबड़े बंद होते, एक भयानक प्रहार ने उसे घायल कर दिया।

I suoi denti si schioccarono insieme solo sull'aria

उसके दांत हवा के अलावा किसी और चीज पर नहीं टकराए

una scossa di dolore gli risuonò nel corpo

दर्द की एक लहर उसके शरीर में गूंज उठी
Si capovolse a mezz'aria e cadde sulla schiena e su un fianco.

वह हवा में उछलकर पीठ और बाजू के बल नीचे गिर पड़ा।
Non aveva mai sentito prima un colpo di mazza e non riusciva a sostenerlo.

उसने पहले कभी डंडे की मार महसूस नहीं की थी और वह उसे पकड़ नहीं पाया था।
Con un ringhio acuto, in parte abbaio, in parte urlo, saltò di nuovo.

एक तीखी गुर्राहट, कुछ भौंकने और कुछ चीख के साथ, वह फिर से उछला।
Un altro colpo violento lo colpì e lo scaraventò a terra.

एक और क्रूर प्रहार ने उसे घायल कर दिया और वह जमीन पर गिर पड़ा।
Questa volta Buck capì: era la pesante clava dell'uomo.

इस बार बक को समझ आ गया - यह उस आदमी का भारी डंडा था।
Ma la rabbia lo accecò e non pensò minimamente di ritirarsi.

लेकिन क्रोध ने उसे अंधा कर दिया था, और पीछे हटने का उसे कोई विचार नहीं सूझा।
Dodici volte si lanciò e dodici volte cadde.

बारह बार उसने स्वयं को आगे बढ़ाया, और बारह बार वह नीचे गिरा।
La mazza di legno lo colpiva ogni volta con una forza spietata e schiacciante.

लकड़ी का डंडा हर बार उसे निर्दयी, कुचलने वाली ताकत से कुचल देता था।
Dopo un colpo violento, si rialzò barcollando, stordito e lento.

एक भयंकर प्रहार के बाद वह लड़खड़ाते हुए, स्तब्ध और धीमा होकर अपने पैरों पर खड़ा हुआ।
Il sangue gli colava dalla bocca, dal naso e perfino dalle orecchie.

उसके मुंह, नाक और यहां तक कि कान से भी खून बह रहा था।

Il suo mantello, un tempo bellissimo, era imbrattato di schiuma insanguinata.

उसका कभी सुन्दर कोट खूनी झाग से सना हुआ था।

Poi l'uomo si fece avanti e gli sferrò un violento colpo al naso.

तभी वह आदमी आगे बढ़ा और उसकी नाक पर एक जोरदार वार किया।

L'agonia fu più acuta di qualsiasi cosa Buck avesse mai provato.

यह पीड़ा बक ने कभी महसूस की हुई किसी भी पीड़ा से अधिक तीव्र थी।

Con un ruggito più da bestia che da cane, balzò di nuovo all'attacco.

कुत्ते से अधिक जानवर जैसी दहाड़ के साथ, वह फिर से हमला करने के लिए उछला।

Ma l'uomo gli afferrò la mascella inferiore e la torse all'indietro.

लेकिन उस आदमी ने उसका निचला जबड़ा पकड़ लिया और उसे पीछे की ओर मोड़ दिया।

Buck si girò a testa in giù e cadde di nuovo violentemente al suolo.

बक सिर के बल पलटा और फिर से जोर से नीचे गिरा।

Un'ultima volta, Buck si lanciò verso di lui, ormai a malapena in grado di reggersi in piedi.

एक आखिरी बार, बक ने उस पर हमला किया, अब वह मुश्किल से खड़ा हो पा रहा था।

L'uomo colpì con sapiente tempismo, sferrando il colpo finale.

उस आदमी ने विशेषज्ञ समय पर अंतिम प्रहार किया।

Buck crollò a terra, privo di sensi e immobile.

बक बेहोश होकर गिर पड़ा और उसकी हालत स्थिर थी।

"Non è uno stupido ad addestrare i cani, ecco cosa dico io", urlò un uomo.

एक आदमी चिल्लाया, "मैं तो यही कहता हूं कि वह कुत्तों को भगाने में माहिर है।"

"Druther può spezzare la volontà di un segugio in qualsiasi giorno della settimana."

"डूथर सप्ताह के किसी भी दिन शिकारी कुत्ते की इच्छाशक्ति को तोड़ सकता है।"

"E due volte di domenica!" aggiunse l'autista.

"और रविवार को दो बार!" ड्राइवर ने कहा।

Salì sul carro e tirò le redini per partire.

वह गाड़ी में चढ़ गया और निकलने के लिए लगाम कस ली।

Buck riprese lentamente il controllo della sua coscienza

बक ने धीरे-धीरे अपनी चेतना पर नियंत्रण पा लिया

ma il suo corpo era ancora troppo debole e rotto per muoversi.

लेकिन उसका शरीर अभी भी इतना कमजोर और टूटा हुआ था कि वह हिल नहीं सकता था।

Rimase lì dove era caduto, osservando l'uomo con il maglione rosso.

वह जहां गिरा था, वहीं पड़ा रहा और लाल स्वेटर वाले आदमी को देखता रहा।

"Risponde al nome di Buck", disse l'uomo, leggendo ad alta voce.

"उसका नाम बक है," उस आदमी ने ऊंची आवाज में पढ़ते हुए कहा।

Citò la nota inviata con la cassa di Buck e i dettagli.

उन्होंने बक के टोकरे के साथ भेजे गए नोट और विवरण का हवाला दिया।

"Bene, Buck, ragazzo mio", continuò l'uomo con tono amichevole,

"ठीक है, बक, मेरे लड़के," आदमी ने दोस्ताना लहजे में कहा,

"Abbiamo avuto il nostro piccolo litigio, e ora tra noi è finita."

"हमारे बीच छोटी सी लड़ाई हुई थी और अब यह हमारे बीच ख़त्म हो गई है।"

"Tu hai imparato qual è il tuo posto, e io ho imparato qual è il mio", ha aggiunto.

उन्होंने कहा, "आपने अपनी जगह सीख ली है और मैंने अपनी जगह सीख ली है।"

"Sii buono e tutto andrà bene e la vita sarà piacevole."

"अच्छे बनो, तो सब ठीक हो जाएगा और जीवन सुखद हो जाएगा।"

"Ma se sei cattivo, ti spaccherò a morte, capito?"

"लेकिन अगर तुम बुरे बनोगे, तो मैं तुम्हें बुरी तरह पीटूंगा, समझे?"

Mentre parlava, allungò la mano e accarezzò la testa dolorante di Buck.

बोलते समय उसने अपना हाथ आगे बढ़ाया और बक के दुखते सिर पर थपथपाया।

I capelli di Buck si rizzarono al tocco dell'uomo, ma lui non oppose resistenza.

उस आदमी के स्पर्श से बक के रोंगटे खड़े हो गए, लेकिन उसने प्रतिरोध नहीं किया।

L'uomo gli portò dell'acqua e Buck la bevve a grandi sorsi.

वह आदमी उसके लिए पानी लाया, जिसे बक ने बड़े घूंटों से पी लिया।

Poi arrivò la carne cruda, che Buck divorò pezzo per pezzo.

फिर कच्चा मांस आया, जिसे बक ने टुकड़े-टुकड़े करके खा लिया।

Sapeva di essere stato sconfitto, ma sapeva anche di non essere distrutto.

वह जानता था कि उसे पीटा गया है, लेकिन वह यह भी जानता था कि वह टूटा नहीं है।

Non aveva alcuna possibilità contro un uomo armato di manganello.

डंडे से लैस एक आदमी के सामने उसके पास कोई मौका नहीं था।

Aveva imparato la verità e non dimenticò mai quella lezione.

उसने सच्चाई सीख ली थी और वह उस सबक को कभी नहीं भूला।

Quell'arma segnò l'inizio della legge nel nuovo mondo di Buck.

वह हथियार बक की नई दुनिया में कानून की शुरुआत थी।

Fu l'inizio di un ordine duro e primitivo che non poteva negare.

यह एक कठोर, आदिम व्यवस्था की शुरुआत थी जिसे वह नकार नहीं सकते थे।

Accettò la verità: i suoi istinti selvaggi erano ormai risvegliati.

उसने सत्य स्वीकार कर लिया; उसकी जंगली प्रवृत्तियाँ अब जाग चुकी थीं।

Il mondo era diventato più duro, ma Buck lo affrontò coraggiosamente.

दुनिया कठोर होती जा रही थी, लेकिन बक ने उसका बहादुरी से सामना किया।

Affrontò la vita con una nuova cautela, astuzia e una forza silenziosa.

उन्होंने जीवन का सामना नई सावधानी, चतुराई और शांत शक्ति के साथ किया।

Arrivarono altri cani, legati con corde o gabbie, come era successo a Buck.

और भी कुत्ते आ गए, जो बक की तरह रस्सियों या बक्सों में बंधे हुए थे।

Alcuni cani procedevano con calma, altri si infuriavano e combattevano come bestie feroci.

कुछ कुत्ते शांतिपूर्वक आये, जबकि अन्य उग्र होकर जंगली जानवरों की तरह लड़ने लगे।

Tutti loro furono sottoposti al dominio dell'uomo con il maglione rosso.

उन सभी को लाल स्वेटर वाले आदमी के शासन के अधीन लाया गया।

Ogni volta Buck osservava e vedeva svolgersi la stessa lezione.

हर बार बक ने देखा कि उसे वही सबक मिल रहा है।

L'uomo con la clava era la legge: un padrone a cui obbedire.

डंडा लिये हुए आदमी कानून था; एक मालिक जिसका पालन किया जाना था।

Non era necessario che gli piacesse, ma che gli si obbedisse.

उसे पसंद किये जाने की आवश्यकता नहीं थी, बल्कि उसकी आज्ञा का पालन किया जाना आवश्यक था।

Buck non si è mai mostrato adulatore o scodinzolante come facevano i cani più deboli.

बक कभी भी कमज़ोर कुत्तों की तरह चापलूसी या हरकत नहीं करता था।

Vide dei cani che erano stati picchiati e che continuavano a leccare la mano dell'uomo.

उसने देखा कि कुत्ते पीटे जाने के बावजूद भी उस आदमी का हाथ चाट रहे थे।

Vide un cane che non obbediva né si sottometteva affatto.

उसने एक कुत्ते को देखा जो न तो आज्ञा मानता था और न ही किसी के अधीन होता था।

Quel cane ha combattuto fino alla morte nella battaglia per il controllo.

वह कुत्ता नियंत्रण की लड़ाई में तब तक लड़ता रहा जब तक कि वह मारा नहीं गया।

A volte degli sconosciuti venivano a trovare l'uomo con il maglione rosso.

कभी-कभी अजनबी लोग लाल स्वेटर वाले उस आदमी को देखने आते थे।

Parlavano con toni strani, supplicando, contrattando e ridendo.

वे अजीब स्वर में बोल रहे थे, विनती कर रहे थे, मोल-तोल कर रहे थे और हंस रहे थे।

Dopo aver scambiato i soldi, se ne andavano con uno o più cani.

जब पैसे का लेन-देन हो जाता था, तो वे एक या अधिक कुत्तों के साथ चले जाते थे।

Buck si chiese dove andassero questi cani, perché nessuno faceva mai ritorno.

बक को आश्चर्य हुआ कि ये कुत्ते कहां चले गए, क्योंकि कोई भी कभी वापस नहीं आया।

la paura dell'ignoto riempiva Buck ogni volta che un uomo sconosciuto si avvicinava

हर बार जब कोई अनजान आदमी सामने आता तो बक के मन में अज्ञात भय भर जाता

era contento ogni volta che veniva preso un altro cane, al posto suo.

वह हर बार खुश होता था जब कोई दूसरा कुत्ता ले जाया जाता था, न कि खुद को।

Ma alla fine arrivò il turno di Buck con l'arrivo di uno strano uomo.

लेकिन अंततः एक अजीब आदमी के आगमन के साथ बक की बारी आई।

Era piccolo, nervoso e parlava un inglese stentato e imprecava.

वह छोटा, दुबला-पतला था और टूटी-फूटी अंग्रेजी बोलता था तथा गालियां देता था।

"Sacredam!" urlò quando vide il corpo di Buck.

"पवित्र!" वह चिल्लाया जब उसने बक के शरीर पर नजर डाली।

"Che cane maledetto e prepotente! Eh? Quanto costa?" chiese ad alta voce.

"यह तो बहुत ही बदमाश कुत्ता है! है न? कितना?" उसने ऊंची आवाज में पूछा।

"Trecento, ed è un regalo a quel prezzo",

"तीन सौ, और वह उस कीमत पर एक उपहार है,"

"Dato che sono soldi del governo, non dovresti lamentarti, Perrault."

"चूंकि यह सरकारी पैसा है, इसलिए आपको शिकायत नहीं करनी चाहिए, पेरौल्ट।"

Perrault sorrise pensando all'accordo che aveva appena concluso con quell'uomo.

पेरौल्ट ने उस आदमी के साथ जो सौदा किया था, उसे देखकर मुस्कुराया।

Il prezzo dei cani è salito alle stelle a causa della domanda improvvisa.

अचानक मांग बढ़ने के कारण कुत्तों की कीमत आसमान छू रही थी।

Trecento dollari non erano ingiusti per una bestia così bella.

इतने अच्छे जानवर के लिए तीन सौ डॉलर अनुचित नहीं था।

Il governo canadese non perderebbe nulla dall'accordo

इस सौदे में कनाडा सरकार को कुछ भी नुकसान नहीं होगा

Né i loro comunicati ufficiali avrebbero subito ritardi nel trasporto.

न ही उनके आधिकारिक प्रेषण में देरी होगी।

Perrault conosceva bene i cani e capì che Buck era una rarità.

पेरौल्ट कुत्तों को अच्छी तरह से जानते थे, और जानते थे कि बक एक दुर्लभ प्राणी है।

"Uno su dieci diecimila", pensò, mentre studiava la corporatura di Buck.

बक की काया का अध्ययन करते हुए उसने सोचा, "दस हजार में से एक।"

Buck vide il denaro cambiare di mano, ma non mostrò alcuna sorpresa.

बक ने पैसे को हाथों में बदलते देखा, लेकिन कोई आश्चर्य नहीं जताया।

Poco dopo lui e Curly, un gentile Terranova, furono portati via.

जल्द ही उसे और घुँघराले नामक एक सौम्य न्यूफाउंडलैंड को वहां से ले जाया गया।

Seguirono l'omino dal cortile della casa con il maglione rosso.

वे लाल स्वेटर वाले के आँगन से उस छोटे आदमी का पीछा करने लगे।

Quella fu l'ultima volta che Buck vide l'uomo con la mazza di legno.

वह आखिरी बार था जब बक ने लकड़ी के डंडे के साथ उस आदमी को देखा था।

Dal ponte del Narwhal guardò Seattle svanire in lontananza.

नारव्हेल के डेक से उसने सिएटल को दूर तक लुप्त होते देखा।

Fu anche l'ultima volta che vide le calde terre del Sud.

यह आखिरी बार था जब उन्होंने गर्म साउथलैंड को देखा था।

Perrault li portò sottocoperta e li lasciò con François.

पेरौल्ट उन्हें डेक के नीचे ले गया और फ्राँस्वा के पास छोड़ दिया।

François era un gigante con la faccia nera e le mani ruvide e callose.

फ्राँस्वा एक काले चेहरे वाला विशालकाय व्यक्ति था जिसके हाथ खुरदरे और कठोर थे।

Era un uomo dalla carnagione scura e dalla carnagione scura, un meticcio franco-canadese.

वह सांवला और काला था; एक अर्ध-नस्ल फ्रांसीसी-कनाडाई।

Per Buck, quegli uomini erano come non li aveva mai visti prima.

बक के लिए ये लोग ऐसे थे जिन्हें उसने पहले कभी नहीं देखा था।

Nei giorni a venire avrebbe avuto modo di conoscere molti di questi uomini.

आने वाले दिनों में उसे ऐसे कई लोगों से परिचय होगा।

Non cominciò ad affezionarsi a loro, ma finì per rispettarli.

वह उनसे प्रेम तो नहीं करने लगा, परन्तु उनका आदर करने लगा।

Erano giusti e saggi e non si lasciavano ingannare facilmente da nessun cane.

वे निष्पक्ष और बुद्धिमान थे, और किसी भी कुत्ते द्वारा आसानी से मूर्ख नहीं बनाये जा सकते थे।

Giudicavano i cani con calma e punivano solo quando meritavano.

वे कुत्तों का शांतिपूर्वक मूल्यांकन करते थे, तथा केवल तभी दण्ड देते थे जब वह दण्ड योग्य होता था।

Sul ponte inferiore del Narwhal, Buck e Curly incontrarono due cani.

नरव्हेल के निचले डेक पर बक और घुँघराले की मुलाकात दो कुत्तों से हुई।

Uno era un grosso cane bianco proveniente dalle lontane e gelide isole Spitzbergen.

उनमें से एक बड़ा सफेद कुत्ता था जो दूर स्थित बर्फीले स्पित्स्बर्गेन से आया था।

In passato aveva navigato su una baleniera e si era unito a un gruppo di ricerca.

वह एक बार एक व्हेलर के साथ यात्रा कर चुके थे और एक सर्वेक्षण समूह में शामिल हो गए थे।

Era amichevole, ma astuto, subdolo e subdolo.

वह धूर्त, छलपूर्ण और चालाक ढंग से मित्रतापूर्ण व्यवहार करता था।

Al loro primo pasto, rubò un pezzo di carne dalla padella di Buck.

अपने पहले भोजन के समय, उसने बक के पैन से मांस का एक टुकड़ा चुरा लिया।

Buck saltò per punirlo, ma la frusta di François colpì per prima.

बक उसे दण्ड देने के लिए कूदा, लेकिन फ्रांकोइस का चाबुक पहले ही लग गया।

Il ladro bianco urlò e Buck reclamò l'osso rubato.

सफेद चोर चिल्लाया और बक ने चुराई हुई हड्डी वापस ले ली।

Questa correttezza colpì Buck e François si guadagnò il suo rispetto.

इस निष्पक्षता ने बक को प्रभावित किया और फ्रांकोइस ने उनका सम्मान अर्जित किया।

L'altro cane non lo salutò e non volle nessuno in cambio.

दूसरे कुत्ते ने कोई अभिवादन नहीं किया, तथा बदले में कुछ भी नहीं चाहा।

Non rubava il cibo, né annusava con interesse i nuovi arrivati.

वह न तो भोजन चुराता था, न ही नए आने वालों पर दिलचस्पी से नज़र डालता था।

Questo cane era cupo e silenzioso, cupo e lento nei movimenti.

यह कुत्ता गंभीर और शांत, उदास और धीमी गति से चलने वाला था।

Avvertì Curly di stargli lontano semplicemente lanciandole un'occhiata fulminante.

उसने घुँघराले को घूरकर दूर रहने की चेतावनी दी।

Il suo messaggio era chiaro: lasciatemi in pace o saranno guai.

उनका संदेश स्पष्ट था; मुझे अकेला छोड़ दो, नहीं तो मुसीबत हो जायेगी।

Si chiamava Dave e non faceva quasi caso a ciò che lo circondava.

उसका नाम डेव था और वह अपने आस-पास की चीज़ों पर ध्यान ही नहीं देता था।

Dormiva spesso, mangiava tranquillamente e sbadigliava di tanto in tanto.

वह अक्सर सोता था, चुपचाप खाता था, और कभी-कभी जम्हाई लेता था।

La nave ronzava costantemente con il rumore dell'elica sottostante.

जहाज नीचे धड़कते प्रोपेलर के साथ लगातार गुनगुना रहा था।

I giorni passarono senza grandi cambiamenti, ma il clima si fece più freddo.

दिन तो थोड़े परिवर्तन के साथ बीत गए, लेकिन मौसम ठंडा हो गया।

Buck se lo sentiva nelle ossa e notò che anche gli altri lo sentivano.

बक इसे अपनी हड्डियों में महसूस कर सकता था, और उसने देखा कि अन्य लोग भी इसे महसूस कर रहे थे।

Poi una mattina l'elica si fermò e tutto rimase immobile.

फिर एक सुबह, प्रोपेलर बंद हो गया और सब कुछ शांत हो गया।

Un'energia percorse la nave: qualcosa era cambiato.

जहाज में एक ऊर्जा का संचार हुआ; कुछ बदल गया था।

François scese, li mise al guinzaglio e li portò su.

फ़्राँस्वा नीचे आया, उन्हें पट्टे पर बाँधा और ऊपर ले आया।

Buck uscì e trovò il terreno morbido, bianco e freddo.

बक ने बाहर कदम रखा और पाया कि ज़मीन नरम, सफ़ेद और ठंडी थी।

Lui fece un balzo indietro allarmato e sbuffò in preda alla confusione più totale.

वह घबराकर पीछे हट गया और पूरी तरह से असमंजस में पड़कर खर्राटे लेने लगा।

Una strana sostanza bianca cadeva dal cielo grigio.

भूरे आकाश से अजीब सफेद चीज गिर रही थी।

Si scosse, ma i fiocchi bianchi continuavano a cadergli addosso.

उसने अपने आप को हिलाया, लेकिन सफेद परतें उस पर गिरती रहीं।

Annusò attentamente la sostanza bianca e ne leccò alcuni pezzetti ghiacciati.

उसने उस सफ़ेद चीज़ को ध्यान से सूँघा और कुछ बर्फीले टुकड़े चाटे।

La polvere bruciò come il fuoco e poi svanì subito dalla sua lingua.

पाउडर आग की तरह जलने लगा, फिर उसकी जीभ से गायब हो गया।

Buck ci riprovò, sconcertato dallo strano freddo che svaniva.

बक ने पुनः प्रयास किया, वह उस अजीब सी लुप्त होती ठंडक से हैरान था।

Gli uomini intorno a lui risero e Buck si sentì in imbarazzo.

उसके आस-पास खड़े लोग हंसने लगे और बक को शर्मिंदगी महसूस हुई।

Non sapeva perché, ma si vergognava della sua reazione.

उसे पता नहीं था कि ऐसा क्यों हुआ, लेकिन उसे अपनी प्रतिक्रिया पर शर्म आ रही थी।

Era la sua prima esperienza con la neve e la cosa lo confuse.

बर्फ के साथ यह उसका पहला अनुभव था और इससे वह उलझन में पड़ गया।

La legge del bastone e della zanna
क्लब और फैंग का नियम

Il primo giorno di Buck sulla spiaggia di Dyea è stato un terribile incubo.

डाईया समुद्र तट पर बक का पहला दिन एक भयानक दुःस्वप्न जैसा लगा।
Ogni ora portava con sé nuovi shock e cambiamenti inaspettati per Buck.

प्रत्येक घंटा बक के लिए नये झटके और अप्रत्याशित परिवर्तन लेकर आया।
Era stato strappato alla civiltà e gettato nel caos più totale.

उसे सभ्यता से खींचकर जंगली अराजकता में फेंक दिया गया था।
Questa non era una vita soleggiata e pigra, fatta di noia e riposo.

यह कोई धूप-भरी, ऊबाऊ और आराम वाली आलसी जिंदगी नहीं थी।
Non c'era pace, né riposo, né momento senza pericolo.

वहाँ न शांति थी, न विश्राम, और न ही कोई क्षण खतरे से मुक्त था।
La confusione regnava su tutto e il pericolo era sempre vicino.

हर जगह भ्रम की स्थिति थी और खतरा हमेशा करीब था।
Buck doveva stare attento perché quegli uomini e quei cani erano diversi.

बक को सतर्क रहना पड़ा क्योंकि ये आदमी और कुत्ते अलग-अलग थे।
Non provenivano da città; erano selvaggi e spietati.

वे नगरों से नहीं थे; वे जंगली और निर्दयी थे।
Questi uomini e questi cani conoscevano solo la legge del bastone e della zanna.

ये लोग और कुत्ते केवल डंडे और नुकीले दांतों का कानून ही जानते थे।
Buck non aveva mai visto dei cani combattere come questi feroci husky.

बक ने कभी भी इन क्रूर हस्की कुत्तों की तरह लड़ते नहीं देखा था।
La sua prima esperienza gli insegnò una lezione che non avrebbe mai dimenticato.

उनके पहले अनुभव ने उन्हें एक ऐसा सबक सिखाया जिसे वे कभी नहीं भूलेंगे।

Fu una fortuna che non fosse lui, altrimenti sarebbe morto anche lui.

वह भाग्यशाली था कि वह नहीं था, अन्यथा वह भी मर जाता।

Curly era quello che soffriva, mentre Buck osservava e imparava.

घुँघराले को कष्ट सहना पड़ा, जबकि बक देखता रहा और सीखता रहा।

Si erano accampati vicino a un deposito costruito con tronchi.

उन्होंने लकड़ियों से बने एक स्टोर के पास शिविर बनाया था।

Curly cercò di essere amichevole con un grosso husky simile a un lupo.

घुँघराले ने एक बड़े, भेड़िये जैसे हस्की कुत्ते के साथ मित्रतापूर्ण व्यवहार करने की कोशिश की।

L'husky era più piccolo di Curly, ma aveva un aspetto selvaggio e cattivo.

हस्की घुँघराले से छोटा था, लेकिन जंगली और क्रूर लग रहा था।

Senza preavviso, lui saltò su e le tagliò il viso.

बिना किसी चेतावनी के, वह कूदा और उसके चेहरे पर वार कर दिया।

Con un solo movimento i suoi denti le tagliarono l'occhio fino alla mascella.

उसके दांतों ने एक ही झटके में उसकी आंख से लेकर जबड़े तक काट दिया।

Ecco come combattevano i lupi: colpivano velocemente e saltavano via.

भेड़िये इसी तरह लड़ते थे - तेजी से हमला करते और दूर कूद जाते।

Ma c'era molto di più da imparare da quell'unico attacco.

लेकिन उस एक हमले से सीखने के लिए और भी बहुत कुछ था।

Decine di husky si precipitarono dentro e formarono un cerchio silenzioso.

दर्जनों हस्की पक्षी दौड़कर आए और एक खामोश घेरा बना लिया।

Osservavano attentamente e si leccavano le labbra per la fame.

उन्होंने ध्यान से देखा और भूख से अपने होंठ चाटने लगे।

Buck non capiva il loro silenzio né i loro occhi ansiosi.

बक को उनकी चुप्पी या उनकी उत्सुक आँखें समझ में नहीं आईं।

Curly si lanciò ad attaccare l'husky una seconda volta.

घुँघराले दूसरी बार हस्की पर हमला करने के लिए दौड़ा।

Usò il suo petto per buttarla a terra con un movimento violento.

उसने अपनी छाती का इस्तेमाल करके उसे जोर से गिरा दिया।

Cadde su un fianco e non riuscì più a rialzarsi.

वह एक ओर गिर पड़ी और फिर उठ न सकी।

Era proprio quello che gli altri aspettavano da tempo.

यह वही था जिसका अन्य लोग लंबे समय से इंतजार कर रहे थे।

Gli husky le saltarono addosso, guaindo e ringhiando freneticamente.

कर्कश पक्षी उस पर कूद पड़े, और उन्माद में चिल्लाने और गुर्रने लगे।

Lei urlò mentre la seppellivano sotto una pila di cani.

जब उसे कुत्तों के ढेर के नीचे दफनाया गया तो वह चीखने लगी।

L'attacco fu così rapido che Buck rimase immobile per lo shock.

हमला इतना तेज था कि बक सदमे से वहीं जम गया।

Vide Spitz tirare fuori la lingua in un modo che sembrava una risata.

उसने देखा कि स्पिट्ज़ अपनी जीभ इस तरह बाहर निकाल रहा था जैसे वह हंस रहा हो।

François afferrò un'ascia e corse dritto verso il gruppo di cani.

फ़्राँस्वा ने एक कुल्हाड़ी पकड़ी और सीधे कुत्तों के समूह में भाग गया।

Altri tre uomini hanno usato dei manganelli per allontanare gli husky.

तीन अन्य लोगों ने हस्की को भगाने के लिए डंडों का प्रयोग किया।

In soli due minuti la lotta finì e i cani se ne andarono.

मात्र दो मिनट में ही लड़ाई ख़त्म हो गई और कुत्ते चले गए।

Curly giaceva morta nella neve rossa calpestata, con il corpo fatto a pezzi.

घुँघराले लाल, कुचली हुई बर्फ में मृत पड़ी थी, उसका शरीर टुकड़े-टुकड़े हो गया था।

Un uomo dalla pelle scura era in piedi davanti a lei, maledicendo la scena brutale.

एक काले रंग का आदमी उसके ऊपर खड़ा होकर उस क्रूर दृश्य को कोस रहा था।

Il ricordo rimase con Buck e ossessionò i suoi sogni notturni.

यह स्मृति बक के साथ बनी रही और रात में उसके सपनों में आती रही।

Ecco come funzionava: niente equità, niente seconda possibilità.

यहीं तो तरीका था; न कोई निष्पक्षता, न कोई दूसरा मौका।

Una volta caduto un cane, gli altri lo uccidevano senza pietà.

एक बार कोई कुत्ता गिर जाता तो बाकी कुत्ते उसे बिना किसी दया के मार देते।

Buck decise allora che non si sarebbe mai lasciato cadere.

बक ने तब निर्णय लिया कि वह स्वयं को कभी गिरने नहीं देगा।

Spitz tirò fuori di nuovo la lingua e rise guardando il sangue.

स्पिट्ज़ ने फिर से अपनी जीभ बाहर निकाली और खून को देखकर हँसा।

Da quel momento in poi, Buck odiò Spitz con tutto il cuore.

उस क्षण से, बक स्पिट्ज से पूरे दिल से नफरत करने लगा।

Prima che Buck potesse riprendersi dalla morte di Curly, accadde qualcosa di nuovo.

इससे पहले कि बक घुँघराले की मौत से उबर पाता, कुछ नया घटित हुआ।

François si avvicinò e legò qualcosa attorno al corpo di Buck.

फ्राँस्वा आया और उसने बक के शरीर के चारों ओर कुछ बाँध दिया।

Era un'imbracatura simile a quelle usate per i cavalli al ranch.

यह एक प्रकार का पट्टा था, जैसा कि फार्म में घोड़ों पर लगाया जाता है।

Così come Buck aveva visto lavorare i cavalli, ora era costretto a lavorare anche lui.

चूँकि बक ने घोड़ों को काम करते देखा था, इसलिए अब उसे भी काम करना पड़ा।

Dovette trascinare François su una slitta nella foresta vicina.

उसे फ्रांकोइस को स्लेज पर खींचकर पास के जंगल में ले जाना पड़ा।

Poi dovette trascinare indietro un pesante carico di legna da ardere.

फिर उसे भारी मात्रा में लकड़ियाँ खींचकर ले जाना पड़ा।

Buck era orgoglioso e gli faceva male essere trattato come un animale da lavoro.

बक घमंडी था, इसलिए उसे यह देखकर दुख होता था कि उसके साथ एक कामकाजी जानवर जैसा व्यवहार किया जा रहा है।

Ma era saggio e non cercò di combattere la nuova situazione.

लेकिन वह बुद्धिमान था और उसने नई परिस्थिति से लड़ने की कोशिश नहीं की।

Accettò la sua nuova vita e diede il massimo in ogni compito.

उन्होंने अपना नया जीवन स्वीकार किया और हर कार्य में अपना सर्वश्रेष्ठ दिया।

Tutto di quel lavoro gli risultava strano e sconosciuto.

काम से जुड़ी हर चीज़ उसके लिए अजीब और अपरिचित थी।

François era severo e pretendeva obbedienza senza indugio.

फ्राँस्वा सख्त थे और बिना देरी के आज्ञाकारिता की मांग करते थे।

La sua frusta garantiva che ogni comando venisse eseguito immediatamente.

उनके चाबुक से यह सुनिश्चित होता था कि प्रत्येक आदेश का तुरंत पालन किया जाए।

Dave era il timoniere, il cane più vicino alla slitta dietro Buck.

डेव व्हीलर था, बक के पीछे स्लेज के सबसे निकट वाला कुत्ता।

Se commetteva un errore, Dave mordeva Buck sulle zampe posteriori.

यदि बक कोई गलती करता तो डेव उसके पिछले पैरों पर काट लेता था।

Spitz era il cane guida, abile ed esperto nel ruolo.

स्पिट्ज़ प्रमुख कुत्ता था, जो इस भूमिका में कुशल और अनुभवी था।

Spitz non riusciva a raggiungere Buck facilmente, ma lo corresse comunque.

स्पिट्ज़ आसानी से बक तक नहीं पहुंच सका, लेकिन फिर भी उसने उसे सुधार दिया।

Ringhiava aspramente o tirava la slitta in modi che insegnavano a Buck.

वह कठोरता से गुर्राता था या स्लेज को ऐसे खींचता था जो बक को सिखाया गया था।

Grazie a questo addestramento, Buck imparò più velocemente di quanto tutti si aspettassero.

इस प्रशिक्षण के तहत, बक ने किसी की भी अपेक्षा से अधिक तेजी से सीखा।

Lavorò duramente e imparò sia da François che dagli altri cani.

उन्होंने कड़ी मेहनत की और फ्रांकोइस तथा अन्य कुत्तों से सीखा।

Quando tornarono, Buck conosceva già i comandi chiave.

जब वे वापस लौटे, बक को पहले से ही प्रमुख आदेश पता थे।

Imparò a fermarsi al suono della parola "oh" di François.

उन्होंने फ्राँस्वा से "हो" की ध्वनि पर रुकना सीखा।

Imparò quando era il momento di tirare la slitta e correre.

उन्होंने यह सीख लिया कि कब उन्हें स्लेज खींचकर भागना है।

Imparò a svoltare senza problemi nelle curve del sentiero.

उन्होंने बिना किसी परेशानी के रास्ते में मोड़ पर चौड़ा मोड़ लेना सीख लिया।

Imparò anche a evitare Dave quando la slitta scendeva velocemente.

उन्होंने यह भी सीख लिया कि जब स्लेज तेजी से नीचे की ओर जाए तो डेव से बचना चाहिए।

"Sono cani molto buoni", disse orgoglioso François a Perrault.

"वे बहुत अच्छे कुत्ते हैं," फ्राँस्वा ने गर्व से पेरौल्ट से कहा।

"Quel Buck tira come un dannato, glielo insegno subito."

"वह बक बहुत तेज़ खींचतान करता है - मैं उसे बहुत जल्दी सिखा देता हूँ।"

Più tardi quel giorno, Perrault tornò con altri due husky.

उस दिन बाद में, पेरौल्ट दो और कर्कश कुत्तों के साथ वापस आया।

Si chiamavano Billee e Joe ed erano fratelli.

उनके नाम बिली और जो थे और वे भाई थे।

Provenivano dalla stessa madre, ma non erano affatto simili.

वे एक ही मां से थे, लेकिन बिल्कुल एक जैसे नहीं थे।

Billee era un tipo dolce e molto amichevole con tutti.

बिली बहुत ही मधुर स्वभाव की थी और सभी के साथ बहुत ही मित्रवत व्यवहार करती थी।

Joe era l'opposto: silenzioso, arrabbiato e sempre ringhiante.

जो इसके विपरीत था - शांत, क्रोधित और हमेशा गुर्राता हुआ।

Buck li salutò amichevolmente e si mantenne calmo con entrambi.

बक ने उनका मित्रतापूर्ण तरीके से स्वागत किया और दोनों के साथ शांत व्यवहार किया।

Dave non prestò loro attenzione e rimase in silenzio come al solito.

डेव ने उन पर कोई ध्यान नहीं दिया और हमेशा की तरह चुप रहा।

Spitz attaccò prima Billee, poi Joe, per dimostrare la sua superiorità.

स्पिट्ज़ ने अपना प्रभुत्व दिखाने के लिए पहले बिली पर और फिर जो पर हमला किया।

Billee scodinzolava e cercava di essere amichevole con Spitz.

बिली ने अपनी पूँछ हिलाई और स्पिट्ज़ के साथ मित्रतापूर्ण व्यवहार करने की कोशिश की।

Quando questo non funzionò, cercò di scappare.

जब वह सफल नहीं हुआ तो उसने भागने की कोशिश की।

Pianse tristemente quando Spitz lo morse forte sul fianco.

जब स्पिट्ज़ ने उसे जोर से काटा तो वह दुखी होकर रोने लगा।

Ma Joe era molto diverso e si rifiutava di farsi prendere in giro.

लेकिन जो बहुत अलग था और उसने धमकाए जाने से इनकार कर दिया।

Ogni volta che Spitz si avvicinava, Joe si girava velocemente per affrontarlo.

जब भी स्पिट्ज़ पास आता, जो तेजी से घूमकर उसका सामना करता।

La sua pelliccia si drizzò, le sue labbra si arricciarono e i suoi denti schioccarono selvaggiamente.

उसका फर खड़ा हो गया, उसके होठ मुड़ गए, और उसके दांत बेतहाशा चटकने लगे।

Gli occhi di Joe brillavano di paura e rabbia, sfidando Spitz a colpire.

जो की आंखें भय और क्रोध से चमक उठीं और उसने स्पिट्ज को हमला करने के लिए ललकारा।

Spitz abbandonò la lotta e si voltò, umiliato e arrabbiato.

स्पिट्ज़ ने लड़ाई छोड़ दी और अपमानित और क्रोधित होकर वापस चला गया।

Sfogò la sua frustrazione sul povero Billee e lo cacciò via.

उसने बेचारे बिली पर अपनी भड़ास निकाली और उसे भगा दिया।

Quella sera Perrault aggiunse un altro cane alla squadra.

उस शाम, पेरौल्ट ने टीम में एक और कुत्ता शामिल कर लिया।
Questo cane era vecchio, magro e coperto di cicatrici di
battaglia.

यह कुत्ता बूढ़ा, दुबला-पतला और युद्ध के जख्मों से भरा हुआ था।
Gli mancava un occhio, ma l'altro brillava di potere.

उसकी एक आँख गायब थी, लेकिन दूसरी आँख में शक्ति चमक रही थी।
Il nome del nuovo cane era Solleks, che significa
"l'Arrabbiato".

नए कुत्ते का नाम सोलेक्स था, जिसका अर्थ था गुस्सैल।
Come Dave, Solleks non chiedeva nulla agli altri e non dava
nulla in cambio.

डेव की तरह सोलेक्स ने भी दूसरों से कुछ नहीं मांगा और बदले में कुछ
नहीं दिया।
Quando Solleks entrò lentamente nell'accampamento,
persino Spitz rimase lontano.

जब सोलेक्स धीरे-धीरे शिविर में चला गया, तो स्पिट्ज़ भी दूर ही रहा।
Aveva una strana abitudine che Buck ebbe la sfortuna di
scoprire.

उसकी एक अजीब आदत थी जिसका पता बक को दुर्भाग्यवश चल गया।
Solleks detestava essere avvicinato dal lato in cui era cieco.

सोलेक्स को उस तरफ से संपर्क किया जाना नापसंद था जहां वह अंधा था।
Buck non lo sapeva e commise quell'errore per sbaglio.

बक को यह बात पता नहीं थी और उसने गलती से यह गलती कर दी।
Solleks si voltò di scatto e colpì la spalla di Buck in modo
profondo e rapido.

सोलेक्स ने घूमकर बक के कंधे पर गहरा और तेज वार किया।
Da quel momento in poi, Buck non si avvicinò mai più al
lato cieco di Solleks.

उस क्षण के बाद से, बक कभी भी सोलेक्स के अंधे पक्ष के पास नहीं आया।
Non ebbero mai più problemi per il resto del tempo che
trascorsero insieme.

उनके साथ रहने के शेष समय में उन्हें फिर कभी कोई परेशानी नहीं हुई।

Solleks voleva solo essere lasciato solo, come il tranquillo
Dave.

सोलेक्स भी शांत डेव की तरह अकेला रहना चाहता था।

Ma Buck avrebbe scoperto in seguito che ognuno di loro
aveva un altro obiettivo segreto.

लेकिन बाद में बक को पता चला कि उन दोनों का एक और गुप्त लक्ष्य था।

Quella notte Buck si trovò ad affrontare una nuova e
preoccupante sfida: come dormire.

उस रात बक को एक नई और परेशान करने वाली चुनौती का सामना
करना पड़ा - कैसे सोये।

La tenda era illuminata caldamente dalla luce delle candele
nel campo innevato.

बर्फीले मैदान में मोमबत्ती की रोशनी से तम्बू गर्म होकर चमक रहा था।

Buck entrò, pensando che lì avrebbe potuto riposare come
prima.

बक अंदर चला गया, यह सोचते हुए कि वह पहले की तरह वहां आराम कर
सकेगा।

Ma Perrault e François gli urlarono contro e gli tirarono delle
padelle.

लेकिन पेरौल्ट और फ्राँस्वा उस पर चिल्लाये और पैन फेंके।

Sconvolto e confuso, Buck corse fuori nel freddo gelido.

हैरान और भ्रमित होकर बक बर्फीली ठंड में बाहर भाग गया।

Un vento gelido gli pungeva la spalla ferita e gli congelava
le zampe.

एक कड़क हवा ने उसके घायल कंधे को डंक मारा और उसके पंजे जम
गये।

Si sdraiò sulla neve e cercò di dormire all'aperto.

वह बर्फ में लेट गया और खुले में सोने की कोशिश करने लगा।

Ma il freddo lo costrinse presto a rialzarsi, tremando forte.

लेकिन ठंड के कारण उन्हें जल्द ही उठना पड़ा, वे बुरी तरह कांप रहे थे।

Vagò per l'accampamento, cercando di trovare un posto più
caldo.

वह शिविर में घूमता रहा और गर्म स्थान ढूंढने की कोशिश करता रहा।
Ma ogni angolo era freddo come quello precedente.

लेकिन हर कोना पहले की तरह ही ठंडा था।
A volte dei cani feroci gli saltavano addosso dall'oscurità.

कभी-कभी अंधेरे में से जंगली कुत्ते उस पर झपट पड़ते।
Buck drizzò il pelo, scoprì i denti e ringhiò in tono ammonitore.

बक ने अपने रोएं खड़े कर लिए, दांत दिखाए और चेतावनी देते हुए गुर्राया।
Lui stava imparando in fretta e gli altri cani si sono subito tirati indietro.

वह तेजी से सीख रहा था, और अन्य कुत्ते तुरंत पीछे हट गये।
Tuttavia, non aveva un posto dove dormire e non aveva idea di cosa fare.

फिर भी, उसके पास सोने के लिए कोई जगह नहीं थी और उसे यह भी नहीं पता था कि क्या करे।
Alla fine gli venne in mente un pensiero: andare a dare un'occhiata ai suoi compagni di squadra.

अंततः उसके मन में एक विचार आया - अपने साथियों की जांच करनी चाहिए।
Ritornò nella loro zona e rimase sorpreso nel constatare che non c'erano più.

वह उनके क्षेत्र में वापस आया और उन्हें गायब देखकर आश्चर्यचकित हुआ।
Cercò di nuovo nell'accampamento, ma ancora non riuscì a trovarli.

उसने फिर शिविर की तलाश की, लेकिन फिर भी उन्हें नहीं ढूंढ सका।
Sapeva che loro non potevano stare nella tenda, altrimenti ci sarebbe stato anche lui.

वह जानता था कि वे तम्बू में नहीं हो सकते, अन्यथा वह भी वहाँ होता।
E allora, dove erano finiti tutti i cani in quell'accampamento ghiacciato?

तो फिर इस बर्फीले शिविर में सारे कुत्ते कहां चले गए?

Buck, infreddolito e infelice, girò lentamente intorno alla tenda.

बक, ठण्ड और दुःख से व्याकुल, धीरे-धीरे तम्बू के चारों ओर चक्कर लगाने लगा।

All'improvviso, le sue zampe anteriori sprofondarono nella neve soffice e lo spaventarono.

अचानक, उसके अगले पैर नरम बर्फ में धंस गए और वह चौंक गया।

Qualcosa si mosse sotto i suoi piedi e lui fece un salto indietro per la paura.

उसके पैरों के नीचे कुछ सरसराया और वह डर के मारे पीछे हट गया।

Ringhiava e ringhiava, non sapendo cosa si nascondesse sotto la neve.

वह गुर्राया और गुर्राया, उसे नहीं मालूम था कि बर्फ के नीचे क्या छिपा है।

Poi udì un piccolo abbaio amichevole che placò la sua paura.

तभी उसने एक दोस्ताना हल्की सी भौंकने की आवाज सुनी जिससे उसका डर कम हो गया।

Annusò l'aria e si avvicinò per vedere cosa fosse nascosto.

उसने हवा सूँघी और यह देखने के लिए पास आया कि क्या छिपा हुआ है।

Sotto la neve, rannicchiata in una calda palla, c'era la piccola Billee.

बर्फ के नीचे, एक गर्म गेंद की तरह मुड़ी हुई, छोटी सी बिली थी।

Billee scodinzolò e leccò il muso di Buck per salutarlo.

बिली ने अपनी पूँछ हिलाई और बक का चेहरा चाटकर उसका स्वागत किया।

Buck vide come Billee si era costruito un posto per dormire nella neve.

बक ने देखा कि बिली ने बर्फ में सोने की जगह बना ली थी।

Aveva scavato e sfruttato il suo calore per scaldarsi.

उसने नीचे खुदाई की और गर्म रहने के लिए अपनी ही गर्मी का इस्तेमाल किया।

Buck aveva imparato un'altra lezione: ecco come dormivano i cani.

बक ने एक और सबक सीखा था - कुत्ते ऐसे सोते हैं।

Scelse un posto e cominciò a scavare la sua buca nella neve.

उसने एक स्थान चुना और बर्फ में अपना गड्ढा खोदना शुरू कर दिया।

All'inizio si muoveva troppo e sprecava energie.

पहले तो वह बहुत ज्यादा घूमता था और अपनी ऊर्जा बर्बाद करता था।

Ma ben presto il suo corpo riscaldò lo spazio e si sentì al sicuro.

लेकिन जल्द ही उसके शरीर ने जगह को गर्म कर दिया, और वह सुरक्षित महसूस करने लगा।

Si rannicchiò forte e poco dopo si addormentò profondamente.

वह कसकर लिपट गया और कुछ ही देर में गहरी नींद में सो गया।

La giornata era stata lunga e dura e Buck era esausto.

दिन काफी लम्बा और कठिन था और बक थक चुका था।

Dormì profondamente e comodamente, anche se fece sogni selvaggi.

वह गहरी और आरामदायक नींद सो गया, यद्यपि उसके सपने विचित्र थे।

Ringhiava e abbaiava nel sonno, contorcendosi mentre sognava.

वह नींद में गुर्राता और भौंकता था, सपने में करवटें बदलता रहता था।

Buck non si svegliò finché l'accampamento non cominciò a prendere vita.

बक तब तक नहीं जागा जब तक शिविर में जान नहीं आ गई।

All'inizio non sapeva dove si trovasse o cosa fosse successo.

पहले तो उसे पता ही नहीं चला कि वह कहां है और क्या हुआ है।

La neve era caduta durante la notte e aveva seppellito completamente il suo corpo.

रात भर हुई बर्फबारी ने उसके शरीर को पूरी तरह से दफन कर दिया था।

La neve lo circondava, fitta su tutti i lati.

बर्फ उसके चारों ओर, चारों ओर से दबाव डाल रही थी।

All'improvviso un'ondata di paura percorse tutto il corpo di Buck.

अचानक बक के पूरे शरीर में भय की लहर दौड़ गयी।
Era la paura di rimanere intrappolati, una paura che proveniva da istinti profondi.

यह फँस जाने का भय था, गहरी अन्तर्ज्ञान से उत्पन्न भय था।
Sebbene non avesse mai visto una trappola, la paura era viva dentro di lui.

हालाँकि उसने कभी जाल नहीं देखा था, फिर भी डर उसके अंदर रहता था।
Era un cane addomesticato, ma ora i suoi vecchi istinti selvaggi si stavano risvegliando.

वह एक पालतू कुत्ता था, लेकिन अब उसकी पुरानी जंगली प्रवृत्तियाँ जाग रही थीं।
I muscoli di Buck si irrigidirono e il pelo gli si rizzò su tutta la schiena.

बक की मांसपेशियां तनावग्रस्त हो गईं और उसकी पीठ पर बाल खड़े हो गए।
Ringhiò furiosamente e balzò in piedi nella neve.

वह जोर से गुर्राया और बर्फ में सीधा ऊपर उछला।
La neve volava in ogni direzione mentre lui irrompeva nella luce del giorno.

जैसे ही वह दिन के उजाले में आया, बर्फ हर दिशा में उड़ने लगी।
Ancora prima di atterrare, Buck vide l'accampamento disteso davanti a lui.

उतरने से पहले ही बक ने अपने सामने फैला हुआ शिविर देखा।
Ricordò tutto del giorno prima, tutto in una volta.

उसे एकाएक पिछले दिन की सारी बातें याद आ गईं।
Ricordava di aver passeggiato con Manuel e di essere finito in quel posto.

उसे याद आया कि वह मैनुअल के साथ घूम रहा था और इसी स्थान पर पहुंचा था।

Ricordava di aver scavato la buca e di essersi addormentato al freddo.

उसे याद आया कि कैसे उसने गड्ढा खोदा था और ठंड में सो गया था।

Ora era sveglio e il mondo selvaggio intorno a lui era limpido.

अब वह जाग चुका था और उसके चारों ओर की जंगली दुनिया साफ़ दिखाई दे रही थी।

Un grido di François annunciò l'improvvisa apparizione di Buck.

बक के अचानक प्रकट होने पर फ्राँस्वा ने चिल्लाकर उसका स्वागत किया।

"Cosa ho detto?" gridò a gran voce il conducente del cane a Perrault.

"मैंने क्या कहा?" कुत्ते-चालक ने पेरौल्ट से ऊंची आवाज में पूछा।

"Quel Buck impara sicuramente in fretta", ha aggiunto François.

"वह बक निश्चित रूप से बहुत जल्दी सीखता है," फ्रांकोइस ने कहा।

Perrault annuì gravemente, visibilmente soddisfatto del risultato.

पेरौल्ट ने गंभीरता से सिर हिलाया, वह परिणाम से स्पष्टतः प्रसन्न थे।

In qualità di corriere del governo canadese, trasportava dispacci.

कनाडा सरकार के लिए कूरियर के रूप में वह संदेश ले जाते थे।

Era ansioso di trovare i cani migliori per la sua importante missione.

वह अपने महत्वपूर्ण मिशन के लिए सर्वोत्तम कुत्तों को खोजने के लिए उत्सुक थे।

Ora si sentiva particolarmente contento che Buck facesse parte della squadra.

अब उन्हें विशेष रूप से खुशी महसूस हुई कि बक टीम का हिस्सा था।

Nel giro di un'ora, alla squadra furono aggiunti altri tre husky.

एक घंटे के भीतर टीम में तीन और हस्की शामिल कर लिए गए।

Ciò ha portato il numero totale dei cani della squadra a nove.

इससे टीम में कुत्तों की कुल संख्या नौ हो गई।

Nel giro di quindici minuti tutti i cani erano imbracati.

पंद्रह मिनट के भीतर सभी कुत्ते अपने-अपने बंधनों में थे।

La squadra di slitte stava risalendo il sentiero verso Dyea Cañon.

स्लेज टीम डाइया कैनन की ओर जाने वाले रास्ते पर आगे बढ़ रही थी।

Buck era contento di andarsene, anche se il lavoro che lo attendeva era duro.

बक को जाने में खुशी महसूस हुई, भले ही आगे का काम कठिन था।

Scoprì di non disprezzare particolarmente né il lavoro né il freddo.

उसने पाया कि उसे श्रम या ठण्ड से कोई विशेष घृणा नहीं थी।

Fu sorpreso dall'entusiasmo che pervadeva tutta la squadra.

वह पूरी टीम में व्याप्त उत्सुकता देखकर आश्चर्यचकित थे।

Ancora più sorprendente fu il cambiamento avvenuto in Dave e Solleks.

इससे भी अधिक आश्चर्यजनक बात यह थी कि डेव और सोलेक्स में परिवर्तन आ गया था।

Questi due cani erano completamente diversi quando venivano imbrigliati.

जब इन दोनों कुत्तों को बांधा गया तो वे पूरी तरह से अलग थे।

La loro passività e la loro disattenzione erano completamente scomparse.

उनकी निष्क्रियता और चिंता की कमी पूरी तरह से गायब हो गई थी।

Erano attenti e attivi, desiderosi di svolgere bene il loro lavoro.

वे सतर्क और सक्रिय थे तथा अपना काम अच्छी तरह से करने के लिए उत्सुक थे।

Si irritavano ferocemente per qualsiasi cosa provocasse ritardi o confusione.

वे किसी भी ऐसी बात पर बुरी तरह चिढ़ जाते थे जिससे देरी या भ्रम पैदा होता था।

Il duro lavoro sulle redini era il centro del loro intero essere.

लगाम पर किया गया कठोर परिश्रम ही उनके सम्पूर्ण अस्तित्व का केन्द्र था।

Sembrava che l'unica cosa che gli piacesse davvero fosse tirare la slitta.

स्लेज खींचना ही एकमात्र ऐसी चीज थी जिसका उन्हें सचमुच आनंद आता था।

Dave era in fondo al gruppo, il più vicino alla slitta.

डेव समूह के पीछे था, स्लेज के सबसे निकट।

Buck fu messo davanti a Dave e Solleks superò Buck.

बक को डेव के सामने रखा गया और सोलेक्स बक से आगे निकल गया।

Il resto dei cani era disposto in fila indiana davanti a loro.

बाकी कुत्ते एक पंक्ति में आगे की ओर बढ़ गए।

La posizione di testa in prima linea era occupata da Spitz.

आगे का प्रमुख स्थान स्पिट्ज़ ने भरा।

Buck era stato messo tra Dave e Solleks per essere istruito.

बक को निर्देश के लिए डेव और सोलेक्स के बीच रखा गया था।

Lui imparava in fretta e gli insegnanti erano risoluti e capaci.

वह शीघ्र सीखने वाले थे और वे दृढ़ एवं योग्य शिक्षक थे।

Non permisero mai a Buck di restare a lungo nell'errore.

उन्होंने बक को लंबे समय तक गलती करने की इजाजत नहीं दी।

Quando necessario, impartivano le lezioni con denti affilati.

जब जरूरत पड़ी तो उन्होंने अपनी शिक्षा तीखे दांतों से दी।

Dave era giusto e dimostrava una saggezza pacata e seria.

डेव निष्पक्ष थे और उन्होंने शांत, गंभीर प्रकार की बुद्धिमत्ता दिखाई।

Non mordeva mai Buck senza una buona ragione.

वह कभी भी बिना किसी अच्छे कारण के बक को नहीं काटता था।

Ma non mancava mai di mordere quando Buck aveva bisogno di essere corretto.

लेकिन जब भी बक को सुधार की आवश्यकता होती थी, तो वह उसे सुधारने में कभी असफल नहीं होते थे।

La frusta di François era sempre pronta e sosteneva la loro autorità.

फ्राँस्वा का चाबुक हमेशा तैयार रहता था और उनके अधिकार को समर्थन देता था।

Buck scoprì presto che era meglio obbedire che reagire.

बक को जल्द ही यह समझ आ गया कि जवाबी हमले की अपेक्षा आज्ञा का पालन करना बेहतर है।

Una volta, durante un breve riposo, Buck rimase impigliato nelle redini.

एक बार, थोड़े समय के विश्राम के दौरान, बक लगाम में उलझ गया।

Ritardò la partenza e confuse i movimenti della squadra.

उन्होंने शुरुआत में देरी की और टीम की चाल को भ्रमित कर दिया।

Dave e Solleks si avventarono su di lui e lo picchiarono duramente.

डेव और सोलेक्स उस पर टूट पड़े और उसकी बुरी तरह पिटाई कर दी।

La situazione peggiorò ulteriormente, ma Buck imparò bene la lezione.

उलझन और भी बदतर हो गई, लेकिन बक ने अपना सबक अच्छी तरह सीख लिया।

Da quel momento in poi tenne le redini tese e lavorò con attenzione.

तब से उन्होंने लगाम कसी रखी और सावधानी से काम किया।

Prima che la giornata finisse, Buck aveva portato a termine gran parte del suo compito.

दिन समाप्त होने से पहले बक ने अपने अधिकांश कार्य पूरे कर लिये थे।

I suoi compagni di squadra quasi smisero di correggerlo o di morderlo.

उसके साथियों ने उसे सुधारना या डांटना लगभग बंद कर दिया।

La frusta di François schioccava nell'aria sempre meno spesso.

फ्राँस्वा का कोड़ा हवा में कम ही फटता था।

Perrault sollevò addirittura i piedi di Buck ed esaminò attentamente ogni zampa.

पेरौल्ट ने तो बक के पैर भी उठाए और उनके प्रत्येक पंजे की सावधानीपूर्वक जांच की।

Era stata una giornata di corsa dura, lunga ed estenuante per tutti loro.

यह एक कठिन दिन था, उन सभी के लिए लम्बा और थका देने वाला।

Risalirono il Cañon, attraversarono Sheep Camp e superarono le Scales.

वे कैनोन से होते हुए, भेड़ शिविर से होते हुए, और स्केल्स तक पहुंचे।

Superarono il limite della vegetazione arborea, poi ghiacciai e cumuli di neve alti diversi metri.

उन्होंने लकड़ी की रेखा को पार किया, फिर ग्लेशियरों और कई फीट गहरे बर्फ के ढेरों को पार किया।

Scalarono il grande e freddo Chilkoot Divide.

वे महान ठण्डे और दुर्गम चिलकूट डिवाइड पर चढ़ गए।

Quella cresta elevata si ergeva tra l'acqua salata e l'interno ghiacciato.

वह ऊंची चोटी खारे पानी और जमे हुए अंदरूनी भाग के बीच स्थित थी।

Le montagne custodivano il triste e solitario Nord con ghiaccio e ripide salite.

पहाड़ बर्फ और खड़ी चढ़ाई के साथ उदास और एकाकी उत्तर की रक्षा करते थे।

Scesero rapidamente lungo una lunga catena di laghi sotto la dorsale.

उन्होंने विभाजन रेखा के नीचे झीलों की एक लम्बी श्रृंखला को पार करने में अच्छा समय बिताया।

Questi laghi riempivano gli antichi crateri di vulcani spenti.

ये झीलें विलुप्त ज्वालामुखियों के प्राचीन गड्ढों को भर देती थीं।

Quella notte tardi raggiunsero un grande accampamento presso il lago Bennett.

उस रात देर से वे बेनेट झील के पास एक बड़े शिविर में पहुंचे।

Migliaia di cercatori d'oro erano lì, intenti a costruire barche per la primavera.

हजारों की संख्या में सोना खोजने वाले लोग वहां मौजूद थे, जो वसंत के लिए नावें बना रहे थे।

Il ghiaccio si sarebbe presto rotto e dovevano essere pronti.

बर्फ जल्द ही पिघलने वाली थी और उन्हें तैयार रहना था।

Buck scavò la sua buca nella neve e cadde in un sonno profondo.

बक ने बर्फ में अपना गड्ढा खोदा और गहरी नींद में सो गया।

Dormiva come un lavoratore, esausto dopo una dura giornata di lavoro.

वह दिन भर की कठोर मेहनत से थककर एक कामकाजी व्यक्ति की तरह सो गया।

Ma venne strappato al sonno troppo presto, nell'oscurità.

लेकिन बहुत जल्दी ही अँधेरे में उसे नींद से खींच लिया गया।

Fu nuovamente imbrigliato insieme ai suoi compagni e attaccato alla slitta.

उसे फिर से उसके साथियों के साथ जोतकर स्लेज से जोड़ दिया गया।

Quel giorno percorsero quaranta miglia, perché la neve era ben calpestata.

उस दिन वे चालीस मील चले, क्योंकि बर्फ अच्छी तरह जमी हुई थी।

Il giorno dopo, e per molti giorni a seguire, la neve era soffice.

अगले दिन और उसके बाद कई दिनों तक बर्फ नरम रही।

Dovettero farsi strada da soli, lavorando di più e muovendosi più lentamente.

उन्हें स्वयं ही रास्ता बनाना पड़ा, कड़ी मेहनत करनी पड़ी और धीमी गति से चलना पड़ा।

Di solito, Perrault camminava davanti alla squadra con le ciaspole palmate.

आमतौर पर, पेरौल्ट जालदार स्नोशूज़ पहनकर टीम के आगे चलते थे।

I suoi passi compattavano la neve, facilitando lo spostamento della slitta.

उसके कदमों ने बर्फ को ढक दिया, जिससे स्लेज का चलना आसान हो गया।

François, che era al timone della barca a vela, a volte prendeva il comando.

फ्रांकोइस, जो जी-पोल से संचालन करते थे, कभी-कभी कमान संभाल लेते थे।

Ma era raro che François prendesse l'iniziativa

लेकिन यह दुर्लभ था कि फ्रांकोइस ने नेतृत्व संभाला

perché Perrault aveva fretta di consegnare le lettere e i pacchi.

क्योंकि पेरौल्ट को पत्र और पार्सल पहुंचाने की जल्दी थी।

Perrault era orgoglioso della sua conoscenza della neve, e in particolare del ghiaccio.

पेरौल्ट को बर्फ़, विशेषकर बर्फ़ के बारे में अपने ज्ञान पर गर्व था।

Questa conoscenza era essenziale perché il ghiaccio autunnale era pericolosamente sottile.

यह जानकारी आवश्यक थी, क्योंकि गिरने वाली बर्फ खतरनाक रूप से पतली थी।

Dove l'acqua scorreva rapidamente sotto la superficie non c'era affatto ghiaccio.

जहां सतह के नीचे पानी तेजी से बहता था, वहां बर्फ बिल्कुल नहीं थी।

Giorno dopo giorno, la stessa routine si ripeteva senza fine.

दिन-प्रतिदिन, बिना अंत के वही दिनचर्या दोहराई जाती रही।

Buck lavorava senza sosta con le redini, dall'alba alla sera.

बक ने सुबह से लेकर रात तक लगाम संभाले रखने में अथक परिश्रम किया।

Lasciarono l'accampamento al buio, molto prima che sorgesse il sole.

वे सूरज उगने से बहुत पहले ही अंधेरे में शिविर छोड़कर चले गए।
Quando spuntò l'alba, avevano già percorso molti chilometri.

जब दिन का उजाला हुआ तो कई मील की दूरी उनसे पीछे छूट चुकी थी।
Si accamparono dopo il tramonto, mangiando pesce e scavando buche nella neve.

वे अंधेरा होने के बाद शिविर लगाते, मछलियाँ खाते और बर्फ में बिल बनाते।
Buck era sempre affamato e non era mai veramente soddisfatto della sua razione.

बक हमेशा भूखा रहता था और अपने भोजन से कभी संतुष्ट नहीं होता था।
Riceveva ogni giorno mezzo chilo di salmone essiccato.

उन्हें प्रतिदिन डेढ़ पाउंड सूखा सामन मिलता था।
Ma il cibo sembrò svanire dentro di lui, lasciandogli solo la fame.

लेकिन ऐसा लग रहा था जैसे कि भोजन उसके अंदर से गायब हो गया हो और पीछे भूख रह गई हो।
Soffriva di continui morsi della fame e sognava di avere più cibo.

वह लगातार भूख से पीड़ित रहता था और अधिक भोजन के सपने देखता था।
Gli altri cani hanno ricevuto solo mezzo chilo di cibo, ma sono rimasti forti.

अन्य कुत्तों को केवल एक पाउंड भोजन मिला, लेकिन वे मजबूत बने रहे।
Erano più piccoli ed erano nati in una società nordica.

वे छोटे थे और उत्तरी जीवनशैली में पैदा हुए थे।
Perse rapidamente la pignoleria che aveva caratterizzato la sua vecchia vita.

उसने शीघ्र ही वह मितव्ययिता त्याग दी जो उसके पुराने जीवन की पहचान थी।
Fino a quel momento era stato un mangiatore prelibato, ma ora non gli era più possibile.

वह बहुत स्वादिष्ट भोजन करता था, लेकिन अब ऐसा करना संभव नहीं था।

I suoi compagni arrivarono primi e gli rubarono la razione rimasta.

उसके साथियों ने पहले खाना ख़त्म कर दिया और उसका अधूरा राशन लूट लिया।

Una volta cominciati, non c'era più modo di difendere il cibo da loro.

एक बार जब वे शुरू हो गए तो उनसे भोजन बचाने का कोई रास्ता नहीं था।

Mentre lui lottava contro due o tre cani, gli altri rubarono il resto.

जब वह दो या तीन कुत्तों से लड़ने लगा तो बाकी कुत्तों ने बाकी कुत्तों को चुरा लिया।

Per risolvere il problema, cominciò a mangiare velocemente come mangiavano gli altri.

इसे ठीक करने के लिए, उसने भी उतनी ही तेजी से खाना शुरू कर दिया, जितनी तेजी से अन्य लोग खाते थे।

La fame lo spingeva così forte che arrivò persino a prendere del cibo non suo.

भूख ने उसे इतना परेशान कर दिया कि उसने अपना भोजन भी नहीं खाया।

Osservò gli altri e imparò rapidamente dalle loro azioni.

उसने दूसरों को देखा और उनके कार्यों से शीघ्र ही सीख लिया।

Vide Pike, un nuovo cane, rubare una fetta di pancetta a Perrault.

उसने देखा कि पाइक नामक नया कुत्ता, पेरौल्ट से बेकन का एक टुकड़ा चुरा रहा है।

Pike aveva aspettato che Perrault gli voltasse le spalle per rubare la pagnotta.

पाइक ने बेकन चुराने के लिए पेरौल्ट की पीठ मुड़ने तक इंतजार किया था।

Il giorno dopo, Buck copiò Pike e rubò l'intero pezzo.

अगले दिन, बक ने पाइक की नकल की और पूरा टुकड़ा चुरा लिया।

Seguì un gran tumulto, ma Buck non fu sospettato.

इसके बाद बहुत हंगामा हुआ, लेकिन बक को संदेह नहीं हुआ।
Al suo posto venne punito Dub, un cane goffo che veniva sempre beccato.

डब नामक अनाड़ी कुत्ते को, जो हमेशा पकड़ा जाता था, दण्ड दिया गया।
Quel primo furto fece di Buck un cane adatto a sopravvivere al Nord.

उस पहली चोरी ने बक को उत्तर में जीवित रहने के लिए उपयुक्त कुत्ते के रूप में चिह्नित कर दिया।
Ha dimostrato di sapersi adattare alle nuove condizioni e di saper imparare rapidamente.

उन्होंने दिखाया कि वे नई परिस्थितियों के अनुकूल ढल सकते हैं और शीघ्रता से सीख सकते हैं।
Senza tale adattabilità, sarebbe morto rapidamente e gravemente.

ऐसी अनुकूलनशीलता के बिना, उनकी मृत्यु शीघ्र और बुरी तरह हो जाती।
Segnò anche il crollo della sua natura morale e dei suoi valori passati.

इससे उनकी नैतिक प्रकृति और पिछले मूल्यों का भी पतन हो गया।
Nel Southland aveva vissuto secondo la legge dell'amore e della gentilezza.

साउथलैंड में वह प्रेम और दया के नियम के अधीन रहता था।
Lì aveva senso rispettare la proprietà e i sentimenti degli altri cani.

वहां संपत्ति और अन्य कुत्तों की भावनाओं का सम्मान करना समझदारी थी।
Ma i Northland seguivano la legge del bastone e la legge della zanna.

लेकिन नॉर्थलैंड ने क्लब के कानून और फेंग के कानून का पालन किया।
Chiunque rispettasse i vecchi valori era uno sciocco e avrebbe fallito.

जो भी यहां पुराने मूल्यों का सम्मान करेगा वह मूर्ख होगा और असफल होगा।
Buck non rifletté su tutto questo nella sua mente.

बक ने अपने मन में यह सब तर्क नहीं किया।
Era in forma e quindi si adattò senza pensarci due volte.

वह स्वस्थ था, इसलिए उसने बिना सोचे-समझे ही अपने आपको समायोजित कर लिया।

In tutta la sua vita non era mai fuggito da una rissa.

अपने पूरे जीवन में, वह कभी भी किसी लड़ाई से भागे नहीं थे।
Ma la mazza di legno dell'uomo con il maglione rosso cambiò la regola.

लेकिन लाल स्वेटर वाले आदमी के लकड़ी के डंडे ने उस नियम को बदल दिया।

Ora seguiva un codice più profondo e antico, inscritto nel suo essere.

अब वह अपने अस्तित्व में लिखे एक गहरे, पुराने कोड का अनुसरण करने लगा।

Non rubava per piacere, ma per il dolore della fame.

वह खुशी से नहीं, बल्कि भूख की पीड़ा से चोरी करता था।
Non rubava mai apertamente, ma rubava con astuzia e attenzione.

वह कभी भी खुलेआम लूट नहीं करता था, बल्कि चालाकी और सावधानी से चोरी करता था।

Agì per rispetto verso la clava di legno e per paura delle zanne.

उसने लकड़ी के डंडे के प्रति सम्मान और नुकीले दांत के डर से ऐसा किया।

In breve, ha fatto ciò che era più facile e sicuro che non farlo.

संक्षेप में, उन्होंने वही किया जो न करने की अपेक्षा अधिक आसान और सुरक्षित था।

Il suo sviluppo, o forse il suo ritorno ai vecchi istinti, fu rapido.

उनका विकास - या शायद पुरानी प्रवृत्ति की ओर उनकी वापसी - तेजी से हुई।

I suoi muscoli si indurirono fino a diventare forti come il ferro.

उसकी मांसपेशियाँ इतनी सख्त हो गईं कि वे लोहे की तरह मजबूत लगने लगीं।

Non gli importava più del dolore, a meno che non fosse grave.

अब उसे दर्द की परवाह नहीं थी, जब तक कि वह गंभीर न हो।

Divenne efficiente dentro e fuori, senza sprecare nulla.

वह अंदर और बाहर से कुशल बन गया, और उसने कुछ भी बर्बाद नहीं किया।

Poteva mangiare cose disgustose, marce o difficili da digerire.

वह ऐसी चीज़ें खा सकता था जो ख़राब, सड़ी हुई या पचाने में कठिन होती थीं।

Qualunque cosa mangiasse, il suo stomaco ne sfruttava ogni singolo pezzetto di valore.

वह जो कुछ भी खाता था, उसका पेट उसका पूरा-पूरा उपयोग कर लेता था।

Il suo sangue trasportava i nutrienti in tutto il suo potente corpo.

उसका रक्त पोषक तत्वों को उसके शक्तिशाली शरीर से दूर तक ले जाता था।

Ciò gli ha permesso di sviluppare tessuti forti che gli hanno conferito un'incredibile resistenza.

इससे उनके ऊतक मजबूत हुए, जिससे उन्हें अविश्वसनीय सहनशक्ति प्राप्त हुई।

La sua vista e il suo olfatto diventarono molto più sensibili di prima.

उसकी दृष्टि और गंध पहले की तुलना में बहुत अधिक संवेदनशील हो गयी।

Il suo udito diventò così acuto che riusciva a percepire anche i suoni più deboli durante il sonno.

उसकी सुनने की शक्ति इतनी तेज हो गई कि वह नींद में भी धीमी आवाजें सुन सकता था।

Nei sogni sapeva se quei suoni significavano sicurezza o pericolo.

वह अपने सपनों में जानता था कि ये ध्वनियाँ सुरक्षा या खतरे का संकेत हैं।

Imparò a mordere con i denti il ghiaccio tra le dita dei piedi.

उसने अपने पैरों की उंगलियों के बीच की बर्फ को दांतों से काटना सीखा।

Se una pozza d'acqua si ghiacciava, lui rompeva il ghiaccio con le gambe.

यदि कोई पानी का गड्ढा जम जाता तो वह अपने पैरों से बर्फ तोड़ता।

Si impennò e colpì duramente il ghiaccio con gli arti anteriori rigidi.

वह पीछे की ओर उठा और अपने अगले कड़े पैरों से बर्फ पर जोरदार प्रहार किया।

La sua abilità più sorprendente era quella di prevedere i cambiamenti del vento durante la notte.

उनकी सबसे उल्लेखनीय क्षमता रात में हवा में होने वाले परिवर्तन की भविष्यवाणी करना थी।

Anche quando l'aria era immobile, sceglieva luoghi riparati dal vento.

यहां तक कि जब हवा शांत होती थी, तब भी वह हवा से सुरक्षित स्थानों को चुनता था।

Ovunque scavasse il nido, il vento del giorno dopo lo superava.

जहां भी वह अपना घोंसला खोदता, अगले दिन की हवा उसके पास से गुजर जाती।

Alla fine si ritrovava sempre al sicuro e protetto, al riparo dal vento.

वह हमेशा आरामदायक और सुरक्षित स्थान पर, हवा की दिशा में रहता था।

Buck non solo imparò dall'esperienza: anche il suo istinto tornò.

बक ने न केवल अनुभव से सीखा - उसकी सहज प्रवृत्ति भी लौट आई।

Le abitudini delle generazioni addomesticate cominciarono a scomparire.

घरेलू पीढ़ियों की आदतें खत्म होने लगीं।

Ricordava vagamente i tempi antichi della sua razza.

अस्पष्ट रूप से, उसे अपनी नस्ल के प्राचीन समय की याद आ गई।

Ripensò a quando i cani selvatici correvano in branco nelle foreste.

उसे वह समय याद आया जब जंगली कुत्ते झुंड में जंगल में दौड़ते थे।

Avevano inseguito e ucciso la loro preda mentre la inseguivano.

उन्होंने अपने शिकार का पीछा किया और उसे मार डाला।

Per Buck fu facile imparare a combattere con forza e velocità.

बक के लिए यह सीखना आसान था कि दांत और गति के साथ कैसे लड़ना है।

Come i suoi antenati, usava tagli, squarci e schiocchi rapidi.

वह अपने पूर्वजों की तरह ही कट, स्लैश और त्वरित स्नैप का प्रयोग करता था।

Quegli antenati si risvegliarono in lui e risvegliarono la sua natura selvaggia.

उन पूर्वजों ने उसके भीतर हलचल मचा दी और उसकी जंगली प्रकृति को जगा दिया।

Le loro vecchie abilità gli erano state trasmesse attraverso la linea di sangue.

उनके पुराने कौशल रक्त-परंपरा के माध्यम से उनमें चले आये थे।

Ora i loro trucchi erano suoi, senza bisogno di pratica o sforzo.

अब उनकी चालें उनकी थीं, अभ्यास या प्रयास की कोई आवश्यकता नहीं थी।

Nelle notti fredde e tranquille, Buck sollevava il naso e ululò.

शांत, ठंडी रातों में, बक अपनी नाक उठाकर चिल्लाता था।

Ululò a lungo e profondamente, come facevano i lupi tanto tempo fa.

वह बहुत देर तक और गहरी आवाज में चिल्लाया, जिस तरह भेड़िये बहुत पहले चिल्लाया करते थे।

Attraverso di lui, i suoi antenati defunti puntarono il naso e ulularono.

उसके माध्यम से, उसके मृत पूर्वजों ने अपनी नाक उठाई और चिल्लाया।

Hanno ululato attraverso i secoli con la sua voce e la sua forma.

वे उसकी आवाज़ और आकार में सदियों से गूँज रहे हैं।

Le sue cadenze erano le loro, vecchi gridi che parlavano di dolore e di freddo.

उसकी लय उनकी थी, पुरानी चीखें जो दुख और ठंड की कहानी बयां करती थीं।

Cantavano dell'oscurità, della fame e del significato dell'inverno.

उन्होंने अंधकार, भूख और सर्दी के अर्थ के बारे में गीत गाये।

Buck ha dimostrato come la vita sia plasmata da forze che vanno oltre noi stessi,

बक ने यह सिद्ध किया कि किस प्रकार जीवन स्वयं से परे शक्तियों द्वारा आकार लेता है।

l'antico canto risuonò nelle vene di Buck e si impadronì della sua anima.

वह प्राचीन गीत बक के मन में गूंज उठा और उसकी आत्मा पर छा गया।

Ritrovò se stesso perché gli uomini avevano trovato l'oro nel Nord.

उसने स्वयं को इसलिए पाया क्योंकि लोगों को उत्तर में सोना मिल गया था।

E lo trovò perché Manuel, l'aiutante giardiniere, aveva bisogno di soldi.

और वह वहां इसलिए पहुंचा क्योंकि माली के सहायक मैनुअल को पैसों की जरूरत थी।

La Bestia Primordiale Dominante
प्रमुख आदिम जानवर

La bestia primordiale dominante era più forte che mai in Buck.

बक में प्रमुख आदिम जानवर पहले की तरह ही शक्तिशाली था।

Ma la bestia primordiale dominante era rimasta dormiente in lui.

लेकिन प्रमुख आदिम जानवर उसके अंदर निष्क्रिय पड़ा था।

La vita sui sentieri era dura, ma rafforzava la bestia che era in Buck.

ट्रेल जीवन कठोर था, लेकिन इसने बक के अंदर के जानवर को मजबूत कर दिया।

Segretamente la bestia diventava sempre più forte ogni giorno.

गुप्त रूप से वह जानवर हर दिन अधिक शक्तिशाली होता जा रहा था।

Ma quella crescita interiore è rimasta nascosta al mondo esterno.

लेकिन वह आंतरिक विकास बाहरी दुनिया से छिपा रहा।

Una forza primordiale calma e silenziosa si stava formando dentro Buck.

बक के अंदर एक शांत और स्थिर आदिम शक्ति का निर्माण हो रहा था।

Una nuova astuzia diede a Buck equilibrio, calma e compostezza.

नई चालाकी ने बक को संतुलन, शांत नियंत्रण और संतुलन दिया।

Buck si concentrò molto sull'adattamento, senza mai sentirsi completamente rilassato.

बक ने अनुकूलन पर पूरा ध्यान केन्द्रित किया, कभी भी पूरी तरह से आराम महसूस नहीं किया।

Evitava i conflitti, non iniziava mai litigi e non cercava mai guai.

वह संघर्ष से बचते थे, कभी झगड़ा नहीं करते थे, न ही कभी परेशानी मोल लेते थे।

Ogni mossa di Buck era scandita da una riflessione lenta e costante.

धीमी, स्थिर विचारशीलता ने बक के हर कदम को आकार दिया।

Evitava scelte avventate e decisioni improvvise e sconsiderate.

उन्होंने जल्दबाजी में लिए गए निर्णयों और अचानक, लापरवाही भरे फैसलों से परहेज किया।

Sebbene Buck odiasse profondamente Spitz, non gli mostrò alcuna aggressività.

हालाँकि बक स्पिट्ज़ से बहुत नफरत करता था, फिर भी उसने उसके प्रति कोई आक्रामकता नहीं दिखाई।

Buck non provocò mai Spitz e mantenne le sue azioni moderate.

बक ने कभी भी स्पिट्ज़ को उकसाया नहीं, तथा अपने कार्यों को संयमित रखा।

Spitz, d'altro canto, percepì il pericolo crescente in Buck.

दूसरी ओर, स्पिट्ज़ को बक में बढ़ते खतरे का आभास हो गया था।

Vedeva Buck come una minaccia e una seria sfida al suo potere.

उन्होंने बक को अपनी सत्ता के लिए एक खतरा और गंभीर चुनौती के रूप में देखा।

Coglieva ogni occasione per ringhiare e mostrare i suoi denti aguzzi.

वह गुर्राने और अपने तीखे दांत दिखाने के हर मौके का फायदा उठाता था।

Stava cercando di dare inizio allo scontro mortale che sarebbe dovuto avvenire.

वह उस घातक लड़ाई को शुरू करने की कोशिश कर रहा था जो होनी ही थी।

All'inizio del viaggio, tra loro scoppiò quasi una lite.

यात्रा के आरंभ में ही उनके बीच झगड़ा होने की नौबत आ गई।
Ma un incidente inaspettato impedì che il combattimento
avesse luogo.

लेकिन एक अप्रत्याशित दुर्घटना के कारण लड़ाई रुक.गई।
Quella sera si accamparono sul gelido lago Le Barge.

उस शाम उन्होंने कड़ाके की ठण्डी लेक ले बार्ज पर शिविर स्थापित किया।
La neve cadeva fitta e il vento era tagliente come una lama.

बर्फ़ तेज़ी से गिर रही थी और हवा चाकू की तरह काट रही थी।
La notte era scesa troppo in fretta e l'oscurità li aveva avvolti.

रात बहुत जल्दी आ गयी थी और अँधेरे ने उन्हें घेर लिया था।
Difficilmente avrebbero potuto scegliere un posto peggiore
per riposare.

उन्होंने आराम करने के लिए इससे ख़राब जगह शायद ही चुनी होगी।
I cani cercavano disperatamente un posto dove sdraiarsi.

कुत्ते बेचैनी से लेटने के लिए जगह खोज रहे थे।
Dietro il piccolo gruppo si ergeva un'alta parete rocciosa.

छोटे समूह के पीछे एक ऊंची चट्टान की दीवार खड़ी थी।
Per alleggerire il carico, la tenda era stata lasciata a Dyea.

बोझ हल्का करने के लिए तम्बू को डाया में ही छोड़ दिया गया था।
Non avevano altra scelta che accendere il fuoco direttamente
sul ghiaccio.

उनके पास बर्फ पर ही आग जलाने के अलावा कोई विकल्प नहीं था।
Stendevano i loro accappatoi direttamente sul lago
ghiacciato.

उन्होंने अपने शयन वस्त्र सीधे जमी हुई झील पर बिछा दिये।
Qualche pezzo di legno galleggiante dava loro un po' di
fuoco.

कुछ लकड़ियों से उन्हें थोड़ी सी आग मिल गई।
Ma il fuoco è stato acceso sul ghiaccio e attraverso di esso si
è scongelato.

लेकिन आग बर्फ पर जलाई गई थी, और उसे पिघलाया गया।
Alla fine cenarono al buio.

अंततः वे अंधेरे में अपना खाना खा रहे थे।

Buck si rannicchiò accanto alla roccia, al riparo dal vento freddo.

बक ठंडी हवा से बचने के लिए चट्टान के पास लेट गया।

Il posto era così caldo e sicuro che Buck non voleva andarsene.

वह स्थान इतना गर्म और सुरक्षित था कि बक को वहां से जाने में नफरत हो रही थी।

Ma François aveva scaldato il pesce e stava distribuendo le razioni.

लेकिन फ्राँस्वा ने मछली गर्म कर ली थी और राशन बाँट रहा था।

Buck finì di mangiare in fretta e tornò a letto.

बक ने जल्दी से खाना ख़त्म किया और अपने बिस्तर पर वापस आ गया।

Ma Spitz ora giaceva dove Buck aveva preparato il suo letto.

लेकिन स्पिट्ज़ अब वहीं लेटा था जहाँ बक ने उसका बिस्तर बनाया था।

Un ringhio basso avvertì Buck che Spitz si rifiutava di muoversi.

एक धीमी गुर्राहट ने बक को चेतावनी दी कि स्पिट्ज हिलने से इनकार कर रहा है।

Finora Buck aveva evitato lo scontro con Spitz.

अब तक बक स्पिट्ज़ के साथ इस लड़ाई से बचते रहे थे।

Ma nel profondo di Buck la bestia alla fine si liberò.

लेकिन बक के अंदर गहरे में वह राक्षस अंततः मुक्त हो गया।

Il furto del suo posto letto era troppo da tollerare.

उसके सोने के स्थान की चोरी बर्दाश्त से बाहर थी।

Buck si lanciò contro Spitz, pieno di rabbia e furore.

बक क्रोध और गुस्से से भरकर स्पिट्ज पर झपटा।

Fino a quel momento Spitz aveva pensato che Buck fosse solo un grosso cane.

अब तक स्पिट्ज ने यह नहीं सोचा था कि बक एक बड़ा कुत्ता है।

Non pensava che Buck fosse sopravvissuto grazie al suo spirito.

उन्होंने यह नहीं सोचा था कि बक उनकी आत्मा के माध्यम से जीवित बच गया था।

Si aspettava paura e codardia, non furia e vendetta.

वह भय और कायरता की अपेक्षा कर रहा था, क्रोध और बदले की नहीं।

François rimase a guardare mentre entrambi i cani schizzavano fuori dal nido in rovina.

फ़्राँस्वा दोनों कुत्तों को उजड़े हुए घोंसले से बाहर निकलते देख रहा था।

Capì subito cosa aveva scatenato quella violenta lotta.

वह तुरन्त समझ गया कि यह भयंकर संघर्ष किस बात से शुरू हुआ था।

"Aa-ah!" gridò François in sostegno del cane marrone.

"आ-आह!" फ़्राँस्वा भूरे कुत्ते के समर्थन में चिल्लाया।

"Dategli una bella lezione! Per Dio, punite quel ladro furbo!"

"उसे खूब पीटा! भगवान की कसम, उस धूर्त चोर को सज़ा दो!"

Spitz dimostrò altrettanta prontezza e fervore nel combattere.

स्पिट्ज़ ने भी लड़ने के लिए समान तत्परता और जंगली उत्सुकता दिखाई।

Gridò di rabbia mentre girava velocemente in tondo, cercando un varco.

वह तेजी से चक्कर लगाते हुए, मौका तलाशते हुए गुस्से में चिल्लाया।

Buck mostrò la stessa fame di combattere e la stessa cautela.

बक ने लड़ने की वही भूख और वही सावधानी दिखाई।

Anche lui girò intorno al suo avversario, cercando di avere la meglio nella battaglia.

उसने अपने प्रतिद्वंद्वी की भी परिक्रमा की, तथा युद्ध में बढ़त हासिल करने का प्रयास किया।

Poi accadde qualcosa di inaspettato e cambiò tutto.

तभी कुछ अप्रत्याशित हुआ और सब कुछ बदल गया।

Quel momento ritardò l'eventuale lotta per la leadership.

उस क्षण ने अंततः नेतृत्व के लिए लड़ाई को विलंबित कर दिया।

Ci sarebbero ancora molti chilometri di sentiero e di lotta da percorrere prima della fine.

अंत से पहले अभी भी कई मील की यात्रा और संघर्ष बाकी था।

Perrault urlò un'imprecazione mentre una mazza colpiva l'osso.

जैसे ही एक डंडा हड्डी पर मारा गया, पेरौल्ट ने शपथ ली।

Seguì un acuto grido di dolore, poi il caos esplose tutt'intorno.

इसके बाद दर्द की तीव्र चीख निकली और फिर चारों ओर अफरा-तफरी मच गई।

Forme scure si muovevano nell'accampamento: husky selvatici, affamati e feroci.

शिविर में काले रंग की आकृतियाँ घूम रही थीं; जंगली हस्की, भूखे और खूंखार।

Quattro o cinque dozzine di husky avevano fiutato l'accampamento da molto lontano.

चार-पांच दर्जन हस्की पक्षी दूर से ही शिविर को सूंघ रहे थे।

Si erano introdotti furtivamente mentre i due cani litigavano lì vicino.

वे चुपचाप अंदर घुस आए थे, जबकि पास में दो कुत्ते लड़ रहे थे।

François e Perrault si lanciarono all'attacco, colpendo con i manganelli gli invasori.

फ्राँस्वा और पेरौल्ट ने आक्रमणकारियों पर लाठियाँ भांजते हुए हमला किया।

Gli husky affamati mostrarono i denti e si dibatterono freneticamente.

भूखे-प्यासे हस्की ने अपने दांत दिखाए और उन्मत्त होकर लड़ने लगे।

L'odore della carne e del pane li aveva fatti superare ogni paura.

मांस और रोटी की गंध ने उनका सारा भय दूर कर दिया था।

Perrault picchiò un cane che aveva nascosto la testa nella buca delle vivande.

पेरौल्ट ने एक कुत्ते को पीटा जिसने अपना सिर भोजन-पेटी में दबा रखा था।

Il colpo fu violento e la scatola si ribaltò, facendo fuoriuscire il cibo.

झटका जोर से लगा और बक्सा पलट गया तथा भोजन बाहर गिर गया।

Nel giro di pochi secondi, una ventina di bestie feroci si avventarono sul pane e sulla carne.

कुछ ही सेकंड में दर्जनों जंगली जानवरों ने रोटी और मांस को नोच डाला।

I bastoni degli uomini sferrarono un colpo dopo l'altro, ma nessun cane si allontanò.

पुरुषों के क्लबों ने एक के बाद एक कई वार किए, लेकिन कोई भी कुत्ता पीछे नहीं हटा।

Urlavano di dolore, ma continuarono a lottare finché non rimase più cibo.

वे दर्द से चिल्लाते रहे, लेकिन तब तक लड़ते रहे जब तक कि भोजन नहीं बचा।

Nel frattempo i cani da slitta erano saltati giù dalle loro culle innevate.

इस बीच, स्लेज-कुत्ते अपने बर्फीले बिस्तरों से कूद पड़े थे।

Furono immediatamente attaccati dai feroci e affamati husky.

उन पर तुरंत ही भूखे खूंखार पक्षियों ने हमला कर दिया।

Buck non aveva mai visto prima creature così selvagge e affamate.

बक ने पहले कभी ऐसे जंगली और भूखे जीव नहीं देखे थे।

La loro pelle pendeva flaccida, nascondendo a malapena lo scheletro.

उनकी त्वचा ढीली होकर लटक रही थी, जिससे उनका कंकाल मुश्किल से छिप रहा था।

C'era un fuoco nei loro occhi, per fame e follia

उनकी आँखों में भूख और पागलपन की आग थी

Non c'era modo di fermarli, di resistere al loro assalto selvaggio.

उन्हें रोकना संभव नहीं था; उनकी क्रूर दौड़ का प्रतिरोध करना भी संभव नहीं था।

I cani da slitta vennero spinti indietro e premuti contro la parete della scogliera.

स्लेज-कुत्तों को पीछे धकेल दिया गया और उन्हें चट्टान की दीवार से दबा दिया गया।

Tre husky attaccarono Buck contemporaneamente, lacerandogli la carne.

तीन हस्की ने एक साथ बक पर हमला किया और उसके मांस को नोच डाला।

Il sangue gli colava dalla testa e dalle spalle, dove era stato tagliato.

उसके सिर और कंधों से खून बह रहा था, जहां उसे काटा गया था।

Il rumore riempì l'accampamento: ringhi, guaiti e grida di dolore.

शिविर में शोर भर गया; गुर्राहट, चीखें और दर्द भरी चीखें।

Billee pianse forte, come al solito, presa dal panico e dalla mischia.

हमेशा की तरह, झगड़े और घबराहट में फंसकर बिली जोर-जोर से रोने लगी।

Dave e Solleks rimasero fianco a fianco, sanguinanti ma con aria di sfida.

डेव और सोलेक्स एक दूसरे के बगल में खड़े थे, खून बह रहा था लेकिन उनका मनोबल डगमगा रहा था।

Joe lottava come un demonio, mordendo tutto ciò che gli si avvicinava.

जो एक राक्षस की तरह लड़ रहा था, जो भी उसके करीब आता उसे काट लेता था।

Con un violento schiocco di mascelle schiacciò la zampa di un husky.

उसने अपने जबड़े के एक क्रूर प्रहार से एक हस्की का पैर कुचल दिया।

Pike saltò sull'husky ferito e gli ruppe il collo all'istante.

पाइक घायल हस्की पर कूद पड़ा और तुरन्त उसकी गर्दन तोड़ दी।

Buck afferrò un husky per la gola e gli strappò la vena.

बक ने एक हस्की का गला पकड़ लिया और उसकी नस फाड़ दी।

Il sangue schizzò e il sapore caldo mandò Buck in delirio.

खून छिड़का, और गर्म स्वाद ने बक को उन्माद में डाल दिया।

Si lanciò contro un altro aggressore senza esitazione.

उसने बिना किसी हिचकिचाहट के दूसरे हमलावर पर हमला कर दिया।

Nello stesso momento, denti aguzzi si conficcarono nella gola di Buck.

उसी क्षण, बक के गले में उसके तीखे दांत गड़ गये।

Spitz aveva colpito di lato, attaccando senza preavviso.

स्पिट्ज़ ने बिना किसी चेतावनी के, बगल से हमला कर दिया था।

Perrault e François avevano sconfitto i cani rubando il cibo.

पेरौल्ट और फ्राँस्वा ने भोजन चुराने वाले कुत्तों को हरा दिया था।

Ora si precipitarono ad aiutare i loro cani a respingere gli aggressori.

अब वे हमलावरों से लड़ने के लिए अपने कुत्तों की मदद करने के लिए दौड़े।

I cani affamati si ritirarono mentre gli uomini roteavano i loro manganelli.

जब पुरुषों ने अपनी लाठियां घुमानी शुरू कीं तो भूखे कुत्ते पीछे हट गए।

Buck riuscì a liberarsi dall'attacco, ma la fuga fu breve.

बक हमले से बच निकला, लेकिन वह बचकर नहीं निकल सका।

Gli uomini corsero a salvare i loro cani e gli husky tornarono ad attaccarli.

लोग अपने कुत्तों को बचाने के लिए भागे, और हस्की फिर से झुंड में आ गए।

Billee, spaventato e coraggioso, si lanciò nel branco di cani.

डर के मारे बिली ने हिम्मत जुटाई और कुत्तों के झुंड में कूद पड़ी।

Ma poi fuggì attraverso il ghiaccio, in preda al terrore e al panico.

लेकिन फिर वह भय और घबराहट में बर्फ के पार भाग गया।

Pike e Dub li seguirono da vicino, correndo per salvarsi la vita.

पाइक और डब भी अपनी जान बचाने के लिए पीछे-पीछे भागे।

Il resto della squadra si disperse e li inseguì.

टीम के बाकी सदस्य भी टूटकर बिखर गए और उनके पीछे चले गए।

Buck raccolse le forze per correre, ma poi vide un lampo.

बक ने भागने के लिए अपनी ताकत जुटाई, लेकिन तभी उसे एक चमक दिखाई दी।

Spitz si lanciò verso Buck, cercando di buttarlo a terra.

स्पिट्ज़ ने बक की ओर झपट्टा मारा और उसे ज़मीन पर गिराने की कोशिश की।

Sotto quella banda di husky, Buck non avrebbe avuto scampo.

हस्कीज़ की उस भीड़ के नीचे, बक के पास बचने का कोई रास्ता नहीं था।

Ma Buck rimase fermo e si preparò al colpo di Spitz.

लेकिन बक दृढ़ रहे और स्पिट्ज़ के प्रहार का सामना करने के लिए तैयार रहे।

Poi si voltò e corse sul ghiaccio con la squadra in fuga.

फिर वह मुड़ा और भागती हुई टीम के साथ बर्फ पर भाग गया।

Più tardi i nove cani da slitta si radunarono al riparo del bosco.

बाद में, नौ स्लेज-कुत्ते जंगल की शरण में एकत्र हुए।

Nessuno li inseguiva più, ma erano malconci e feriti.

अब किसी ने उनका पीछा नहीं किया, लेकिन वे बुरी तरह घायल हो गये।

Ogni cane presentava delle ferite: quattro o cinque tagli profondi su ogni corpo.

प्रत्येक कुत्ते के शरीर पर चार या पांच गहरे घाव थे।

Dub aveva una zampa posteriore ferita e ora faceva fatica a camminare.

डब का पिछला पैर घायल हो गया था और अब उसे चलने में कठिनाई हो रही थी।

Dolly, l'ultimo cane arrivato da Dyea, aveva la gola tagliata.

डाया की सबसे नई कुतिया डॉली का गला कटा हुआ था।

Joe aveva perso un occhio e l'orecchio di Billee era stato tagliato a pezzi

जो की एक आंख चली गई थी और बिली का कान टुकड़ों में कट गया था

Tutti i cani piansero per il dolore e la sconfitta durante la notte.

सभी कुत्ते रात भर दर्द और हार से रोते रहे।

All'alba tornarono lentamente all'accampamento, doloranti e distrutti.

भोर होते ही वे थके हुए और टूटे हुए, धीरे-धीरे शिविर की ओर लौट आए।

Gli husky erano scomparsi, ma il danno era fatto.

हस्कीज़ गायब हो गए थे, लेकिन नुकसान हो चुका था।

Perrault e François erano di pessimo umore e osservavano le rovine.

पेराल्ट और फ्राँस्वा खंडहर को देखकर दुखी हो गए।

Metà del cibo era sparito, rubato dai ladri affamati.

आधा खाना भूखे चोरों ने छीन लिया।

Gli husky avevano strappato le corde e la tela della slitta.

हस्कीज़ ने स्लेज की बाइंडिंग और कैनवास को फाड़ दिया था।

Tutto ciò che aveva odore di cibo era stato divorato completamente.

भोजन की गंध वाली हर चीज को पूरी तरह खा लिया गया था।

Mangiarono un paio di stivali da viaggio in pelle di alce di Perrault.

उन्होंने पेरौल्ट के मूस-चमड़े से बने यात्रा के जूतों की एक जोड़ी खा ली।

Hanno masticato le pelli e rovinato i cinturini rendendoli inutilizzabili.

वे चमड़े की रीस चबाते थे और पट्टियों को इतना खराब कर देते थे कि उनका कोई उपयोग नहीं रह जाता था।

François smise di fissare la frusta strappata per controllare i cani.

फ़्राँस्वा ने कुत्तों की जाँच करने के लिए फटे हुए कोड़े को देखना बंद कर दिया।

«Ah, amici miei», disse con voce bassa e preoccupata.

"आह, मेरे दोस्तों," उसने कहा, उसकी आवाज़ धीमी और चिंता से भरी हुई थी।

"Forse tutti questi morsi vi trasformeranno in bestie pazze."

"हो सकता है कि ये सारे काटने तुम्हें पागल जानवर बना दें।"

"Forse tutti cani rabbiosi, sacredam! Che ne pensi, Perrault?"

"शायद सभी पागल कुत्ते हैं, सेक्रेडम! तुम क्या सोचते हो, पेरौल्ट?"

Perrault scosse la testa, con gli occhi scuri per la preoccupazione e la paura.

पेरौल्ट ने अपना सिर हिलाया, उनकी आंखें चिंता और भय से काली हो गयीं।

C'erano ancora quattrocento miglia tra loro e Dawson.

उनके और डावसन के बीच अभी भी चार सौ मील की दूरी थी।

La follia dei cani potrebbe ormai distruggere ogni possibilità di sopravvivenza.

कुत्तों का पागलपन अब जीवित रहने की किसी भी संभावना को नष्ट कर सकता है।

Hanno passato due ore a imprecare e a cercare di riparare l'attrezzatura.

उन्होंने दो घंटे गाली-गलौज और गियर ठीक करने में बिता दिए।

La squadra ferita alla fine lasciò l'accampamento, distrutta e sconfitta.

घायल टीम अंततः टूटी हुई और पराजित होकर शिविर से बाहर निकल गई।

Questo è stato il sentiero più duro finora e ogni passo è stato doloroso.

यह अब तक का सबसे कठिन रास्ता था और हर कदम कष्टदायक था।

Il fiume Thirty Mile non era ghiacciato e scorreva impetuoso.

थर्टी माइल नदी जमी नहीं थी, तथा वह तेजी से बह रही थी।

Soltanto nei punti calmi e nei vortici il ghiaccio riusciva a resistere.

केवल शांत स्थानों और घुमावदार भँवरों में ही बर्फ जमी रहती है।

Trascorsero sei giorni di duro lavoro per percorrere le trenta miglia.

तीस मील की दूरी पूरी होने तक छह दिन तक कड़ी मेहनत करनी पड़ी।

Ogni miglio del sentiero porta con sé pericoli e minacce di morte.

रास्ते का प्रत्येक मील खतरे और मौत का खतरा लेकर आता था।

Uomini e cani rischiavano la vita a ogni passo doloroso.

पुरुषों और कुत्तों ने हर दर्दनाक कदम उठाते हुए अपनी जान जोखिम में डाली।

Perrault riuscì a superare i sottili ponti di ghiaccio una dozzina di volte.

पेरौल्ट ने एक दर्जन बार पतली बर्फ के पुल को तोड़ा।

Prese un palo e lo lasciò cadere nel buco creato dal suo corpo.

उसने एक डंडा उठाया और उसे अपने शरीर से बने गड्ढे पर गिरा दिया।

Quel palo salvò Perrault più di una volta dall'annegamento.

एक से अधिक बार उस खंभे ने पेरौल्ट को डूबने से बचाया।

L'ondata di freddo persisteva, la temperatura era di cinquanta gradi sotto zero.

ठंड का प्रकोप जारी रहा, हवा का तापमान शून्य से पचास डिग्री नीचे था।

Ogni volta che cadeva, Perrault era costretto ad accendere un fuoco per sopravvivere.

हर बार जब वह पानी में गिरता था, तो जीवित रहने के लिए पेरौल्ट को आग जलानी पड़ती थी।

Gli abiti bagnati si congelavano rapidamente, perciò li faceva asciugare vicino al calore cocente.

गीले कपड़े जल्दी जम जाते थे, इसलिए वह उन्हें तेज गर्मी में सुखाता था।

Perrault non provava mai paura, e questo faceva di lui un corriere.

पेरौल्ट को कभी भी किसी प्रकार का भय नहीं रहा और इसी डर ने उन्हें कूरियर बना दिया।

Fu scelto per affrontare il pericolo e lo affrontò con silenziosa determinazione.

उन्हें खतरे के लिए चुना गया था, और उन्होंने इसका सामना शांत संकल्प के साथ किया।

Si spinse in avanti controvento, con il viso raggrinzito e congelato.

वह हवा में आगे बढ़ा, उसका मुरझाया हुआ चेहरा बर्फ से जकड़ा हुआ था।

Perrault li guidò in avanti dall'alba al tramonto.

भोर से लेकर शाम तक, पेरौल्ट ने उन्हें आगे बढ़ाया।

Camminava sul ghiaccio sottile che scricchiolava a ogni passo.

वह संकरी बर्फ पर चला जो हर कदम पर टूट रही थी।

Non osavano fermarsi: ogni pausa rischiava di provocare un crollo mortale.

उनमें रुकने की हिम्मत नहीं थी - प्रत्येक विराम से घातक पतन का खतरा था।

Una volta la slitta si ruppe, trascinando dentro Dave e Buck.

एक बार स्लेज टूट गई और डेव और बक भी उसमें फंस गए।

Quando furono liberati, entrambi erano quasi congelati.

जब तक उन्हें बाहर निकाला गया, दोनों लगभग जम चुके थे।

Gli uomini accesero rapidamente un fuoco per salvare Buck e Dave.

बक और डेव को जीवित रखने के लिए लोगों ने तुरंत आग जलाई।

I cani erano ricoperti di ghiaccio dal naso alla coda, rigidi come legno intagliato.

कुत्ते नाक से लेकर पूँछ तक बर्फ से ढके हुए थे, नक्काशीदार लकड़ी की तरह सख्त।

Gli uomini li fecero correre in cerchio vicino al fuoco per scongelarne i corpi.

पुरुषों ने उनके शरीर को पिघलाने के लिए उन्हें आग के पास गोल-गोल घुमाया।

Si avvicinarono così tanto alle fiamme che la loro pelliccia rimase bruciacchiata.

वे आग की लपटों के इतने करीब आ गए कि उनका फर झुलस गया।

Spitz ruppe poi il ghiaccio, trascinando dietro di sé la squadra.

स्पिट्ज़ ने अगली बार बर्फ को तोड़ दिया और टीम को अपने पीछे खींच लिया।

La frenata arrivava fino al punto in cui Buck stava tirando.

ब्रेक उस स्थान तक पहुंच गया जहां बक खींच रहा था।

Buck si appoggiò bruscamente allo schienale, con le zampe che scivolavano e tremavano sul bordo.

बक ज़ोर से पीछे झुक गया, उसके पंजे फिसल रहे थे और किनारे पर काँप रहे थे।

Anche Dave si sforzò all'indietro, proprio dietro Buck sulla linea.

डेव भी पीछे की ओर झुक गया, लाइन पर बक के ठीक पीछे।

François tirava la slitta e i suoi muscoli scricchiolavano per lo sforzo.

फ्राँस्वा स्लेज को खींच रहा था, प्रयास के कारण उसकी मांसपेशियाँ टूट रही थीं।

Un'altra volta, il ghiaccio del bordo si è crepato davanti e dietro la slitta.

एक अन्य बार, स्लेज के आगे और पीछे रिम की बर्फ टूट गई।

Non avevano altra via d'uscita se non quella di arrampicarsi su una parete ghiacciata.

उनके पास जमी हुई चट्टान की दीवार पर चढ़ने के अलावा कोई रास्ता नहीं था।

In qualche modo Perrault riuscì a scalare il muro: un miracolo lo tenne in vita.

पेरौल्ट किसी तरह दीवार पर चढ़ गया; चमत्कार से वह जीवित बच गया।

François rimase sottocoperta, pregando che gli capitasse la stessa fortuna.

फ्राँस्वा नीचे ही रुक गया और उसी तरह के भाग्य की प्रार्थना करने लगा।

Legarono ogni cinghia, legatura e tirante in un'unica lunga corda.

उन्होंने हर पट्टा, बंधन और निशान को एक लम्बी रस्सी में बाँध दिया।

Gli uomini trascinarono i cani uno alla volta fino in cima.

पुरुषों ने एक-एक करके प्रत्येक कुत्ते को ऊपर खींच लिया।

François salì per ultimo, dopo la slitta e tutto il carico.

फ्रांकोइस स्लेज और पूरे सामान के बाद सबसे आखिर में चढ़ा।

Poi iniziò una lunga ricerca di un sentiero che scendesse dalle scogliere.

फिर चट्टानों से नीचे उतरने के लिए रास्ते की लंबी खोज शुरू हुई।

Alla fine scesero utilizzando la stessa corda che avevano costruito.

अंततः वे उसी रस्सी का उपयोग करके नीचे उतरे जो उन्होंने बनाई थी।

Scese la notte mentre tornavano al letto del fiume, esausti e doloranti.

रात होने पर वे थके हुए और दर्द से पीड़ित होकर नदी के किनारे लौटे।

Avevano impiegato un giorno intero per percorrere solo un quarto di miglio.

उन्हें केवल एक चौथाई मील की दूरी तय करने में पूरा दिन लग गया।

Quando giunsero all'Hootalinqua, Buck era sfinito.

जब वे हूटालिंक़ा पहुंचे तो बक पूरी तरह थक चुका था।

Anche gli altri cani soffrivano le stesse condizioni del sentiero.

अन्य कुत्तों को भी ट्रेल की परिस्थितियों के कारण उतनी ही बुरी तरह से कष्ट सहना पड़ा।

Ma Perrault aveva bisogno di recuperare tempo e li spingeva avanti giorno dopo giorno.

लेकिन पेरौल्ट को समय की बचत करनी थी और उन्होंने प्रत्येक दिन उन्हें आगे बढ़ाया।

Il primo giorno percorsero trenta miglia fino a Big Salmon.

पहले दिन वे बिग सैल्मन तक तीस मील की यात्रा की।

Il giorno dopo percorsero trentacinque miglia fino a Little Salmon.

अगले दिन वे पैंतीस मील की यात्रा करके लिटिल सैल्मन पहुंचे।

Il terzo giorno percorsero quaranta miglia ghiacciate.

तीसरे दिन वे चालीस मील लम्बी बर्फीली सड़क पार कर आगे बढ़े।

A quel punto si stavano avvicinando all'insediamento di Five Fingers.

तब तक वे फाइव फिंगर्स के समझौते के करीब पहुंच चुके थे।

I piedi di Buck erano più morbidi di quelli duri degli husky autoctoni.

बक के पैर देशी हस्की के कठोर पैरों की तुलना में अधिक मुलायम थे।

Le sue zampe erano diventate tenere nel corso di molte generazioni civilizzate.

कई सभ्य पीढ़ियों के दौरान उसके पंजे कोमल हो गए थे।

Molto tempo fa, i suoi antenati erano stati addomesticati dagli uomini del fiume o dai cacciatori.

बहुत समय पहले, उसके पूर्वजों को नदी के लोगों या शिकारियों द्वारा पालतू बना लिया गया था।

Ogni giorno Buck zoppicava per il dolore, camminando con le zampe screpolate e doloranti.

हर दिन बक दर्द से लंगड़ाता हुआ, कच्चे, दुखते पंजों पर चलता था।

Giunto all'accampamento, Buck cadde come un corpo senza vita sulla neve.

शिविर में, बक बर्फ पर एक निर्जीव शरीर की तरह गिर पड़ा।

Sebbene fosse affamato, Buck non si alzò per consumare il pasto serale.

भूख से व्याकुल होने के बावजूद, बक अपना शाम का खाना खाने के लिए नहीं उठा।

François portò la sua razione a Buck, mettendogli del pesce vicino al muso.

फ्राँस्वा बक के लिए राशन लेकर आया, और उसके थूथन के पास मछलियाँ रख दीं।

Ogni notte l'autista massaggiava i piedi di Buck per mezz'ora.

प्रत्येक रात ड्राइवर बक के पैरों को आधे घंटे तक रगड़ता था।

François arrivò persino a tagliare i suoi mocassini per farne delle calzature per cani.

फ्राँस्वा ने तो कुत्तों के लिए जूते बनाने के लिए अपने मोकासिन भी स्वयं काटे।

Quattro scarpe calde diedero a Buck un grande e gradito sollievo.

चार गर्म जूतों ने बक को बहुत राहत दी।

Una mattina François dimenticò le scarpe e Buck si rifiutò di alzarsi.

एक सुबह, फ्राँस्वा जूते भूल गया, और बक ने उठने से इनकार कर दिया।

Buck giaceva sulla schiena, con i piedi in aria, e li agitava in modo pietoso.

बक पीठ के बल लेटा था, पैर हवा में थे और दयनीय ढंग से उन्हें हिला रहा था।

Persino Perrault sorrise alla vista dell'appello drammatico di Buck.

बक की नाटकीय दलील को देखकर पेरौल्ट भी मुस्कुरा उठे।

Ben presto i piedi di Buck diventarono duri e le scarpe poterono essere tolte.

जल्द ही बक के पैर सख्त हो गए और जूते फेंकने पड़े।

A Pelly, durante il periodo in cui veniva imbrigliata, Dolly emise un ululato terribile.

पेली में, हार्नेस समय के दौरान, डॉली ने एक भयानक चीख निकाली।
Il grido era lungo e pieno di follia, e fece tremare tutti i cani.

चीख बहुत लंबी और पागलपन से भरी थी, जिससे हर कुत्ता कांप रहा था।
Ogni cane si rizzava per la paura, senza capirne il motivo.

प्रत्येक कुत्ता बिना कारण जाने ही डर से कांप उठा।
Dolly era impazzita e si era scagliata contro Buck.

डॉली पागल हो गई थी और सीधे बक पर झपटी।
Buck non aveva mai visto la follia, ma l'orrore gli riempì il cuore.

बक ने कभी पागलपन नहीं देखा था, लेकिन उसका दिल भय से भर गया था।
Senza pensarci due volte, si voltò e fuggì in preda al panico più assoluto.

बिना कुछ सोचे-समझे वह घबराकर मुड़ा और भाग गया।
Dolly lo inseguì, con gli occhi selvaggi e la saliva che le colava dalle fauci.

डॉली ने उसका पीछा किया, उसकी आँखें पागलों जैसी थीं, उसके जबड़ों से लार बह रही थी।
Si tenne sempre dietro a Buck, senza mai guadagnare terreno e senza mai indietreggiare.

वह बक के ठीक पीछे रही, न तो कभी आगे बढ़ी और न ही कभी पीछे हटी।
Buck corse attraverso i boschi, giù per l'isola, sul ghiaccio frastagliato.

बक जंगलों से होते हुए, द्वीप के नीचे, दांतेदार बर्फ पर दौड़ा।
Attraversò un'isola, poi un'altra, per poi tornare indietro verso il fiume.

वह एक द्वीप पार कर गया, फिर दूसरे द्वीप पर, और वापस नदी की ओर घूम गया।

Dolly continuava a inseguirlo, ringhiando sempre più forte a ogni passo.

फिर भी डॉली उसका पीछा करती रही, हर कदम पर उसकी गुर्राहट उसके पीछे-पीछे आती रही।

Buck poteva sentire il suo respiro e la sua rabbia, anche se non osava voltarsi indietro.

बक उसकी सांस और क्रोध को सुन सकता था, हालांकि वह पीछे मुड़कर देखने की हिम्मत नहीं कर सका।

François gridò da lontano e Buck si voltò verso la voce.

फ्राँस्वा ने दूर से चिल्लाकर कहा, और बक उस आवाज़ की ओर मुड़ा।

Ancora senza fiato, Buck corse oltre, riponendo ogni speranza in François.

अभी भी सांस के लिए हांफते हुए, बक भाग गया, और सारी उम्मीदें फ्रांकोइस पर टिका दीं।

Il conducente del cane sollevò un'ascia e aspettò che Buck gli passasse accanto.

कुत्ते के चालक ने कुल्हाड़ी उठाई और बक के उड़कर पास आने का इंतजार करने लगा।

L'ascia calò rapidamente e colpì la testa di Dolly con forza mortale.

कुल्हाड़ी तेजी से नीचे आई और डॉली के सिर पर घातक प्रहार किया।

Buck crollò vicino alla slitta, ansimando e incapace di muoversi.

बक स्लेज के पास ही गिर पड़ा, उसे सांस लेने में तकलीफ हो रही थी और वह हिलने-डुलने में असमर्थ था।

Quel momento diede a Spitz la possibilità di colpire un nemico esausto.

उस क्षण ने स्पिट्ज़ को एक थके हुए दुश्मन पर हमला करने का मौका दिया।

Morse Buck due volte, strappandogli la carne fino all'osso bianco.

उसने बक को दो बार काटा, जिससे उसका मांस सफेद हड्डी तक फट गया।

La frusta di François schioccò, colpendo Spitz con tutta la sua forza, con furia.

फ्राँस्वा का चाबुक फटा और उसने स्पिट्ज़ पर पूरी, उग्र ताकत से प्रहार किया।

Buck guardò con gioia Spitz mentre riceveva il pestaggio più duro fino a quel momento.

बक ने खुशी से देखा कि स्पिट्ज़ को अब तक की सबसे बुरी पिटाई दी गई।

«È un diavolo, quello Spitz», borbottò Perrault tra sé e sé.

"वह स्पिट्ज शैतान है," पेरौल्ट ने मन ही मन कहा।

"Un giorno o l'altro, quel cane maledetto ucciderà Buck, lo giuro."

"जल्द ही किसी दिन, वह शापित कुत्ता बक को मार डालेगा - मैं कसम खाता हूँ।"

«Quel Buck ha due diavoli dentro di sé», rispose François annuendo.

"उस बक में दो शैतान हैं," फ्राँस्वा ने सिर हिलाकर जवाब दिया।

"Quando osservo Buck, so che dentro di lui si cela qualcosa di feroce."

"जब मैं बक को देखता हूं, तो मुझे पता चलता है कि उसके अंदर कुछ भयंकर चीज छिपी हुई है।"

"Un giorno, si infurierà come il fuoco e farà a pezzi Spitz."

"एक दिन, वह आग की तरह क्रोधित हो जाएगा और स्पिट्ज़ को टुकड़े-टुकड़े कर देगा।"

"Masticherà quel cane e lo sputerà sulla neve ghiacciata."

"वह उस कुत्ते को चबाकर जमी हुई बर्फ पर थूक देगा।"

"Certo, lo so fin nel profondo."

"निश्चित रूप से, मैं इसे अपनी हड्डियों की गहराई में जानता हूं।"

Da quel momento in poi, i due cani furono in guerra tra loro.

उस क्षण से दोनों कुत्तों के बीच युद्ध छिड़ गया।

Spitz guidava la squadra e deteneva il potere, ma Buck lo sfidava.

स्पिट्ज़ ने टीम का नेतृत्व किया और शक्ति बनाए रखी, लेकिन बक ने उसे चुनौती दी।

Spitz si rese conto che il suo rango era minacciato da questo strano straniero del Sud.

स्पिट्ज़ को लगा कि इस अजीब साउथलैंड अजनबी के कारण उनकी रैंक को खतरा हो सकता है।

Buck era diverso da tutti i cani del sud che Spitz aveva conosciuto fino ad allora.

बक किसी भी दक्षिणी कुत्ते से भिन्न था जिसे स्पिट्ज़ ने पहले कभी नहीं देखा था।

La maggior parte di loro fallì: troppo deboli per sopravvivere al freddo e alla fame.

उनमें से अधिकतर असफल हो गये - वे इतने कमज़ोर थे कि ठंड और भूख से बच नहीं सके।

Morirono rapidamente a causa del lavoro, del gelo e del lento bruciare della carestia.

वे श्रम, ठंड और अकाल की धीमी मार से तेजी से मर गए।

Buck si distingueva: ogni giorno più forte, più intelligente e più selvaggio.

बक अलग खड़ा था - प्रत्येक दिन अधिक मजबूत, अधिक चतुर और अधिक क्रूर होता जा रहा था।

Ha prosperato nonostante le difficoltà, crescendo al pari degli husky del nord.

वह कठिनाइयों में भी फला-फूला और उत्तरी हस्कीज के बराबर विकसित हुआ।

Buck era dotato di forza, abilità straordinaria e un istinto paziente e letale.

बक में ताकत थी, अदम्य कौशल था, तथा धैर्यवान, घातक प्रवृत्ति थी।

L'uomo con la mazza aveva annientato Buck per fargli perdere la temerarietà.

डंडे वाले आदमी ने बक को पीट-पीटकर उसकी जल्दबाजी खत्म कर दी थी।

La furia cieca se n'era andata, sostituita da un'astuzia silenziosa e dal controllo.

अंध क्रोध समाप्त हो गया, और उसकी जगह शांत चालाकी और नियंत्रण ने ले ली।

Attese, calmo e primordiale, in attesa del momento giusto.

वह शांत और सहज भाव से सही समय की प्रतीक्षा करता रहा।

La loro lotta per il comando divenne inevitabile e chiara.

कमान के लिए उनकी लड़ाई अपरिहार्य और स्पष्ट हो गई।

Buck desiderava la leadership perché il suo spirito la richiedeva.

बक नेतृत्व चाहते थे क्योंकि उनकी आत्मा इसकी मांग करती थी।

Era spinto da quello strano orgoglio che nasceva dal sentiero e dall'imbracatura.

वह पगडंडी और लगाम से पैदा हुए अजीब गर्व से प्रेरित था।

Quell'orgoglio faceva sì che i cani tirassero fino a crollare sulla neve.

इस गर्व के कारण कुत्ते तब तक खींचते रहे जब तक वे बर्फ पर गिर नहीं पड़े।

L'orgoglio li spinse a dare tutta la forza che avevano.

अहंकार ने उन्हें अपनी पूरी ताकत झोंकने के लिए प्रेरित किया।

L'orgoglio può trascinare un cane da slitta fino al punto di ucciderlo.

घमंड एक स्लेज-कुत्ते को मौत के मुंह तक भी ले जा सकता है।

Perdere l'imbracatura rendeva i cani deboli e senza scopo.

पट्टा खोने से कुत्ते टूट गए और उनका कोई उद्देश्य नहीं रहा।

Il cuore di un cane da slitta può essere spezzato dalla vergogna quando va in pensione.

एक स्लेज-कुत्ते का दिल तब शर्म से कुचला जा सकता है जब वे सेवानिवृत्त होते हैं।

Dave viveva con questo orgoglio mentre trascinava la slitta da dietro.

डेव उस गर्व के साथ जी रहा था क्योंकि वह स्लेज को पीछे से खींच रहा था।

Anche Solleks diede il massimo con cupa forza e lealtà.

सोलेक्स ने भी पूरी ताकत और निष्ठा के साथ अपना सर्वस्व बलिदान कर दिया।

Ogni mattina l'orgoglio li trasformava da amareggiati a determinati.

प्रत्येक सुबह, गर्व उन्हें कटुता से दृढ़ निश्चय में बदल देता था।

Spinsero per tutto il giorno, poi tacquero una volta giunti alla fine dell'accampamento.

वे पूरे दिन दबाव बनाते रहे, फिर शिविर के अंत में चुप हो गए।

Quell'orgoglio diede a Spitz la forza di mettere in riga i fannulloni.

उस गर्व ने स्पिट्ज़ को दूसरों को हराकर लाइन में आने की ताकत दी।

Spitz temeva Buck perché Buck nutriva lo stesso profondo orgoglio.

स्पिट्ज बक से डरता था क्योंकि बक भी उसी तरह का गहरा गर्व रखता था।

L'orgoglio di Buck ora si agitò contro Spitz, ma lui non si fermò.

बक का अभिमान अब स्पिट्ज़ के विरुद्ध जाग उठा, और वह रुका नहीं।

Buck sfidò il potere di Spitz e gli impedì di punire i cani.

बक ने स्पिट्ज़ की शक्ति का विरोध किया और उसे कुत्तों को दण्ड देने से रोक दिया।

Quando gli altri fallivano, Buck si frapponeva tra loro e il loro capo.

जब अन्य लोग असफल हो गए, तो बक उनके और उनके नेता के बीच आ गया।

Lo fece con intenzione, rendendo la sua sfida aperta e chiara.

उन्होंने यह काम जानबूझकर किया तथा अपनी चुनौती को खुला और स्पष्ट रखा।

Una notte una forte nevicata coprì il mondo in un profondo silenzio.

एक रात भारी बर्फबारी ने पूरे विश्व को गहरे सन्नाटे में ढक दिया।

La mattina dopo, Pike, pigro come sempre, non si alzò per andare al lavoro.

अगली सुबह, पाइक हमेशा की तरह आलसी था, और काम पर नहीं गया।

Rimase nascosto nel suo nido sotto uno spesso strato di neve.

वह बर्फ की मोटी परत के नीचे अपने घोंसले में छिपा रहा।

François gridò e cercò, ma non riuscì a trovare il cane.

फ्राँस्वा ने आवाज़ लगाई और खोजा, लेकिन कुत्ता नहीं मिला।

Spitz si infuriò e si scagliò contro l'accampamento coperto di neve.

स्पिट्ज़ क्रोधित हो गया और बर्फ से ढके शिविर में घुस गया।

Ringhiò e annusò, scavando freneticamente con gli occhi fiammeggianti.

वह गुर्राया और सूँघने लगा, और अपनी जलती आँखों से पागलों की तरह खोदने लगा।

La sua rabbia era così violenta che Pike tremava sotto la neve per la paura.

उसका क्रोध इतना भयंकर था कि पाइक डर के मारे बर्फ के नीचे कांपने लगा।

Quando finalmente Pike fu trovato, Spitz si lanciò per punire il cane nascosto.

जब अंततः पाइक मिल गया, तो स्पिट्ज़ ने छिपे हुए कुत्ते को दण्ड देने के लिए उस पर हमला किया।

Ma Buck si scagliò tra loro con una furia pari a quella di Spitz.

लेकिन बक स्पिट्ज के बराबर क्रोध के साथ उनके बीच कूद पड़ा।

L'attacco fu così improvviso e astuto che Spitz cadde a terra.

यह हमला इतना अचानक और चतुराईपूर्ण था कि स्पिट्ज़ अपने पैरों से गिर पड़ा।

Pike, che tremava, trasse coraggio da questa sfida.

पाइक, जो काँप रहा था, को इस अवज्ञा से साहस मिला।
Seguendo l'audace esempio di Buck, saltò sullo Spitz caduto.

वह बक के साहसिक उदाहरण का अनुसरण करते हुए गिरे हुए स्पिट्ज पर कूद पड़ा।

Buck, non più vincolato dall'equità, si unì allo sciopero di Spitz.

बक, अब निष्पक्षता से बंधा हुआ नहीं था, इसलिए स्पिट्ज पर हमले में शामिल हो गया।

François, divertito ma fermo nella disciplina, agitò la sua pesante frusta.

फ्रांकोइस ने प्रसन्नतापूर्वक तथा अनुशासन में दृढ़ रहते हुए अपना भारी चाबुक घुमाया।

Colpì Buck con tutta la sua forza per interrompere la rissa.

उसने लड़ाई रोकने के लिए बक पर पूरी ताकत से प्रहार किया।
Buck si rifiutò di muoversi e rimase in groppa al capo caduto.

बक ने हिलने से इनकार कर दिया और गिरे हुए नेता के ऊपर ही बैठा रहा।
François allora usò il manico della frusta e colpì Buck con violenza.

इसके बाद फ्रांकोइस ने चाबुक के हैंडल का इस्तेमाल किया और बक पर जोरदार प्रहार किया।
Barcollando per il colpo, Buck cadde all'indietro sotto l'assalto.

वार से लड़खड़ाते हुए बक पीछे गिर पड़ा।
François colpì più volte mentre Spitz puniva Pike.

फ्राँस्वा ने बार-बार प्रहार किया जबकि स्पिट्ज़ ने पाइक को दंडित किया।

Passarono i giorni e Dawson City si avvicinava sempre di più.

दिन बीतते गए और डावसन सिटी नजदीक आती गई।

Buck continuava a intromettersi, infilandosi tra Spitz e gli altri cani.

बक लगातार हस्तक्षेप करता रहा, स्पिट्ज और अन्य कुत्तों के बीच से फिसलता रहा।

Sceglieva bene i suoi momenti, aspettando sempre che François se ne andasse.

उन्होंने अपने क्षणों का चयन बहुत अच्छे से किया, हमेशा फ्रांकोइस के जाने का इंतजार किया।

La ribellione silenziosa di Buck si diffuse e il disordine prese piede nella squadra.

बक का शांत विद्रोह फैल गया और टीम में अव्यवस्था फैल गई।

Dave e Solleks rimasero leali, ma altri diventarono indisciplinati.

डेव और सोलेक्स वफादार बने रहे, लेकिन अन्य लोग अनियंत्रित हो गए।

La squadra peggiorò: divenne irrequieta, litigiosa e fuori luogo.

टीम की हालत खराब होती गई - बेचैन, झगड़ालू और अनुशासनहीन।

Ormai niente filava liscio e le liti diventavano all'ordine del giorno.

अब कोई भी काम सुचारू रूप से नहीं चलता था और झगड़े आम बात हो गई थी।

Buck rimase sempre al centro dei guai, provocando disordini.

बक हमेशा परेशानी के केंद्र में रहा और हमेशा अशांति भड़काता रहा।

François rimase vigile, temendo la lotta tra Buck e Spitz.

बक और स्पिट्ज के बीच लड़ाई के डर से फ्राँस्वा सतर्क रहा।

Ogni notte veniva svegliato da zuffe e temeva che finalmente fosse arrivato l'inizio.

हर रात झगड़े से वह जाग जाता था, इस डर से कि कहीं वह दिन आ ही न जाए।

Balzò fuori dalla veste, pronto a interrompere la rissa.

वह लड़ाई को रोकने के लिए अपने वस्त्र से उछल पड़ा।

Ma il momento non arrivò mai e alla fine raggiunsero Dawson.

लेकिन वह क्षण कभी नहीं आया और अंततः वे डाउसन पहुंच गये।

La squadra entrò in città in un pomeriggio cupo, teso e silenzioso.

टीम एक उदास, तनावपूर्ण और शांत दोपहर में शहर में दाखिल हुई।

La grande battaglia per la leadership era ancora sospesa nell'aria gelida.

नेतृत्व के लिए महान लड़ाई अभी भी ठंडी हवा में लटकी हुई है।

Dawson era piena di uomini e cani da slitta, tutti impegnati nel lavoro.

डावसन में लोग और स्लेज-कुत्ते भरे हुए थे, सभी काम में व्यस्त थे।

Buck osservava i cani trainare i carichi dalla mattina alla sera.

बक सुबह से लेकर रात तक कुत्तों को बोझ खींचते देखता रहा।

Trasportavano tronchi e legna da ardere e spedivano rifornimenti alle miniere.

वे लकड़ियाँ और जलाऊ लकड़ी ढोते थे, तथा खदानों तक रसद पहुँचाते थे।

Nel Southland, dove un tempo lavoravano i cavalli, ora lavoravano i cani.

साउथलैंड में जहां पहले घोड़े काम करते थे, अब कुत्ते काम करते हैं।

Buck vide alcuni cani provenienti dal Sud, ma la maggior parte erano husky simili a lupi.

बक ने दक्षिण से आये कुछ कुत्तों को देखा, लेकिन उनमें से अधिकांश भेड़िये जैसे हस्की थे।

Di notte, puntuali come un orologio, i cani alzavano la voce e cantavano.

रात को, घड़ी की सुई की तरह, कुत्ते गाने की आवाजें ऊंची करते थे।

Alle nove, a mezzanotte e di nuovo alle tre, il canto cominciò.

नौ बजे, आधी रात को और फिर तीन बजे गाना शुरू हुआ।

Buck amava unirsi al loro canto inquietante, selvaggio e antico nel suono.

बक को उनके भयानक मंत्रोच्चार में शामिल होना अच्छा लगता था, जो जंगली और प्राचीन ध्वनि वाला था।

L'aurora fiammeggiava, le stelle danzavano e la neve ricopriva la terra.

ध्रुवीय ज्योति प्रज्वलित हुई, तारे नाचने लगे, तथा धरती बर्फ से ढक गई।

Il canto dei cani si elevava come un grido contro il silenzio e il freddo pungente.

कुत्तों का गाना सन्नाटे और कड़ाके की ठंड के खिलाफ चीख के रूप में उभरा।

Ma il loro urlo esprimeva tristezza, non sfida, in ogni lunga nota.

लेकिन उनकी चीख़ के हर लंबे स्वर में विरोध नहीं, बल्कि दुख छिपा था।

Ogni lamento era pieno di supplica: il peso stesso della vita.

हर करुण क्रंदन याचना से भरा था; जीवन का बोझ था।

Quella canzone era vecchia, più vecchia delle città e più vecchia degli incendi

वह गीत पुराना था - शहरों से भी पुराना, और आग से भी पुराना

Quel canto era più antico perfino delle voci degli uomini.

वह गीत मनुष्यों की आवाजों से भी अधिक प्राचीन था।

Era una canzone del mondo dei giovani, quando tutte le canzoni erano tristi.

यह युवा दुनिया का एक गीत था, जब सभी गीत दुःखद होते थे।

La canzone porta con sé il dolore di innumerevoli generazioni di cani.

इस गीत में कुत्तों की अनगिनत पीढ़ियों का दुःख समाहित था।

Buck percepì profondamente la melodia, gemendo per un dolore radicato nei secoli.

बक ने धुन को गहराई से महसूस किया, और सदियों पुरानी पीड़ा से कराह उठा।

Singhiozzava per un dolore antico quanto il sangue selvaggio nelle sue vene.

वह उस दुःख से सिसक उठा जो उसकी रगों में बहते खून जितना पुराना था।

Il freddo, l'oscurità e il mistero toccarono l'anima di Buck.

ठण्ड, अँधेरा और रहस्य ने बक की आत्मा को छू लिया।

Quella canzone dimostrava quanto Buck fosse tornato alle sue origini.

उस गीत ने सिद्ध कर दिया कि बक अपने मूल की ओर कितनी दूर लौट आया था।

Tra la neve e gli ululati aveva trovato l'inizio della sua vita.

बर्फ और चीख-पुकार के बीच उसने अपने जीवन की शुरुआत पा ली थी।

Sette giorni dopo l'arrivo a Dawson, ripartirono.

डाउसन पहुंचने के सात दिन बाद वे एक बार फिर रवाना हुए।

La squadra si è lanciata dalla caserma fino allo Yukon Trail.

टीम बैरकों से नीचे युकोन ट्रेल तक उतरी।

Iniziarono il viaggio di ritorno verso Dyea e Salt Water.

उन्होंने डाया और साल्ट वाटर की ओर वापस यात्रा शुरू की।

Perrault trasmise dispacci ancora più urgenti di prima.

पेरौल्ट पहले से भी अधिक जरूरी संदेश लेकर आए।

Era anche preso dall'orgoglio per la corsa e puntava a stabilire un record.

उनमें भी ट्रेल के प्रति गर्व की भावना थी और उन्होंने एक रिकार्ड स्थापित करने का लक्ष्य रखा।

Questa volta Perrault aveva diversi vantaggi.

इस बार, कई लाभ पेरौल्ट के पक्ष में थे।

I cani avevano riposato per un'intera settimana e avevano ripreso le forze.

कुत्तों ने पूरे एक सप्ताह तक आराम किया और अपनी ताकत वापस पा ली।
La pista che avevano tracciato era ora battuta da altri.

जिस रास्ते को उन्होंने तोड़ा था, उसे अब दूसरों ने पक्का कर दिया है।
In alcuni punti la polizia aveva immagazzinato cibo sia per i cani che per gli uomini.

कई स्थानों पर पुलिस ने कुत्तों और मनुष्यों दोनों के लिए भोजन का भंडारण किया था।
Perrault viaggiava leggero, si muoveva velocemente e aveva poco a cui aggrapparsi.

पेरौल्ट हल्के सामान के साथ तेजी से यात्रा करते थे, उनका वजन बहुत कम था।
La prima sera raggiunsero la Sixty-Mile, una corsa lunga 50 miglia.

वे पहली रात तक पचास मील की दौड़, सिक्सटी-माइल, तक पहुंच गये।
Il secondo giorno risalirono rapidamente lo Yukon in direzione di Pelly.

दूसरे दिन, वे युकोन से पेली की ओर बढ़े।
Ma questi grandi progressi comportarono anche molta fatica per François.

लेकिन इतनी अच्छी प्रगति फ्राँस्वा के लिए बहुत तनाव लेकर आई।
La ribellione silenziosa di Buck aveva infranto la disciplina della squadra.

बक के शांत विद्रोह ने टीम के अनुशासन को तहस-नहस कर दिया था।
Non si univano più come un'unica bestia al comando.

वे अब एक जानवर की तरह एक साथ नहीं खींचे जाते थे।
Buck aveva spinto altri alla sfida con il suo coraggioso esempio.

बक ने अपने साहसिक उदाहरण के माध्यम से दूसरों को विद्रोह की ओर प्रेरित किया था।
L'ordine di Spitz non veniva più accolto con timore o rispetto.

स्पिट्ज़ के आदेश को अब भय या सम्मान के साथ नहीं देखा जाता था।

Gli altri persero ogni timore reverenziale nei suoi confronti e osarono opporsi al suo governo.

अन्य लोगों का उससे भय समाप्त हो गया और उन्होंने उसके शासन का विरोध करने का साहस किया।

Una notte, Pike rubò mezzo pesce e lo mangiò sotto gli occhi di Buck.

एक रात, पाइक ने आधी मछली चुरा ली और बक की नजरों के सामने उसे खा गया।

Un'altra notte, Dub e Joe combatterono contro Spitz e rimasero impuniti.

एक और रात, डब और जो ने स्पिट्ज़ से लड़ाई की और उन्हें सजा नहीं मिली।

Anche Billee gemette meno dolcemente e mostrò una nuova acutezza.

यहां तक कि बिली की भी शिकायत कम मीठी हो गई और उसमें नया तीखापन आ गया।

Buck ringhiava a Spitz ogni volta che si incrociavano.

हर बार जब वे दोनों एक दूसरे के सामने पड़ते तो बक स्पिट्ज पर गुर्राहट करता।

L'atteggiamento di Buck divenne audace e minaccioso, quasi come quello di un bullo.

बक का रवैया दुस्साहसी और धमकी भरा हो गया, लगभग एक बदमाश जैसा।

Camminava avanti e indietro davanti a Spitz con un'andatura spavalda e piena di minaccia beffarda.

वह स्पिट्ज के सामने अकड़कर, पूरी तरह से उपहासपूर्ण धमकी के साथ चला।

Questo crollo dell'ordine si diffuse anche tra i cani da slitta.

व्यवस्था का यह पतन स्लेज-कुत्तों में भी फैल गया।

Litigarono e discussero più che mai, riempiendo l'accampamento di rumore.

वे पहले से भी अधिक लड़ने और बहस करने लगे, जिससे शिविर शोर से भर गया।

Ogni notte la vita nel campeggio si trasformava in un caos selvaggio e ululante.

शिविर का जीवन प्रत्येक रात जंगली, चीख-पुकार वाली अराजकता में बदल गया।

Solo Dave e Solleks rimasero fermi e concentrati.

केवल डेव और सोलेक्स ही स्थिर और केंद्रित रहे।

Ma anche loro diventarono irascibili a causa delle continue risse.

लेकिन लगातार झगड़ों से वे भी चिड़चिड़े हो गए।

François imprecò in lingue strane e batté i piedi per la frustrazione.

फ़्राँस्वा अजीब-अजीब भाषा में गालियाँ दे रहा था और हताशा में पैरों से ठोकरें खा रहा था।

Si strappò i capelli e urlò mentre la neve gli volava sotto i piedi.

वह अपने बाल नोचता हुआ चिल्ला रहा था, जबकि उसके पैरों के नीचे बर्फ उड़ रही थी।

La sua frusta schioccò contro il gruppo, ma a malapena riuscì a tenerli in riga.

उसका चाबुक झुंड पर टूट पड़ा, लेकिन वह उन्हें बड़ी मुश्किल से लाइन में रख पाया।

Ogni volta che voltava le spalle, la lotta ricominciava.

जब भी वह पीठ फेरता, लड़ाई फिर शुरू हो जाती।

François usò la frusta per Spitz, mentre Buck guidava i ribelli.

फ़्राँस्वा ने स्पिट्ज़ के लिए चाबुक का प्रयोग किया, जबकि बक ने विद्रोहियों का नेतृत्व किया।

Ognuno conosceva il ruolo dell'altro, ma Buck evitava di addossare ogni colpa.

दोनों को एक-दूसरे की भूमिका का पता था, लेकिन बक ने किसी पर भी दोष नहीं लगाया।

François non ha mai colto Buck mentre iniziava una rissa o si sottraeva al suo lavoro.

फ्राँस्वा ने कभी भी बक को झगड़ा करते या अपने काम से बचते नहीं देखा।

Buck lavorava duramente ai finimenti: la fatica ora gli dava entusiasmo.

बक ने कड़ी मेहनत की - अब यह परिश्रम उसकी आत्मा को रोमांचित कर रहा था।

Ma trovava ancora più gioia nel fomentare risse e caos nell'accampamento.

लेकिन शिविर में झगड़े और अराजकता फैलाने में उसे और भी अधिक आनंद मिलता था।

Una sera, alla foce del Tahkeena, Dub spaventò un coniglio.

एक शाम तहकीना के मुँह पर डब ने एक खरगोश को चौंका दिया।

Mancò la presa e il coniglio con la racchetta da neve balzò via.

वह शिकार करने से चूक गया और स्नोशू खरगोश उछलकर दूर चला गया।

Nel giro di pochi secondi, l'intera squadra di slitte si lanciò all'inseguimento, gridando a squarciagola.

कुछ ही सेकंड में पूरी स्लेज टीम ने जंगली चीखें मारते हुए उनका पीछा किया।

Nelle vicinanze, un accampamento della polizia del nord-ovest ospitava cinquanta cani husky.

पास में ही उत्तर-पश्चिम पुलिस शिविर में पचास हस्की कुत्ते रखे गए थे।

Si unirono alla caccia, scendendo insieme il fiume ghiacciato.

वे शिकार में शामिल हो गए, और जमी हुई नदी में एक साथ आगे बढ़ने लगे।

Il coniglio lasciò il fiume e fuggì lungo il letto ghiacciato di un ruscello.

खरगोश नदी से दूर चला गया और एक जमे हुए नाले की ओर भाग गया।

Il coniglio saltellava leggero sulla neve mentre i cani si facevano strada a fatica.

खरगोश बर्फ पर हल्के से उछल रहा था, जबकि कुत्ते संघर्ष कर रहे थे।

Buck guidava l'enorme branco di sessanta cani attorno a ogni curva tortuosa.

बक ने साठ कुत्तों के विशाल समूह को प्रत्येक घुमावदार मोड़ पर ले गया।

Si spinse in avanti, basso e impaziente, ma non riuscì a guadagnare terreno.

वह आगे बढ़ा, नीचे झुका और उत्सुक था, लेकिन आगे नहीं बढ़ सका।

Il suo corpo brillava sotto la pallida luna a ogni potente balzo.

प्रत्येक शक्तिशाली छलांग के साथ उसका शरीर पीले चाँद के नीचे चमक उठता था।

Davanti a loro, il coniglio si muoveva come un fantasma, silenzioso e troppo veloce per essere catturato.

आगे खरगोश भूत की तरह चल रहा था, चुपचाप और इतनी तेज कि उसे पकड़ना मुश्किल था।

Tutti quei vecchi istinti, la fame, l'eccitazione, attraversarono Buck.

वे सभी पुरानी प्रवृत्तियाँ - भूख, रोमांच - बक के भीतर उमड़ पड़ीं।

A volte gli esseri umani avvertono questo istinto e sono spinti a cacciare con armi da fuoco e proiettili.

मनुष्य कभी-कभी इस प्रवृत्ति को महसूस करता है, तथा बंदूक और गोली से शिकार करने के लिए प्रेरित होता है।

Ma Buck provava questa sensazione a un livello più profondo e personale.

लेकिन बक ने इस भावना को अधिक गहरे और व्यक्तिगत स्तर पर महसूस किया।

Non riuscivano a percepire la natura selvaggia nel loro sangue come Buck.

वे अपने खून में जंगलीपन को उस तरह महसूस नहीं कर सकते थे जिस तरह बक महसूस कर सकता था।

Inseguiva la carne viva, pronto a uccidere con i denti e ad assaggiare il sangue.

वह जीवित मांस का पीछा करता था, अपने दांतों से मारने और खून का स्वाद चखने के लिए तैयार रहता था।

Il suo corpo si tendeva per la gioia, desiderando immergersi nel caldo rosso della vita.

उसका शरीर खुशी से तना हुआ था, वह गर्म लाल जीवन में स्नान करना चाहता था।

Una strana gioia segna il punto più alto che la vita possa mai raggiungere.

एक अजीब सी खुशी जीवन के उच्चतम बिंदु को चिह्नित करती है।

La sensazione di raggiungere un picco in cui i vivi dimenticano di essere vivi.

एक शिखर की अनुभूति जहां जीवित लोग भूल जाते हैं कि वे जीवित भी हैं।

Questa gioia profonda tocca l'artista immerso in un'ispirazione ardente.

यह गहन आनन्द प्रज्वलित प्रेरणा में खोए हुए कलाकार को छू लेता है।

Questa gioia afferra il soldato che combatte selvaggiamente e non risparmia alcun nemico.

यह आनन्द उस सैनिक को प्राप्त होता है जो बेतहाशा लड़ता है और किसी भी शत्रु को नहीं छोड़ता।

Questa gioia ora colpì Buck mentre guidava il branco in preda alla fame primordiale.

इस खुशी ने अब बक को भी अपनी गिरफ्त में ले लिया क्योंकि वह आदिम भूख में सबसे आगे था।

Ululò con l'antico grido del lupo, emozionato per l'inseguimento.

वह जीवित पीछा से रोमांचित होकर प्राचीन भेड़िया-चीख के साथ चिल्लाया।

Buck fece appello alla parte più antica di sé, persa nella natura selvaggia.

बक ने अपने सबसे पुराने हिस्से को याद किया, जो जंगल में खोया हुआ था।

Scavò in profondità dentro di sé, oltre la memoria, fino al tempo grezzo e antico.

वह अतीत की गहरी स्मृतियों, कच्चे, प्राचीन समय में पहुंच गया।

Un'ondata di vita pura pervase ogni muscolo e tendine.

प्रत्येक मांसपेशी और स्नायु में शुद्ध जीवन की लहर दौड़ गयी।

Ogni salto gridava che viveva, che attraversava la morte.

प्रत्येक छलांग यह बताती थी कि वह जीवित है, वह मृत्यु से होकर गुजर रहा है।

Il suo corpo si librava gioioso su una terra immobile e fredda che non si muoveva mai.

उसका शरीर आनन्दपूर्वक उस स्थिर, ठण्डी भूमि पर उड़ रहा था जो कभी हिलती नहीं थी।

Spitz rimase freddo e astuto anche nei suoi momenti più selvaggi.

स्पिट्ज़ अपने सबसे उग्र क्षणों में भी ठंडे और चालाक बने रहे।

Lasciò il sentiero e attraversò un terreno dove il torrente formava una curva ampia.

वह पगडंडी छोड़कर उस भूमि को पार कर गया जहां एक नाला चौड़ा होकर मुड़ गया था।

Buck, ignaro di ciò, rimase sul sentiero tortuoso del coniglio.

बक इस बात से अनजान होकर खरगोश के घुमावदार रास्ते पर ही रुका रहा।

Poi, mentre Buck svoltava dietro una curva, il coniglio spettrale si trovò davanti a lui.

फिर, जैसे ही बक एक मोड़ पर पहुंचा, भूत जैसा खरगोश उसके सामने आ गया।

Vide una seconda figura balzare dalla riva precedendo la preda.

उसने देखा कि शिकार से पहले एक दूसरा व्यक्ति किनारे से छलांग लगाकर आगे बढ़ रहा है।

La figura era Spitz, atterrato proprio sulla traiettoria del coniglio in fuga.

वह आकृति स्पिट्ज़ थी, जो भागते हुए खरगोश के रास्ते में आकर रुकी थी।

Il coniglio non riuscì a girarsi e incontrò le fauci di Spitz a mezz'aria.

खरगोश मुड़ नहीं सका और हवा में ही स्पिट्ज़ के जबड़े में फंस गया।

La spina dorsale del coniglio si spezzò con un grido acuto come il grido di un essere umano morente.

खरगोश की रीढ़ की हड्डी एक ऐसी चीख के साथ टूट गई जो किसी मरते हुए इंसान की चीख के समान थी।

A quel suono, il passaggio dalla vita alla morte, il branco ululò forte.

उस ध्वनि पर - जीवन से मृत्यु की ओर गिरावट - झुंड जोर से चिल्लाया।

Un coro selvaggio si levò da dietro Buck, pieno di oscura gioia.

बक के पीछे से एक क्रूर कोरस गूंज उठा, जो अंधकारमय खुशी से भरा था।

Buck non emise alcun grido, nessun suono e si lanciò dritto verso Spitz.

बक ने न तो कोई चीख़ी, न ही कोई आवाज़ की, और सीधे स्पिट्ज़ पर हमला कर दिया।

Mirò alla gola, ma colpì invece la spalla.

उसने गला दबाने पर निशाना साधा, लेकिन कंधे पर वार हुआ।

Caddero nella neve soffice, i loro corpi erano intrappolati in un combattimento.

वे नरम बर्फ में लुढ़क रहे थे; उनके शरीर युद्ध में बंधे हुए थे।

Spitz balzò in piedi rapidamente, come se non fosse mai stato atterrato.

स्पिट्ज़ इतनी तेजी से उछला, मानो कभी गिरा ही न हो।

Colpì Buck alla spalla e poi balzò fuori dalla mischia.

उसने बक के कंधे पर वार किया और फिर लड़ाई से बाहर निकल गया।

Per due volte i suoi denti schioccarono come trappole d'acciaio, e le sue labbra si arricciarono e si fecero feroci.

दो बार उसके दांत स्टील के जाल की तरह चटक गए, होठ मुड़े हुए और भयंकर थे।

Arretrò lentamente, cercando un terreno solido sotto i piedi.

वह धीरे-धीरे पीछे हटा और अपने पैरों के नीचे ठोस ज़मीन तलाशने लगा।

Buck comprese il momento all'istante e pienamente.

बक ने उस क्षण को तुरन्त और पूरी तरह से समझ लिया।

Il momento era giunto: la lotta sarebbe stata una lotta all'ultimo sangue.

समय आ गया था; लड़ाई मौत तक की लड़ाई होने जा रही थी।

I due cani giravano in cerchio, ringhiando, con le orecchie piatte e gli occhi socchiusi.

दोनों कुत्ते चक्कर लगाते हुए, गुर्राते हुए, कान चपटे और आंखें सिकोड़ते हुए घूम रहे थे।

Ogni cane aspettava che l'altro mostrasse debolezza o facesse un passo falso.

प्रत्येक कुत्ता दूसरे के कमजोरी दिखाने या गलत कदम उठाने का इंतजार करता था।

Buck percepiva quella scena come stranamente nota e profondamente ricordata.

बक को यह दृश्य भयावह रूप से ज्ञात और गहराई से याद था।

I boschi bianchi, la terra fredda, la battaglia al chiaro di luna.

सफ़ेद जंगल, ठंडी धरती, चाँदनी रात में लड़ाई।

Un silenzio pesante, profondo e innaturale riempiva la terra.

धरती पर एक भारी, गहरी और अप्राकृतिक शांति छा गई।

Nessun vento si alzava, nessuna foglia si muoveva, nessun suono rompeva il silenzio.

न हवा चली, न पत्ता हिला, न कोई आवाज शांति को भंग कर सकी।

Il respiro dei cani si levava come fumo nell'aria gelida e silenziosa.

कुत्तों की साँसें जमी हुई, शांत हवा में धुएँ की तरह उठ रही थीं।

Il coniglio era stato dimenticato da tempo dal branco di animali selvatici.

खरगोश को जंगली जानवरों के झुंड ने बहुत पहले ही भूल दिया था।

Questi lupi semiaddomesticati ora stavano fermi in un ampio cerchio.

ये अर्ध-पालतू भेड़िये अब एक बड़े घेरे में स्थिर खड़े थे।

Erano silenziosi, solo i loro occhi luminosi rivelavano la loro fame.

वे चुप थे, केवल उनकी चमकती आँखों से उनकी भूख का पता चल रहा था।

Il loro respiro saliva, mentre osservavano l'inizio dello scontro finale.

अंतिम लड़ाई शुरू होते देख उनकी सांसें ऊपर की ओर उठने लगीं।

Per Buck questa battaglia era vecchia e attesa, per niente strana.

बक के लिए यह लड़ाई पुरानी और अपेक्षित थी, बिल्कुल भी अजीब नहीं थी।

Era come il ricordo di qualcosa che doveva accadere da sempre.

ऐसा महसूस हुआ जैसे किसी ऐसी बात की याद आ रही है जो हमेशा घटित होनी ही थी।

Spitz era un cane da combattimento addestrato, affinato da innumerevoli risse selvagge.

स्पिट्ज़ एक प्रशिक्षित लड़ाकू कुत्ता था, जो अनगिनत जंगली लड़ाइयों से प्रशिक्षित था।

Dallo Spitzbergen al Canada, aveva sconfitto molti nemici.

स्पिट्सबर्गेन से लेकर कनाडा तक उन्होंने कई शत्रुओं पर विजय प्राप्त की थी।

Era pieno di rabbia, ma non cedette mai il controllo alla rabbia.

वह क्रोध से भरा हुआ था, लेकिन उसने कभी क्रोध पर नियंत्रण नहीं किया।

La sua passione era acuta, ma sempre temperata dal duro istinto.

उनका जुनून तीव्र था, लेकिन हमेशा कठोर प्रवृत्ति से संयमित रहता था।

Non ha mai attaccato finché non ha avuto la sua difesa pronta.

जब तक उसकी अपनी सुरक्षा व्यवस्था नहीं हो गई, उसने कभी आक्रमण नहीं किया।

Buck provò più volte a raggiungere il collo vulnerabile di Spitz.

बक ने स्पिट्ज़ की कमजोर गर्दन तक पहुंचने की बार-बार कोशिश की।

Ma ogni colpo veniva accolto da un fendente dei denti affilati di Spitz.

लेकिन हर वार का जवाब स्पिट्ज़ के तीखे दांतों से वार से मिलता था।

Le loro zanne si scontrarono ed entrambi i cani sanguinarono dalle labbra lacerate.

उनके नुकीले दांत आपस में टकराये और दोनों कुत्तों के फटे होठों से खून बहने लगा।

Nonostante i suoi sforzi, Buck non riusciva a rompere la difesa.

बक ने चाहे जितना भी प्रयास किया, वह रक्षा पंक्ति को भेद नहीं सका।

Divenne sempre più furioso e si lanciò verso di lui con violente esplosioni di potenza.

वह और अधिक क्रोधित हो गया, और शक्ति के बेतहाशा प्रहारों के साथ आगे बढ़ा।

Buck colpì ripetutamente la bianca gola di Spitz.

बक ने बार-बार स्पिट्ज के सफेद गले पर हमला किया।

Ogni volta Spitz schivava e contrattaccava con un morso tagliente.

हर बार स्पिट्ज़ बच निकलता और जोरदार वार करता।

Poi Buck cambiò tattica, avventandosi di nuovo come se
volesse colpirlo alla gola.

फिर बक ने रणनीति बदली, और फिर से गला काटने के लिए दौड़ा।
Ma a metà attacco si è ritirato, girandosi per colpire di lato.

लेकिन उन्होंने आक्रमण के बीच में ही पीछे हटकर, बगल से वार करने का
प्रयास किया।
Colpì Spitz con una spallata, con l'intento di buttarlo a terra.

उसने स्पिट्ज़ को गिराने के लिए अपना कंधा उस पर मारा।
Ogni volta che ci provava, Spitz lo schivava e rispondeva
con un fendente.

हर बार जब उसने प्रयास किया, स्पिट्ज ने चकमा दे दिया और वार करके
जवाब दिया।
La spalla di Buck si faceva scorticare mentre Spitz si liberava
dopo ogni colpo.

बक का कंधा जख्मी हो गया क्योंकि स्पिट्ज हर प्रहार के बाद छलांग
लगाकर दूर निकल जाता था।
Spitz non era stato toccato, mentre Buck sanguinava dalle
numerose ferite.

स्पिट्ज़ को छुआ तक नहीं गया था, जबकि बक के कई घाव से खून बह
रहा था।
Il respiro di Buck era affannoso e pesante, il suo corpo era
viscido di sangue.

बक की सांसें तेज़ और भारी हो गईं, उसका शरीर खून से लथपथ हो गया।
La lotta diventava più brutale a ogni morso e carica.

प्रत्येक हमले और आक्रमण के साथ लड़ाई और अधिक क्रूर होती गई।
Attorno a loro, sessanta cani silenziosi aspettavano che il
primo cadesse.

उनके चारों ओर साठ खामोश कुत्ते पहले गिरने का इंतजार कर रहे थे।
Se un cane fosse caduto, il branco avrebbe posto fine alla
lotta.

यदि एक भी कुत्ता गिर जाता तो पूरा झुंड लड़ाई ख़त्म कर देता।
Spitz vide Buck indebolirsi e cominciò ad attaccare.

स्पिट्ज़ ने बक को कमजोर होते देखा और आक्रमण तेज कर दिया।
Mantenne Buck sbilanciato, costringendolo a lottare per restare in piedi.

उन्होंने बक का संतुलन बिगाड़ दिया, जिससे उसे पैर जमाने के लिए संघर्ष करना पड़ा।
Una volta Buck inciampò e cadde, e tutti i cani si rialzarono.

एक बार बक लड़खड़ाकर गिर पड़ा, और सभी कुत्ते उठ खड़े हुए।
Ma Buck si raddrizzò a metà caduta e tutti ricaddero.

लेकिन बक ने गिरते समय अपने आप को सीधा कर लिया, और सभी लोग वापस नीचे गिर गए।
Buck aveva qualcosa di raro: un'immaginazione nata da un profondo istinto.

बक के पास एक दुर्लभ चीज़ थी - गहरी सहज प्रवृत्ति से पैदा हुई कल्पनाशक्ति।
Combatté per istinto naturale, ma combatté anche con astuzia.

वह स्वाभाविक प्रेरणा से लड़ा, लेकिन उसने चालाकी से भी लड़ाई लड़ी।
Tornò ad attaccare come se volesse ripetere il trucco dell'attacco alla spalla.

वह फिर से उस पर टूट पड़ा, मानो वह कंधे से हमला करने की अपनी चाल दोहरा रहा हो।
Ma all'ultimo secondo si abbassò e passò sotto Spitz.

लेकिन आखिरी क्षण में वह नीचे गिर गया और स्पिट्ज के नीचे चला गया।
I suoi denti si bloccarono sulla zampa anteriore sinistra di Spitz con uno schiocco.

उसके दांत स्पिट्ज के बाएं अगले पैर पर एक झटके से गड़ गए।
Spitz ora era instabile e il suo peso gravava solo su tre zampe.

स्पिट्ज़ अब अस्थिर होकर खड़ा था, उसका भार केवल तीन पैरों पर था।
Buck colpì di nuovo e tentò tre volte di atterrarlo.

बक ने फिर हमला किया, उसे नीचे गिराने की तीन बार कोशिश की।

Al quarto tentativo ha usato la stessa mossa con successo

चौथे प्रयास में उन्होंने यही चाल सफलतापूर्वक अपनाई

Questa volta Buck riuscì a mordere la zampa destra di Spitz.

इस बार बक स्पिट्ज के दाहिने पैर को काटने में कामयाब हो गया।

Spitz, benché storpio e in agonia, continuò a lottare per sopravvivere.

स्पिट्ज़ अपंग और पीड़ा में होने के बावजूद जीवित रहने के लिए संघर्ष करता रहा।

Vide il cerchio degli husky stringersi, con le lingue fuori e gli occhi luminosi.

उसने देखा कि हस्की पक्षियों का घेरा कस गया, उनकी जीभें बाहर निकल आईं, उनकी आंखें चमक उठीं।

Aspettarono di divorarlo, proprio come avevano fatto con gli altri.

वे उसे निगलने की प्रतीक्षा में थे, जैसा उन्होंने दूसरों के साथ किया था।

Questa volta era lui al centro, sconfitto e condannato.

इस बार वह पराजित और पराजित होकर बीच में खड़ा था।

Ormai il cane bianco non aveva più alcuna possibilità di fuga.

अब सफ़ेद कुत्ते के पास भागने का कोई विकल्प नहीं था।

Buck non mostrò alcuna pietà, perché la pietà non era a posto nella natura selvaggia.

बक ने कोई दया नहीं दिखाई, क्योंकि दया जंगल में नहीं होती।

Buck si mosse con cautela, preparandosi per la carica finale.

बक ने अंतिम आक्रमण की तैयारी करते हुए सावधानीपूर्वक कदम बढ़ाया।

Il cerchio degli husky si stringeva; lui sentiva i loro respiri caldi.

हस्की पक्षियों का घेरा उसके करीब आ गया; उसने उनकी गर्म साँसें महसूस कीं।

Si accovacciarono, pronti a scattare quando fosse giunto il momento.

वे नीचे झुक गए, ताकि जब भी मौका मिले, वे उछलने के लिए तैयार रहें।

Spitz tremava nella neve, ringhiando e cambiando posizione.

स्पिट्ज़ बर्फ में कांप रहा था, गुर्रा रहा था और अपना रुख बदल रहा था।

I suoi occhi brillavano, le labbra si arricciavano, i denti brillavano in un'espressione disperata e minacciosa.

उसकी आँखें चमक रही थीं, होठ सिकुड़े हुए थे, और दांत चमक रहे थे, जिससे उसे धमकी मिल रही थी।

Barcollò, cercando ancora di resistere al freddo morso della morte.

वह लड़खड़ा रहा था, अभी भी मौत के ठण्डे दंश को रोकने की कोशिश कर रहा था।

Aveva già visto situazioni simili, ma sempre dalla parte dei vincitori.

उन्होंने ऐसा पहले भी देखा था, लेकिन हमेशा जीतने वाले पक्ष से।

Ora era dalla parte perdente; lo sconfitto; la preda; la morte.

अब वह हारने वाले पक्ष में था; पराजित; शिकार; मृत्यु।

Buck si preparò al colpo finale, mentre il cerchio dei cani si faceva sempre più stretto.

बक ने अंतिम प्रहार के लिए चक्कर लगाया, कुत्तों का घेरा उसके करीब आ गया।

Poteva sentire i loro respiri caldi; erano pronti a uccidere.

वह उनकी गर्म साँसों को महसूस कर सकता था; वे हत्या के लिए तैयार थे।

Calò il silenzio; tutto era al suo posto; il tempo si era fermato.

एक शांति छा गई; सब कुछ अपनी जगह पर था; समय रुक गया था।

Persino l'aria fredda tra loro si congelò per un ultimo istante.

यहां तक कि उनके बीच की ठंडी हवा भी एक आखिरी क्षण के लिए रुक गई।

Soltanto Spitz si mosse, cercando di trattenere la sua fine amara.

केवल स्पिट्ज़ ही आगे बढ़ा, अपने कड़वे अंत को रोकने की कोशिश कर रहा था।

Il cerchio dei cani si stava stringendo attorno a lui, come era suo destino.

कुत्तों का घेरा उसके चारों ओर घिरता जा रहा था, और यही उसकी नियति भी थी।

Ora era disperato, sapendo cosa stava per accadere.

अब वह हताश था, क्योंकि उसे मालूम था कि आगे क्या होने वाला है।

Buck balzò dentro e la sua spalla incontrò la sua spalla per l'ultima volta.

बक उछलकर आया, और आखिरी बार उसका कंधा उससे टकराया।

I cani si lanciarono in avanti, nascondendo Spitz nell'oscurità della neve.

कुत्ते आगे बढ़े और स्पिट्ज़ को बर्फीले अंधेरे में ढक दिया।

Buck osservava, eretto e fiero; il vincitore in un mondo selvaggio.

बक खड़ा होकर देख रहा था, एक जंगली दुनिया में विजेता।

La bestia primordiale dominante aveva fatto la sua uccisione, e la aveva fatta bene.

प्रमुख आदिम पशु ने अपना शिकार कर लिया था, और यह अच्छा था।

Colui che ha conquistato la maestria

वह, जिसने महारथ हासिल कर ली है

"Eh? Cosa ho detto? Dico la verità quando dico che Buck è un diavolo."

"अरे? मैंने क्या कहा? मैं सच कहता हूँ जब मैं कहता हूँ कि बक एक शैतान है।"

François raccontò questo la mattina dopo aver scoperto la scomparsa di Spitz.

फ्रांकोइस ने यह बात अगली सुबह स्पिट्ज के लापता होने के बाद कही।

Buck rimase lì, coperto di ferite causate dal violento combattimento.

बक वहीं खड़ा था, भयंकर लड़ाई के घावों से लथपथ।

François tirò Buck vicino al fuoco e indicò le ferite.

फ्राँस्वा ने बक को आग के पास खींचा और चोटों की ओर इशारा किया।

«Quello Spitz ha combattuto come il Devik», disse Perrault, osservando i profondi tagli.

"उस स्पिट्ज़ ने डेविक की तरह लड़ाई लड़ी," पेरौल्ट ने गहरे घावों को देखते हुए कहा।

«E quel Buck si batteva come due diavoli», rispose subito François.

"और बक ने दो शैतानों की तरह लड़ाई की," फ्राँस्वा ने तुरंत जवाब दिया।

"Ora faremo buon passo; niente più Spitz, niente più guai."

"अब हम अच्छा समय बिताएंगे; कोई स्पिट्ज नहीं, कोई परेशानी नहीं।"

Perrault stava preparando l'attrezzatura e caricò la slitta con cura.

पेरौल्ट सामान पैक कर रहा था और उसने स्लेज पर सावधानीपूर्वक सामान लादा।

François bardò i cani per prepararli alla corsa della giornata.

फ्राँस्वा ने दिन की दौड़ के लिए तैयारी में कुत्तों को तैयार किया।

Buck trotterellò dritto verso la posizione di testa, precedentemente occupata da Spitz.

बक सीधे उस अग्रणी स्थान पर पहुंच गए, जो पहले स्पिट्ज के पास था।
Ma François, senza accorgersene, condusse Solleks in prima linea.

लेकिन फ्राँस्वा ने इस पर ध्यान न देते हुए सोलेक्स को आगे की ओर ले गया।
Secondo François, Solleks era ora il miglior cane da corsa.

फ्राँस्वा के अनुसार, सोलेक्स अब सबसे अच्छा नेतृत्वकर्ता कुत्ता था।
Buck si scagliò furioso contro Solleks e lo respinse indietro in segno di protesta.

बक ने क्रोध में आकर सोलेक्स पर हमला किया और विरोध स्वरूप उसे पीछे खदेड़ दिया।
Si fermò dove un tempo si era fermato Spitz, rivendicando la posizione di comando.

वह वहीं खड़े थे जहां कभी स्पिट्ज़ खड़े थे, और उन्होंने अग्रणी स्थान प्राप्त कर लिया।
"Eh? Eh?" esclamò François, dandosi una pacca sulle cosce divertito.

"एह? एह?" फ्राँस्वा ने खुशी से अपनी जांघें थपथपाते हुए कहा।
"Guarda Buck: ha ucciso Spitz, ora vuole prendersi il posto!"

"बक को देखो - उसने स्पिट्ज़ को मार डाला, अब वह नौकरी लेना चाहता है!"
"Vattene via, Chook!" urlò, cercando di scacciare Buck.

"चले जाओ, चूक!" वह चिल्लाया, बक को भगाने की कोशिश करते हुए।
Ma Buck si rifiutò di muoversi e rimase immobile nella neve.

लेकिन बक ने हिलने से इनकार कर दिया और बर्फ में डटा रहा।
François afferrò Buck per la collottola e lo trascinò da parte.

फ्राँस्वा ने बक को पकड़ लिया और उसे एक तरफ़ खींच लिया।
Buck ringhiò basso e minaccioso, ma non attaccò.

बक ने धीमी आवाज में धमकी भरे अंदाज में गुर्राहट की, लेकिन हमला नहीं किया।

François rimette Solleks in testa, cercando di risolvere la disputa

फ़्राँस्वा ने विवाद को सुलझाने की कोशिश करते हुए सोलेक्स को फिर से आगे कर दिया

Il vecchio cane mostrò paura di Buck e non voleva restare.

बूढ़ा कुत्ता बक से डर गया और वहाँ रुकना नहीं चाहता था।

Quando François gli voltò le spalle, Buck scacciò di nuovo Solleks.

जब फ्रांकोइस ने अपनी पीठ मोड़ ली, तो बक ने सोलेक्स को फिर से बाहर निकाल दिया।

Solleks non oppose resistenza e si fece di nuovo da parte in silenzio.

सोलेक्स ने कोई प्रतिरोध नहीं किया और एक बार फिर चुपचाप एक तरफ हट गया।

François si arrabbiò e urlò: "Per Dio, ti sistemo!"

फ़्राँस्वा क्रोधित हो गया और चिल्लाया, "भगवान की कसम, मैं तुम्हें ठीक कर दूँगा!"

Si avvicinò a Buck tenendo in mano una pesante mazza.

वह अपने हाथ में एक भारी डंडा पकड़े हुए बक की ओर आया।

Buck ricordava bene l'uomo con il maglione rosso.

बक को लाल स्वेटर वाला आदमी अच्छी तरह याद था।

Si ritirò lentamente, osservando François ma ringhiando profondamente.

वह धीरे-धीरे पीछे हटा, फ़्राँस्वा को देखता रहा, लेकिन गहरी गड़गड़ाहट के साथ।

Non si affrettò a tornare indietro, nemmeno quando Solleks si mise al suo posto.

वह पीछे नहीं भागा, तब भी जब सोलेक्स अपनी जगह पर खड़ा था।

Buck si girò in cerchio, appena fuori dalla sua portata, ringhiando furioso e protestando.

बक क्रोध और विरोध में गुर्राते हुए, पहुंच से बाहर चक्कर लगाने लगा।

Teneva gli occhi fissi sulla mazza, pronto a schivare il colpo se François l'avesse lanciata.

उन्होंने अपनी नजर क्लब पर गड़ाए रखी, ताकि यदि फ्रांकोइस गेंद फेंके तो वे उसे चकमा दे सकें।

Era diventato saggio e cauto nei confronti degli uomini che maneggiavano le armi.

वह समझदार हो गया था और हथियारबंद लोगों के तौर-तरीकों के प्रति सतर्क हो गया था।

François si arrese e chiamò di nuovo Buck al suo vecchio posto.

फ्राँस्वा ने हार मान ली और बक को पुनः अपने पुराने स्थान पर बुला लिया।

Ma Buck fece un passo indietro con cautela, rifiutandosi di obbedire all'ordine.

लेकिन बक ने आदेश का पालन करने से इनकार करते हुए सावधानी से कदम पीछे खींच लिए।

François lo seguì, ma Buck indietreggiò solo di pochi passi.

फ्राँस्वा ने उसका पीछा किया, लेकिन बक कुछ ही कदम पीछे हटा।

Dopo un po' François gettò a terra l'arma, frustrato.

कुछ समय बाद फ्रांकोइस ने हताश होकर हथियार नीचे फेंक दिया।

Pensava che Buck avesse paura di essere picchiato e che avrebbe fatto lo stesso senza far rumore.

उसने सोचा कि बक को पिटाई का डर है और वह चुपचाप आ जाएगा।

Ma Buck non stava evitando la punizione: stava lottando per ottenere un rango.

लेकिन बक सज़ा से बच नहीं रहा था - वह पद के लिए लड़ रहा था।

Si era guadagnato il posto di capobranco combattendo fino alla morte

उन्होंने मौत तक की लड़ाई के माध्यम से प्रमुख कुत्ते का स्थान अर्जित किया था

non si sarebbe accontentato di niente di meno che di essere il leader.

वह नेता बनने से कम किसी भी चीज़ पर समझौता करने वाला नहीं था।

Perrault si unì all'inseguimento per aiutare a catturare il
ribelle Buck.

विद्रोही बक को पकड़ने में मदद करने के लिए पेरौल्ट ने भी उनका साथ
दिया।

Insieme lo portarono in giro per l'accampamento per quasi
un'ora.

दोनों ने मिलकर उसे लगभग एक घंटे तक शिविर में घुमाया।

Gli scagliarono contro dei bastoni, ma Buck li schivò
abilmente uno per uno.

उन्होंने उस पर लाठियाँ फेंकी, लेकिन बक ने उनमें से प्रत्येक को
कुशलतापूर्वक चकमा दे दिया।

Maledissero lui, i suoi antenati, i suoi discendenti e ogni suo
capello.

उन्होंने उसे, उसके पूर्वजों को, उसके वंशजों को और उसके प्रत्येक बाल
को शाप दिया।

Ma Buck si limitò a ringhiare e a restare appena fuori dalla
loro portata.

लेकिन बक ने केवल गुर्राहट के साथ जवाब दिया और उनकी पहुंच से
बाहर रहा।

Non cercò mai di scappare, ma continuò a girare intorno
all'accampamento deliberatamente.

उसने कभी भागने की कोशिश नहीं की, बल्कि जानबूझकर शिविर का
चक्कर लगाता रहा।

Disse chiaramente che avrebbe obbedito una volta ottenuto
ciò che voleva.

उन्होंने स्पष्ट कर दिया कि एक बार उन्हें जो चाहिए वह दे दिया जाए तो वह
उनकी बात मान लेंगे।

Alla fine François si sedette e si grattò la testa, frustrato.

फ्राँस्वा अंततः बैठ गया और निराशा में अपना सिर खुजलाने लगा।

Perrault controllò l'orologio, imprecò e borbottò qualcosa sul tempo perso.

पेरौल्ट ने अपनी घड़ी देखी, कसम खाई, और खोए हुए समय के बारे में बड़बड़ाया।

Era già trascorsa un'ora, mentre avrebbero dovuto essere sulle tracce.

एक घंटा पहले ही बीत चुका था जब उन्हें रास्ते पर होना चाहिए था।

François alzò le spalle timidamente, guardando il corriere, che sospirò sconfitto.

फ्राँस्वा ने कूरियर वाले की ओर शर्म से कंधे उचका दिए, जिसने हार मानकर आह भरी।

Poi François si avvicinò a Solleks e chiamò ancora una volta Buck.

फिर फ्राँस्वा सोलेक्स के पास गया और एक बार फिर बक को पुकारा।

Buck rise come ride un cane, ma mantenne una cauta distanza.

बक कुत्ते की तरह हंसा, लेकिन उसने सावधानीपूर्वक दूरी बनाए रखी।

François tolse l'imbracatura a Solleks e lo rimise al suo posto.

फ्राँस्वा ने सोलेक्स का पट्टा हटा दिया और उसे उसके स्थान पर वापस रख दिया।

La squadra di slittini era completamente imbracata, con un solo posto libero.

स्लेज टीम पूरी तरह से तैयार खड़ी थी, केवल एक स्थान खाली था।

La posizione di comando rimase vuota, chiaramente riservata solo a Buck.

मुख्य स्थान खाली रहा, जो स्पष्टतः केवल बक के लिए था।

François chiamò di nuovo e di nuovo Buck rise e mantenne la sua posizione.

फ्राँस्वा ने फिर पुकारा, और बक फिर हँसा और अपनी बात पर अड़ा रहा।

«Gettate giù la mazza», ordinò Perrault senza esitazione.

"क्लब नीचे फेंक दो," पेरौल्ट ने बिना किसी हिचकिचाहट के आदेश दिया।

François obbedì e Buck si lanciò subito avanti con orgoglio.

फ़्राँस्वा ने आज्ञा का पालन किया, और बक तुरंत गर्व से आगे बढ़ गया।
Rise trionfante e assunse la posizione di comando.

वह विजयी भाव से हँसा और अग्रणी स्थान पर आ गया।
François fissò le corde e la slitta si staccò.

फ़्राँस्वा ने अपना निशान सुरक्षित कर लिया, और स्लेज को तोड़कर अलग कर दिया गया।
Entrambi gli uomini corsero fianco a fianco mentre la squadra si lanciava lungo il sentiero del fiume.

जब टीम नदी के रास्ते पर दौड़ रही थी तो दोनों व्यक्ति उसके साथ-साथ दौड़ रहे थे।
François aveva avuto una grande stima dei "due diavoli" di Buck,

फ़्राँस्वा ने बक के "दो शैतानों" के बारे में बहुत सोचा था,
ma ben presto si rese conto di aver in realtà sottovalutato il cane.

लेकिन जल्द ही उसे एहसास हुआ कि उसने कुत्ते को कम करके आंका था।
Buck assunse rapidamente la leadership e si comportò in modo eccellente.

बक ने शीघ्रता से नेतृत्व संभाला और उत्कृष्ट प्रदर्शन किया।
Buck superò Spitz per capacità di giudizio, rapidità di pensiero e rapidità di azione.

निर्णय क्षमता, त्वरित सोच और तीव्र कार्रवाई में बक ने स्पिट्ज़ को पीछे छोड़ दिया।
François non aveva mai visto un cane pari a quello che Buck mostrava ora.

फ़्राँस्वा ने पहले कभी बक जैसा कुत्ता नहीं देखा था।
Ma Buck eccelleva davvero nel far rispettare l'ordine e nel imporre rispetto.

लेकिन बक वास्तव में व्यवस्था लागू करने और सम्मान दिलाने में माहिर थे।

Dave e Solleks accettarono il cambiamento senza preoccupazioni o proteste.

डेव और सोलेक्स ने बिना किसी चिंता या विरोध के परिवर्तन को स्वीकार कर लिया।

Si concentravano solo sul lavoro e tiravano forte le redini.

वे केवल काम पर और लगाम कसने पर ध्यान केंद्रित करते थे।

A loro importava poco chi guidasse, purché la slitta continuasse a muoversi.

उन्हें इस बात की कोई परवाह नहीं थी कि आगे कौन चल रहा है, जब तक स्लेज चलती रहती थी।

Billee, quella allegra, avrebbe potuto comandare per quel che volevano.

बिली, जो खुशमिजाज थी, वह नेतृत्व कर सकती थी, चाहे उन्हें कोई भी परवाह क्यों न हो।

Ciò che contava per loro era la pace e l'ordine tra i ranghi.

उनके लिए महत्वपूर्ण बात थी सेना में शांति और व्यवस्था।

Il resto della squadra era diventato indisciplinato durante il declino di Spitz.

स्पिट्ज़ के पतन के दौरान टीम के बाकी सदस्य अनियंत्रित हो गए थे।

Rimasero scioccati quando Buck li riportò immediatamente all'ordine.

वे तब चौंक गए जब बक ने तुरंत उन्हें आदेश दे दिया।

Pike era sempre stato pigro e aveva sempre tergiversato dietro a Buck.

पाइक हमेशा आलसी था और बक के पीछे-पीछे घसीटता रहता था।

Ma ora è stato severamente disciplinato dalla nuova leadership.

लेकिन अब नये नेतृत्व द्वारा इसे कड़ाई से अनुशासित किया गया है।

E imparò rapidamente a dare il suo contributo alla squadra.

और उन्होंने जल्दी ही टीम में अपना योगदान देना सीख लिया।

Alla fine della giornata, Pike lavorò più duramente che mai.

दिन के अंत तक पाइक ने पहले से भी अधिक कड़ी मेहनत की।

Quella notte all'accampamento, Joe, il cane scontroso, fu finalmente domato.

उस रात शिविर में, जो, वह खट्टा कुत्ता, अंततः वश में हो गया।

Spitz non era riuscito a disciplinarlo, ma Buck non aveva fallito.

स्पिट्ज़ उसे अनुशासित करने में असफल रहा, लेकिन बक असफल नहीं हुआ।

Sfruttando il suo peso maggiore, Buck sopraffece Joe in pochi secondi.

अपने अधिक वजन का प्रयोग करते हुए, बक ने कुछ ही सेकंड में जो को परास्त कर दिया।

Morse e picchiò Joe finché questi non si mise a piagnucolare e smise di opporre resistenza.

उसने जो को तब तक काटा और पीटा जब तक कि वह रोने नहीं लगा और उसने प्रतिरोध करना बंद नहीं कर दिया।

Da quel momento in poi l'intera squadra migliorò.

उस क्षण से पूरी टीम में सुधार हुआ।

I cani ritrovarono la loro antica unità e disciplina.

कुत्तों ने अपनी पुरानी एकता और अनुशासन पुनः प्राप्त कर लिया।

A Rink Rapids si sono uniti al gruppo due nuovi husky autoctoni, Teek e Koona.

रिंक रैपिड्स में दो नए देशी हस्की, टीक और कूना, शामिल हुए।

La rapidità con cui Buck li addestramento stupì perfino François.

बक द्वारा उन्हें तीव्र गति से प्रशिक्षित करने से फ्रांकोइस भी आश्चर्यचकित हो गया।

"Non è mai esistito un cane come quel Buck!" esclamò stupito.

"बक जैसा कुत्ता कभी नहीं था!" वह आश्चर्य से चिल्लाया।

"No, mai! Vale mille dollari, per Dio!"

"नहीं, कभी नहीं! भगवान की कसम, उसकी कीमत एक हज़ार डॉलर है!"
"Eh? Che ne dici, Perrault?" chiese con orgoglio.

"एह? आप क्या कहते हैं, पेरौल्ट?" उसने गर्व से पूछा।
Perrault annuì in segno di assenso e controllò i suoi appunti.

पेरौल्ट ने सहमति में सिर हिलाया और अपने नोट्स की जांच की।
Siamo già in anticipo sui tempi e guadagniamo sempre di
più ogni giorno.

हम पहले से ही निर्धारित समय से आगे हैं तथा प्रत्येक दिन और आगे बढ़
रहे हैं।
Il sentiero era compatto e liscio, senza neve fresca.

रास्ता पक्का और चिकना था, उस पर ताज़ा बर्फ नहीं थीं।
Il freddo era costante, con temperature che si aggiravano
sempre sui cinquanta gradi sotto zero.

ठंड लगातार बनी रही, पूरे दिन तापमान शून्य से पचास डिग्री नीचे रहा।
Per scaldarsi e guadagnare tempo, gli uomini si alternavano
a cavallo e a correre.

पुरुष गर्म रहने और समय बचाने के लिए बारी-बारी से साइकिल चलाते
और दौड़ते थे।
I cani correvano veloci, fermandosi di rado, spingendosi
sempre in avanti.

कुत्ते बिना रुके तेजी से दौड़ रहे थे, हमेशा आगे की ओर बढ़ रहे थे।
Il fiume Thirty Mile era per la maggior parte ghiacciato e
facile da attraversare.

थर्टी माइल नदी अधिकांशतः जमी हुई थी और उस पर यात्रा करना आसान
था।
In un giorno realizzarono ciò che per arrivare aveva
impiegato dieci giorni.

जिस काम को पूरा करने में दस दिन लगे थे, वे एक दिन में ही निकल गए।
Percorsero circa 96 chilometri dal lago Le Barge a White
Horse.

उन्होंने लेक ले बार्ज से व्हाइट हॉर्स तक साठ मील की दौड़ लगाई।

Si muovevano a velocità incredibile attraverso i laghi Marsh, Tagish e Bennett.

मार्श, टैगिश और बेनेट झीलों के पार वे अविश्वसनीय तेजी से आगे बढ़े।

L'uomo che correva veniva trainato dietro la slitta con una corda.

दौड़ता हुआ आदमी रस्सी से स्लेज को पीछे खींच रहा था।

L'ultima notte della seconda settimana giunsero a destinazione.

दूसरे सप्ताह की आखिरी रात को वे अपने गंतव्य पर पहुंच गये।

Insieme avevano raggiunto la cima del White Pass.

वे दोनों एक साथ व्हाइट पास की चोटी पर पहुँच गये थे।

Scesero fino al livello del mare, con le luci dello Skaguay sotto di loro.

वे समुद्र तल तक नीचे उतरे और उनके नीचे स्कागवे की रोशनी दिखाई दी।

Era stata una corsa da record attraverso chilometri di fredda natura selvaggia.

यह ठंडे जंगलों में मीलों तक की गई एक रिकार्ड-सेटिंग दौड़ थी।

Per quattordici giorni di fila percorsero in media circa quaranta miglia.

लगातार चौदह दिनों तक उन्होंने औसतन चालीस मील की दूरी तय की।

A Skaguay, Perrault e François trasportavano merci attraverso la città.

स्कागुआय में, पेरौल्ट और फ्रांकोइस शहर के माध्यम से माल ले जाते थे।

Furono applauditi e ricevettero numerose bevande dalla folla ammirata.

प्रशंसक भीड़ ने उनका उत्साहवर्धन किया तथा उन्हें खूब सारा पेय पदार्थ दिया।

I cacciatori di cani e gli operai si sono riuniti attorno alla famosa squadra cinofila.

कुत्ता पकड़ने वाले और कर्मचारी प्रसिद्ध कुत्ता दल के चारों ओर एकत्र हुए।

Poi i fuorilegge del West giunsero in città e subirono una violenta sconfitta.

फिर पश्चिमी डाकू शहर में आये और उन्हें हिंसक पराजय का सामना करना पड़ा।

La gente si dimenticò presto della squadra e si concentrò sul nuovo dramma.

लोग जल्द ही टीम को भूल गए और नए नाटक पर ध्यान केंद्रित करने लगे।

Poi arrivarono i nuovi ordini che cambiarono tutto in un colpo.

फिर नये आदेश आये जिससे सब कुछ एकदम से बदल गया।

François chiamò Buck e lo abbracciò con orgoglio e lacrime.

फ़्राँस्वा ने बक को अपने पास बुलाया और गर्व से उसे गले लगा लिया।

Quel momento fu l'ultima volta che Buck vide di nuovo François.

वह क्षण आखिरी बार था जब बक ने फ़्राँस्वा को फिर से देखा था।

Come molti altri uomini prima di lui, sia François che Perrault se n'erano andati.

पहले के कई लोगों की तरह, फ्रांकोइस और पेरौल्ट दोनों चले गए।

Un meticcio scozzese si prese cura di Buck e dei suoi compagni di squadra con i cani da slitta.

एक स्कॉच नस्ल के कुत्ते ने बक और उसके स्लेज कुत्ते साथियों की देखभाल की जिम्मेदारी संभाली।

Con una dozzina di altre mute di cani, ritornarono lungo il sentiero fino a Dawson.

एक दर्जन अन्य कुत्तों की टीमों के साथ, वे रास्ते से डावसन की ओर लौट आये।

Non si trattava più di una corsa veloce, ma solo di un duro lavoro con un carico pesante ogni giorno.

अब यह कोई तेज दौड़ नहीं थी - बस हर दिन भारी बोझ के साथ भारी परिश्रम था।

Si trattava del treno postale che portava notizie ai cercatori d'oro vicino al Polo.

यह वह मेल ट्रेन थी, जो ध्रुव के निकट सोने के शिकारियों तक संदेश पहुंचाती थी।

Buck non amava il lavoro, ma lo sopportò bene, essendo orgoglioso del suo impegno.

बक को यह काम पसंद नहीं आया, लेकिन उसने इसे सहन किया तथा अपने प्रयास पर गर्व महसूस किया।

Come Dave e Solleks, Buck dimostrava dedizione in ogni compito quotidiano.

डेव और सोलेक्स की तरह, बक ने भी हर दैनिक कार्य के प्रति समर्पण दिखाया।

Si è assicurato che tutti i suoi compagni di squadra dessero il massimo.

उन्होंने यह सुनिश्चित किया कि उनके सभी साथी अपना उचित योगदान दें।

La vita sui sentieri divenne noiosa e si ripeteva con la precisione di una macchina.

ट्रेल जीवन नीरस हो गया, मशीन की सटीकता के साथ दोहराया गया।

Ogni giorno era uguale, una mattina si fondeva con quella successiva.

हर दिन एक जैसा लगता था, एक सुबह दूसरी सुबह में घुल-मिल जाती थी।

Alla stessa ora, i cuochi si alzarono per accendere il fuoco e preparare il cibo.

ठीक उसी समय, रसोइये आग जलाने और भोजन तैयार करने के लिए उठ खड़े हुए।

Dopo colazione alcuni lasciarono l'accampamento mentre altri attaccarono i cani.

नाश्ते के बाद कुछ लोग शिविर छोड़कर चले गए जबकि अन्य लोग कुत्तों को जोतने में लग गए।

Raggiunsero il sentiero prima che il pallido segnale dell'alba sfiorasse il cielo.

भोर की धुंधली चेतावनी आसमान को छूने से पहले ही वे रास्ते पर चल पड़े।

Di notte si fermavano per accamparsi, e a ogni uomo veniva assegnato un compito.

रात में वे शिविर बनाने के लिए रुकते थे, प्रत्येक व्यक्ति को एक निश्चित कार्य दिया जाता था।

Alcuni montarono le tende, altri tagliarono la legna da ardere e raccolsero rami di pino.

कुछ लोगों ने तंबू गाड़े, अन्य लोगों ने ईंधन के लिए लकड़ियाँ काटी और देवदार की टहनियाँ इकट्ठी कीं।

Acqua o ghiaccio venivano portati ai cuochi per la cena serale.

शाम के भोजन के लिए पानी या बर्फ रसोइयों के पास ले जाया जाता था।

I cani vennero nutriti e per loro quello fu il momento migliore della giornata.

कुत्तों को खाना खिलाया गया और यह उनके लिए दिन का सबसे अच्छा समय था।

Dopo aver mangiato il pesce, i cani si rilassarono e oziarono vicino al fuoco.

मछली खाने के बाद कुत्ते आराम करने लगे और आग के पास बैठ गए।

Nel convoglio c'erano un centinaio di altri cani con cui socializzare.

काफिले में अन्य सौ कुत्ते भी थे जिनसे मिलना-जुलना था।

Molti di quei cani erano feroci e pronti a combattere senza preavviso.

उनमें से कई कुत्ते बहुत खूंखार थे और बिना किसी चेतावनी के लड़ने को तैयार हो जाते थे।

Ma dopo tre vittorie, Buck riuscì a domare anche i combattenti più feroci.

लेकिन तीन जीत के बाद, बक ने सबसे भयंकर लड़ाकों को भी मात दे दी।

Ora, quando Buck ringhiò e mostrò i denti, loro si fecero da parte.

अब जब बक ने गुर्राहट के साथ अपने दांत दिखाए तो वे एक तरफ हट गए।

Forse la cosa più bella di tutte era che a Buck piaceva sdraiarsi vicino al fuoco tremolante.

शायद सबसे अच्छी बात यह थी कि बक को टिमटिमाती हुई अलाव के पास लेटना बहुत पसंद था।

Si accovacciò, con le zampe posteriori ripiegate e quelle anteriori distese in avanti.

वह पिछले पैरों को मोड़कर तथा अगले पैरों को आगे की ओर फैलाकर बैठा था।

Teneva la testa sollevata e sbatteva dolcemente le palpebre verso le fiamme ardenti.

उसका सिर ऊपर उठा हुआ था और वह जलती हुई लपटों को देखकर धीरे से पलकें झपका रहा था।

A volte ricordava la grande casa del giudice Miller a Santa Clara.

कभी-कभी उन्हें सांता क्लारा में जज मिलर के बड़े घर की याद आती थी।

Pensò alla piscina di cemento, a Ysabel e al carlino di nome Toots.

उसने सीमेंट के पूल, यिसाबेल और टूट्स नामक पग के बारे में सोचा।

Ma più spesso si ricordava del bastone dell'uomo con il maglione rosso.

लेकिन अधिकतर उसे लाल स्वेटर वाले डंडे वाला आदमी याद आता था।

Ricordava la morte di Curly e la sua feroce battaglia con Spitz.

उन्हें घुँघराले की मृत्यु और स्पिट्ज़ के साथ उसकी भीषण लड़ाई याद आ गयी।

Ricordava anche il buon cibo che aveva mangiato o che ancora sognava.

उन्होंने उस अच्छे भोजन को भी याद किया जो उन्होंने खाया था या जिसका सपना वे अभी भी देखते हैं।

Buck non aveva nostalgia di casa: la valle calda era lontana e irreale.

बक को घर की याद नहीं आ रही थी - गर्म घाटी दूर और अवास्तविक थी।

I ricordi della California non avevano più alcun fascino su di lui.

कैलिफोर्निया की यादें अब उन पर कोई खास प्रभाव नहीं डालती थीं।
Più forti della memoria erano gli istinti radicati nella sua
stirpe.

स्मृति से भी अधिक शक्तिशाली उनकी रक्त-परंपरा में गहराई से छिपी हुई
सहज प्रवृत्तियाँ थीं।
Le abitudini un tempo perdute erano tornate, ravvivate dal
sentiero e dalla natura selvaggia.

जो आदतें एक बार खो गई थीं, वे वापस आ गईं, तथा पगडंडी और जंगल ने
उन्हें पुनर्जीवित कर दिया।
Mentre Buck osservava la luce del fuoco, a volte questa
diventava qualcos'altro.

बक जब आग की रोशनी को देखता तो कभी-कभी वह कुछ और हो जाती।
Vide alla luce del fuoco un altro fuoco, più vecchio e più
profondo di quello attuale.

उसने आग की रोशनी में एक और आग देखी, जो वर्तमान आग से अधिक
पुरानी और गहरी थी।
Accanto all'altro fuoco era accovacciato un uomo che non
somigliava per niente al cuoco meticcio.

उस दूसरी आग के पास एक आदमी बैठा था जो उस अधपके रसोइये से
भिन्न था।
Questa figura aveva gambe corte, braccia lunghe e muscoli
duri e contratti.

इस आकृति के पैर छोटे, भुजाएं लंबी और मांसपेशियां सख्त और गांठदार
थीं।
I suoi capelli erano lunghi e arruffati, e gli scendevano
all'indietro a partire dagli occhi.

उसके बाल लंबे और उलझे हुए थे, जो आँखों से पीछे की ओर झुके हुए थे।
Emetteva strani suoni e fissava l'oscurità con paura.

वह अजीब-अजीब आवाजें निकाल रहा था और डर के मारे अंधेरे की ओर
देख रहा था।

Teneva bassa una mazza di pietra, stretta saldamente nella sua mano lunga e ruvida.

उसने एक पत्थर का डंडा नीचे की ओर झुका रखा था, और अपने लंबे खुरदुरे हाथ में उसे कसकर पकड़ रखा था।

L'uomo indossava ben poco: solo una pelle carbonizzata che gli pendeva lungo la schiena.

उस आदमी ने बहुत कम कपड़े पहने थे; सिर्फ जली हुई त्वचा उसकी पीठ पर लटक रही थी।

Il suo corpo era ricoperto da una folta peluria sulle braccia, sul petto e sulle cosce.

उसका शरीर बाहों, छाती और जांघों पर घने बालों से ढका हुआ था।

Alcune parti del pelo erano aggrovigliate e formavano chiazze di pelo ruvido.

बालों के कुछ हिस्से उलझकर खुरदुरे फर के टुकड़ों में तब्दील हो गए थे।

Non stava dritto, ma era piegato in avanti dai fianchi alle ginocchia.

वह सीधे खड़े नहीं हुए बल्कि कूल्हों से घुटनों तक आगे झुके हुए थे।

I suoi passi erano elastici e felini, come se fosse sempre pronto a scattare.

उसके कदम बिल्ली जैसे थे, मानो हमेशा छलांग लगाने के लिए तैयार रहते हों।

C'era una forte allerta, come se vivesse nella paura costante.

उसमें एक तीव्र सतर्कता थी, जैसे वह निरंतर भय में रहता हो।

Quest'uomo anziano sembrava aspettarsi il pericolo, indipendentemente dal fatto che questo venisse visto o meno.

यह प्राचीन व्यक्ति खतरे की आशंका करता प्रतीत होता था, चाहे खतरा दिखाई दे या न पड़े।

A volte l'uomo peloso dormiva accanto al fuoco, con la testa tra le gambe.

कभी-कभी वह बालों वाला आदमी आग के पास सोता था, अपना सिर पैरों के बीच छिपाए हुए।

Teneva i gomiti sulle ginocchia e le mani giunte sopra la testa.

उसकी कोहनियाँ घुटनों पर टिकी हुई थीं, हाथ सिर के ऊपर बंधे हुए थे।

Come un cane, usava le sue braccia pelose per proteggersi dalla pioggia che cadeva.

एक कुत्ते की तरह उसने अपनी बालों वाली भुजाओं का उपयोग गिरती हुई बारिश को रोकने के लिए किया।

Oltre la luce del fuoco, Buck vide due carboni ardenti che ardevano nell'oscurità.

आग की रोशनी से परे, बक ने अंधेरे में दो कोयले चमकते हुए देखे।

Sempre a due a due, erano gli occhi delle bestie da preda.

हमेशा दो-दो की संख्या में, वे शिकारी जानवरों की आंखें हुआ करते थे।

Sentì corpi che si infrangevano tra i cespugli e rumori provenienti dalla notte.

उसने झाड़ियों के बीच से शवों के टकराने की आवाजें और रात में होने वाली आवाजें सुनीं।

Sdraiato sulla riva dello Yukon, sbattendo le palpebre, Buck sognò accanto al fuoco.

युकोन तट पर लेटे हुए, पलकें झपकाते हुए, बक आग के पास बैठकर सपने देख रहा था।

Le immagini e i suoni di quel mondo selvaggio gli fecero rizzare i capelli.

उस जंगली दुनिया के दृश्यों और ध्वनियों को देखकर उसके रोंगटे खड़े हो गए।

La pelliccia gli si drizzò lungo la schiena, sulle spalle e sul collo.

फर उसकी पीठ, कंधों और गर्दन तक फैल गया।

Gemeva piano o emetteva un ringhio basso dal profondo del petto.

वह या तो धीरे से रोता था या अपनी छाती में गहरी गड़गड़ाहट करता था।

Allora il cuoco meticcio urlò: "Ehi, Buck, svegliati!"

तभी अर्ध-नस्ल रसोइया चिल्लाया, "अरे, बक, उठो!"

Il mondo dei sogni svanì e la vera vita tornò agli occhi di Buck.

सपनों की दुनिया गायब हो गई और बक की आँखों में वास्तविक जीवन लौट आया।

Si sarebbe alzato, si sarebbe stiracchiato e avrebbe sbadigliato, come se si fosse svegliato da un pisolino.

वह उठने, खिंचाव महसूस करने और जम्हाई लेने वाला था, जैसे कि उसे नींद से जगाया गया हो।

Il viaggio era duro, con la slitta postale che li trascinava dietro.

यात्रा कठिन थी, मेल स्लेज उनके पीछे घिसट रही थी।

Carichi pesanti e lavoro duro sfinivano i cani ogni lunga giornata.

भारी बोझ और कठिन काम के कारण कुत्ते हर दिन थक जाते थे।

Arrivarono a Dawson magro, stanco e con bisogno di più di una settimana di riposo.

वे डाउसन पहुंचे तो वे दुबले-पतले, थके हुए थे और उन्हें एक सप्ताह से अधिक आराम की आवश्यकता थी।

Ma solo due giorni dopo ripartirono per lo Yukon.

लेकिन दो दिन बाद ही वे पुनः युकोन की ओर चल पड़े।

Erano carichi di altre lettere dirette al mondo esterno.

उनमें बाहरी दुनिया के लिए भेजे जाने वाले पत्र भी भरे हुए थे।

I cani erano esausti e gli uomini si lamentavano in continuazione.

कुत्ते थक चुके थे और आदमी लगातार शिकायत कर रहे थे।

Ogni giorno cadeva la neve, ammorbidendo il sentiero e rallentando le slitte.

हर दिन बर्फ गिरती थी, जिससे रास्ता नरम हो जाता था और स्लेज की गति धीमी हो जाती थी।

Ciò rendeva la trazione più dura e aumentava la resistenza delle guide.

इससे धावकों को खींचने में कठिनाई हुई तथा उन पर अधिक खिंचाव पड़ा।

Nonostante ciò, i piloti si sono dimostrati leali e hanno avuto cura delle loro squadre.

इसके बावजूद, ड्राइवर निष्पक्ष थे और अपनी टीमों का ध्यान रखते थे।

Ogni notte, i cani venivano nutriti prima che gli uomini mangiassero.

प्रत्येक रात, पुरुषों के भोजन करने से पहले कुत्तों को खाना खिलाया जाता था।

Nessun uomo dormiva prima di controllare le zampe del proprio cane.

कोई भी व्यक्ति अपने कुत्ते के पैरों की जांच किए बिना नहीं सोता।

Tuttavia, i cani diventavano sempre più deboli man mano che i chilometri consumavano i loro corpi.

फिर भी, जैसे-जैसे मीलों की दूरी बढ़ती गई, कुत्ते कमजोर होते गए।

Avevano viaggiato per milleottocento miglia durante l'inverno.

उन्होंने सर्दियों में अठारह सौ मील की यात्रा की थी।

Percorrevano ogni miglio di quella distanza brutale trainando le slitte.

उन्होंने उस कठिन दूरी के प्रत्येक मील को स्लेज से खींचा।

Anche i cani da slitta più resistenti provano tensione dopo tanti chilometri.

यहां तक कि सबसे मजबूत स्लेज कुत्ते भी कई मील चलने के बाद थकान महसूस करते हैं।

Buck tenne duro, fece sì che la sua squadra lavorasse e mantenne la disciplina.

बक ने डटे रहे, अपनी टीम को काम पर लगाए रखा और अनुशासन बनाए रखा।

Ma Buck era stanco, proprio come gli altri durante il lungo viaggio.

लेकिन बक भी लंबी यात्रा में अन्य लोगों की तरह थका हुआ था।

Billee piagnucolava e piangeva nel sonno ogni notte, senza sosta.

बिली हर रात नींद में रोता और कराहता था।

Joe diventò ancora più amareggiato e Solleks rimase freddo e distante.

जो और भी अधिक क्रोधित हो गया, तथा सोलेक्स ठंडा और दूर-दूर रहने लगा।

Ma è stato Dave a soffrire di più di tutta la squadra.

लेकिन पूरी टीम में सबसे ज्यादा नुकसान डेव को उठाना पड़ा।

Qualcosa dentro di lui era andato storto, anche se nessuno sapeva cosa.

उसके अंदर कुछ गड़बड़ हो गई थी, हालांकि कोई नहीं जानता था कि क्या गड़बड़ हुई थी।

Divenne più lunatico e aggredì gli altri con rabbia crescente.

वह चिड़चिड़ा हो गया और दूसरों पर क्रोध से झल्लाने लगा।

Ogni notte andava dritto al suo nido, in attesa di essere nutrito.

हर रात वह सीधे अपने घोंसले में चला जाता और भोजन की प्रतीक्षा करता।

Una volta a terra, Dave non si alzò più fino al mattino.

एक बार जब डेव नीचे गिर गया तो वह सुबह तक नहीं उठा।

Sulle redini, gli improvvisi strattoni o sussulti lo facevano gridare di dolore.

लगाम पर अचानक झटके लगने या चौंकने से वह दर्द से चिल्ला उठता था।

L'autista ha cercato di capirne la causa, ma non ha trovato ferite.

उनके ड्राइवर ने कारण जानने की कोशिश की, लेकिन उन्हें कोई चोट नहीं मिली।

Tutti gli autisti cominciarono a osservare Dave e a discutere del suo caso.

सभी ड्राइवर डेव को देखने लगे और उसके मामले पर चर्चा करने लगे।

Parlarono durante i pasti e durante l'ultima sigaretta della giornata.

वे भोजन के समय और दिन के अंतिम सिगरेट पीने के दौरान बातें करते थे।

Una notte tennero una riunione e portarono Dave al fuoco.

एक रात उन्होंने बैठक की और डेव को आग के पास ले गए।

Gli premevano e palpavano il corpo e lui gridava spesso.

वे उसके शरीर को दबाते और टटोलते रहे, और वह बार-बार चिल्लाता रहा।

Era evidente che qualcosa non andava, anche se non sembrava esserci nessuna frattura.

स्पष्टतः कुछ गड़बड़ थी, यद्यपि कोई हड्डी टूटी हुई नहीं दिख रही थी।

Quando arrivarono al Cassiar Bar, Dave stava cadendo.

जब वे कैसियर बार पहुंचे तो डेव गिर रहा था।

Il meticcio scozzese impose uno stop e rimosse Dave dalla squadra.

स्कॉच के आधे-अधूरे समूह ने रोक लगाई और डेव को टीम से निकाल दिया।

Fissò Solleks al posto di Dave, il più vicino possibile alla parte anteriore della slitta.

उन्होंने सोलेक्स को डेव के स्थान पर, स्लेज के सामने के सबसे निकट, बांध दिया।

Voleva lasciare che Dave riposasse e corresse libero dietro la slitta in movimento.

उसका इरादा डेव को आराम करने देना था और चलती स्लेज के पीछे स्वतंत्र रूप से दौड़ने देना था।

Ma nonostante la malattia, Dave odiava che gli venisse tolto il lavoro che aveva ricoperto.

लेकिन बीमार होने के बावजूद डेव को अपनी नौकरी से निकाले जाने से नफरत थी।

Ringhiò e piagnucolò quando gli strapparono le redini dal corpo.

जब उसके शरीर से लगाम खींची गई तो वह गुर्राया और रोने लगा।

Quando vide Solleks al suo posto, pianse disperato.

जब उसने सोलेक्स को अपनी जगह पर देखा, तो वह टूटे हुए दिल के दर्द से रो पड़ा।

L'orgoglio per il lavoro sui sentieri era profondo in Dave, anche quando la morte si avvicinava.

मौत करीब आने पर भी डेव के मन में ट्रेल कार्य के प्रति गर्व की भावना बनी रही।

Mentre la slitta si muoveva, Dave arrancava nella neve soffice vicino al sentiero.

जैसे ही स्लेज आगे बढ़ी, डेव पगडंडी के पास नरम बर्फ में लड़खड़ाता हुआ आगे बढ़ा।

Attaccò Solleks, mordendolo e spingendolo giù dal lato della slitta.

उसने सोलेक्स पर हमला किया, उसे काटा और स्लेज की तरफ से धक्का दिया।

Dave cercò di saltare nell'imbracatura e di riprendersi il suo posto di lavoro.

डेव ने रस्सी से छलांग लगाकर अपना कार्य स्थान पुनः प्राप्त करने का प्रयास किया।

Lui guaiva, si lamentava e piangeva, diviso tra il dolore e l'orgoglio del parto.

वह चिल्लाया, रोया और प्रसव पीड़ा और गर्व के बीच उलझा हुआ था।

Il meticcio usò la frusta per cercare di allontanare Dave dalla squadra.

उस अर्ध-नस्ल ने डेव को टीम से दूर भगाने के लिए अपने चाबुक का इस्तेमाल किया।

Ma Dave ignorò la frustata e l'uomo non riuscì a colpirlo più forte.

लेकिन डेव ने कोड़े की मार को नजरअंदाज कर दिया, और वह व्यक्ति उस पर अधिक जोर से प्रहार नहीं कर सका।

Dave rifiutò il sentiero più facile dietro la slitta, dove la neve era compatta.

डेव ने स्लेज के पीछे वाले आसान रास्ते से जाने से इनकार कर दिया, जहां बर्फ जमी हुई थी।

Invece, si ritrovò a lottare nella neve profonda, ai lati del sentiero, in preda alla miseria.

इसके बजाय, वह रास्ते के किनारे गहरी बर्फ में दुख के साथ संघर्ष करता रहा।

Alla fine Dave crollò, giacendo sulla neve e urlando di dolore.

अंततः डेव बर्फ में गिरकर दर्द से चीखने लगा।

Lanciò un grido mentre la lunga fila di slitte gli passava accanto una dopo l'altra.

जब स्लेजों की लम्बी कतार एक-एक करके उसके पास से गुजरी तो वह चिल्ला उठा।

Tuttavia, con le poche forze che gli rimanevano, si alzò e barcollò dietro di loro.

फिर भी, अपनी बची हुई शक्ति से वह उठा और लड़खड़ाता हुआ उनके पीछे चला।

Quando il treno si fermò di nuovo, lo raggiunse e trovò la sua vecchia slitta.

जब ट्रेन दोबारा रुकी तो वह वहां पहुंचा और उसे अपनी पुरानी स्लेज मिल गई।

Superò con difficoltà le altre squadre e tornò a posizionarsi accanto a Solleks.

वह अन्य टीमों से आगे निकल गया और पुनः सोलेक्स के पास खड़ा हो गया।

Mentre l'autista si fermava per accendere la pipa, Dave colse l'ultima occasione.

जैसे ही ड्राइवर ने अपना पाइप जलाने के लिए रुका, डेव ने अपना आखिरी मौका लिया।

Quando l'autista tornò e urlò, la squadra non avanzò.

जब ड्राइवर वापस आया और चिल्लाया तो टीम आगे नहीं बढ़ी।

I cani avevano girato la testa, confusi dall'improvviso arresto.

अचानक हुई रुकावट से भ्रमित होकर कुत्तों ने अपना सिर घुमा लिया था।
Anche il conducente era scioccato: la slitta non si era mossa di un centimetro in avanti.

ड्राइवर भी हैरान था - स्लेज एक इंच भी आगे नहीं बढ़ी थी।
Chiamò gli altri perché venissero a vedere cosa era successo.

उसने दूसरों को बुलाया और कहा कि आओ और देखो कि क्या हुआ था।
Dave aveva masticato le redini di Solleks, spezzandole entrambe.

डेव ने सोलेक्स की लगाम चबाकर दोनों को तोड़ दिया था।
Ora era di nuovo in piedi davanti alla slitta, nella sua giusta posizione.

अब वह स्लेज के सामने अपनी सही स्थिति में खड़ा था।
Dave alzò lo sguardo verso l'autista, implorandolo silenziosamente di restare al passo.

डेव ने ड्राइवर की ओर देखा और चुपचाप रास्ते में ही रहने की विनती की।
L'autista era perplesso e non sapeva cosa fare per il cane in difficoltà.

ड्राइवर उलझन में था, उसे समझ नहीं आ रहा था कि संघर्ष कर रहे कुत्ते के लिए क्या किया जाए।
Gli altri uomini parlavano di cani morti perché li avevano portati fuori.

अन्य लोगों ने उन कुत्तों के बारे में बताया जो बाहर ले जाए जाने से मर गए थे।
Raccontavano di cani vecchi o feriti il cui cuore si era spezzato quando erano stati abbandonati.

उन्होंने ऐसे बूढ़े या घायल कुत्तों के बारे में बताया जिनका दिल पीछे छोड़ दिए जाने पर टूट गया।
Concordarono che era un atto di misericordia lasciare che Dave morisse mentre era ancora imbrigliato.

वे इस बात पर सहमत हुए कि डेव को उसके हार्नेस में ही मरने देना दया थी।
Fu rimesso in sicurezza sulla slitta e Dave tirò con orgoglio.

उसे पुनः स्लेज पर बांध दिया गया और डेव ने गर्व के साथ उसे खींचा।

Anche se a volte gridava, lavorava come se il dolore potesse essere ignorato.

यद्यपि वह कभी-कभी चिल्लाता था, परन्तु वह ऐसे काम करता था मानो दर्द को नजरअंदाज किया जा सकता है।

Più di una volta cadde e fu trascinato prima di rialzarsi.

एक से अधिक बार वह गिरा और फिर उठने से पहले घसीटा गया।

A un certo punto la slitta gli rotolò addosso e da quel momento in poi zoppicò.

एक बार स्लेज उसके ऊपर लुढ़क गई और वह उसी क्षण से लंगड़ाने लगा।

Nonostante ciò, lavorò finché non raggiunse l'accampamento e poi si sdraiò accanto al fuoco.

फिर भी, वह शिविर तक पहुंचने तक काम करता रहा और फिर आग के पास लेट गया।

Al mattino Dave era troppo debole per muoversi o anche solo per stare in piedi.

सुबह तक डेव इतना कमजोर हो गया था कि वह यात्रा करने या सीधा खड़ा होने में भी असमर्थ था।

Al momento di allacciare l'imbracatura, cercò di raggiungere il suo autista con sforzi tremanti.

जब वह गाड़ी में सवार हुआ तो उसने कांपते हुए प्रयास के साथ अपने ड्राइवर तक पहुंचने की कोशिश की।

Si sforzò di rialzarsi, barcollò e crollò sul terreno innevato.

वह बलपूर्वक उठा, लड़खड़ाया और बर्फीली जमीन पर गिर पड़ा।

Utilizzando le zampe anteriori, trascinò il suo corpo verso la zona dell'imbracatura.

अपने अगले पैरों का उपयोग करते हुए, उसने अपने शरीर को हार्नेस क्षेत्र की ओर खींचा।

Si fece avanti, centimetro dopo centimetro, verso i cani da lavoro.

वह काम करने वाले कुत्तों की ओर इंच-इंच आगे बढ़ता गया।

Le forze gli cedettero, ma continuò a muoversi nel suo ultimo disperato tentativo.

उसकी शक्ति समाप्त हो गई, लेकिन वह अपने अंतिम प्रयास में आगे बढ़ता रहा।

I suoi compagni di squadra lo videro ansimare nella neve, ancora desideroso di unirsi a loro.

उसके साथियों ने उसे बर्फ में हांफते हुए देखा, फिर भी वह उनके साथ शामिल होने के लिए लालायित था।

Lo sentirono urlare di dolore mentre si lasciavano alle spalle l'accampamento.

जब वे शिविर छोड़कर जा रहे थे तो उन्होंने उसे दुःख से चिल्लाते हुए सुना।

Mentre la squadra svaniva tra gli alberi, il grido di Dave risuonava dietro di loro.

जैसे ही टीम पेड़ों में लुप्त हो गई, डेव की चीख उनके पीछे गूंज उठी।

Il treno delle slitte si fermò brevemente dopo aver attraversato un tratto di fiume ricco di boschi.

नदी के एक हिस्से को पार करने के बाद स्लेज ट्रेन कुछ देर के लिए रुकी।

Il meticcio scozzese tornò lentamente verso l'accampamento alle sue spalle.

स्कॉच का वह आधा-नस्ल वाला व्यक्ति धीरे-धीरे पीछे के शिविर की ओर चला गया।

Gli uomini smisero di parlare quando lo videro scendere dal treno delle slitte.

जब लोगों ने उसे स्लेज ट्रेन से उतरते देखा तो उनकी बोलती बंद हो गई।

Poi un singolo colpo di pistola risuonò chiaro e netto attraverso il sentiero.

तभी रास्ते में एक गोली की आवाज स्पष्ट और तेज सुनाई दी।

L'uomo tornò rapidamente e prese il suo posto senza dire una parola.

वह आदमी तुरंत वापस आया और बिना कुछ बोले अपना स्थान ग्रहण कर लिया।

Le fruste schioccavano, i campanelli tintinnavano e le slitte avanzavano sulla neve.

चाबुक फटकारे गए, घंटियां बजने लगीं और स्लेज बर्फ में आगे बढ़ने लगीं। Ma Buck sapeva cosa era successo, come tutti gli altri cani.

लेकिन बक को पता था कि क्या हुआ था - और हर अन्य कुत्ते को भी।

La fatica delle redini e del sentiero
लगाम और राह का परिश्रम

Trenta giorni dopo aver lasciato Dawson, la Salt Water Mail raggiunse Skaguay.

डावसन से रवाना होने के तीस दिन बाद, साल्ट वाटर मेल स्काग्वे पहुंचा।

Buck e i suoi compagni di squadra presero il comando e arrivarono in condizioni pietose.

बक और उनके साथियों ने दयनीय स्थिति में पहुँचकर बढ़त हासिल कर ली।

Buck era sceso da 140 a 150 chili.

बक का वजन एक सौ चालीस पाउंड से घटकर एक सौ पंद्रह पाउंड रह गया था।

Gli altri cani, sebbene più piccoli, avevano perso ancora più peso corporeo.

अन्य कुत्ते, हालांकि छोटे थे, उनका शरीर का वजन और भी अधिक कम हो गया था।

Pike, che una volta zoppicava fingendo, ora trascinava dietro di sé una gamba veramente ferita.

पाइक, जो कभी नकली लंगड़ाता था, अब अपने पीछे सचमुच घायल पैर को घसीटता हुआ चल रहा था।

Solleks zoppicava gravemente e Dub aveva una scapola slogata.

सोलेक्स बुरी तरह लंगड़ा रहा था, और डब के कंधे की हड्डी में चोट लगी थी।

Tutti i cani del team avevano i piedi doloranti a causa delle settimane trascorse sul sentiero ghiacciato.

टीम के प्रत्येक कुत्ते के पैर बर्फीले रास्ते पर कई सप्ताह तक रहने के कारण दर्द से पीड़ित थे।

Non avevano più slancio nei loro passi, solo un movimento lento e trascinato.

उनके कदमों में कोई स्फूर्ति नहीं बची थी, केवल धीमी, घिसटती हुई चाल थी।

I loro piedi colpivano il sentiero con forza e ogni passo aggiungeva ulteriore sforzo al loro corpo.

उनके पैर रास्ते पर जोर से टकराते थे, और हर कदम उनके शरीर पर अधिक दबाव डालता था।

Non erano malati, erano solo stremati oltre ogni possibile guarigione naturale.

वे बीमार नहीं थे, केवल इतना ही था कि उनका शरीर प्राकृतिक रूप से ठीक होने लायक नहीं रह गया था।

Non si trattava della stanchezza di una giornata faticosa, curata con una notte di riposo.

यह एक कठिन दिन की थकान नहीं थी, जो एक रात के आराम से ठीक हो गई हो।

Era una stanchezza accumulata lentamente attraverso mesi di sforzi estenuanti.

यह महीनों के कठिन परिश्रम से धीरे-धीरे बढ़ती हुई थकावट थी।

Non era rimasta alcuna riserva di forze: avevano esaurito ogni energia a loro disposizione.

कोई आरक्षित शक्ति नहीं बची थी - उन्होंने अपनी सारी ताकत खर्च कर दी थी।

Ogni muscolo, fibra e cellula del loro corpo era consumato e usurato.

उनके शरीर की प्रत्येक मांसपेशी, तंतु और कोशिका ख़त्म हो चुकी थी।

E c'era un motivo: avevano percorso duemilacinquecento miglia.

और इसका एक कारण था - उन्होंने पच्चीस सौ मील की दूरी तय की थी।

Si erano riposati solo cinque giorni durante le ultime milleottocento miglia.

पिछले अठारह सौ मील की यात्रा के दौरान उन्होंने केवल पाँच दिन आराम किया था।

Quando giunsero a Skaguay, sembrava che riuscissero a malapena a stare in piedi.

जब वे स्कागुआय पहुंचे तो वे मुश्किल से सीधे खड़े हो पा रहे थे।
Facevano fatica a tenere le redini strette e a restare davanti alla slitta.

उन्हें लगाम कस कर रखने और स्लेज से आगे रहने के लिए संघर्ष करना पड़ा।
Nei pendii in discesa riuscivano solo a evitare di essere investiti.

ढलान पर वे बस कुचले जाने से बच पाए।
"Continuate a marciare, poveri piedi doloranti", disse l'autista mentre zoppicavano.

"आगे बढ़ो, बेचारे दुखते पैरों," ड्राइवर ने कहा और वे लंगड़ाते हुए आगे बढ़ रहे थे।
"Questo è l'ultimo tratto, poi ci prenderemo tutti un lungo riposo, di sicuro."

"यह आखिरी पड़ाव है, फिर हम सभी को एक लम्बा आराम अवश्य मिलेगा।"
"Un riposo davvero lungo", promise, guardandoli barcollare in avanti.

"एक सचमुच लम्बा विश्राम," उन्होंने उन्हें लड़खड़ाते हुए आगे बढ़ते देखकर वादा किया।
Gli autisti si aspettavano una lunga e necessaria pausa.

ड्राइवरों को उम्मीद थी कि अब उन्हें एक लम्बा और आवश्यक अवकाश मिलेगा।
Avevano percorso milleduecento miglia con solo due giorni di riposo.

उन्होंने केवल दो दिन के आराम के साथ बारह सौ मील की यात्रा की थी।
Per correttezza e ragione, ritenevano di essersi guadagnati un po' di tempo per rilassarsi.

निष्पक्षता और तर्क से कहें तो उन्हें लगा कि उन्होंने आराम करने के लिए समय अर्जित किया है।

Ma troppi erano giunti nel Klondike e troppo pochi erano rimasti a casa.

लेकिन बहुत अधिक लोग क्लोंडाइक आ गए थे, और बहुत कम लोग घर पर रह गए थे।

Le lettere delle famiglie continuavano ad arrivare, creando pile di posta in ritardo.

परिवारों से आने वाले पत्रों की बाढ़ आ गई, जिससे देरी से पहुंचने वाले पत्रों का ढेर लग गया।

Arrivarono gli ordini ufficiali: i nuovi cani della Hudson Bay avrebbero preso il sopravvento.

आधिकारिक आदेश आ गए - हडसन बे में नए कुत्ते कार्यभार संभालने जा रहे थे।

I cani esausti, ormai considerati inutili, dovevano essere eliminati.

थके हुए कुत्तों को, जिन्हें अब बेकार कहा जाता था, निपटाया जाना था।

Poiché i soldi erano più importanti dei cani, venivano venduti a basso prezzo.

चूंकि कुत्तों की तुलना में पैसा अधिक महत्वपूर्ण था, इसलिए उन्हें सस्ते दामों पर बेचा जाने वाला था।

Passarono altri tre giorni prima che i cani si accorgessero di quanto fossero deboli.

तीन दिन और बीतने के बाद कुत्तों को यह एहसास हुआ कि वे कितने कमज़ोर हो गए हैं।

La quarta mattina, due uomini provenienti dagli Stati Uniti acquistarono l'intera squadra.

चौथी सुबह, अमेरिका से आये दो लोगों ने पूरी टीम खरीद ली।

La vendita comprendeva tutti i cani e le loro imbracature usate.

बिक्री में सभी कुत्तों के साथ-साथ उनके पहने हुए हार्नेस उपकरण भी शामिल थे।

Mentre concludevano l'affare, gli uomini si chiamavano tra loro "Hal" e "Charles".

सौदा पूरा करते समय दोनों पुरुषों ने एक-दूसरे को "हैल" और "चार्स" कहा।

Charles era un uomo di mezza età, pallido, con labbra molli e folti baffi.

चार्स मध्यम आयु का, पीला, लटके हुए होंठ और भयंकर मूंछों वाला था।

Hal era un giovane, forse diciannove anni, che indossava una cintura imbottita di cartucce.

हैल एक युवा व्यक्ति था, शायद उन्नीस वर्ष का, और उसने कारतूस से भरी बेल्ट पहन रखी थी।

Nella cintura erano contenuti un grosso revolver e un coltello da caccia, entrambi inutilizzati.

बेल्ट में एक बड़ी रिवाल्वर और एक शिकार करने वाला चाकू रखा हुआ था, दोनों ही अप्रयुक्त थे।

Dimostrava quanto fosse inesperto e inadatto alla vita nel Nord.

इससे पता चलता है कि वह उत्तरी जीवन के लिए कितना अनुभवहीन और अयोग्य था।

Nessuno dei due uomini viveva in natura; la loro presenza sfidava ogni ragionevolezza.

दोनों ही मनुष्य जंगल में नहीं रहते थे; उनकी उपस्थिति सभी तर्कों को चुनौती देती थी।

Buck osservava lo scambio di denaro tra l'acquirente e l'agente.

बक ने क्रेता और एजेंट के बीच पैसों का आदान-प्रदान होते देखा।

Sapeva che i conducenti dei treni postali stavano abbandonando la sua vita come tutti gli altri.

वह जानता था कि मेल-ट्रेन ड्राइवर भी बाकी लोगों की तरह उसकी जिंदगी से जा रहे हैं।

Seguirono Perrault e François, ormai scomparsi.

उन्होंने पेरौल्ट और फ्रांकोइस का अनुसरण किया, जो अब याद करने लायक नहीं रहे।

Buck e la squadra vennero condotti al disordinato accampamento dei loro nuovi proprietari.

बक और टीम को उनके नए मालिकों के शिविर में ले जाया गया।

La tenda cedeva, i piatti erano sporchi e tutto era in disordine.

तम्बू टूटा हुआ था, बर्तन गंदे थे और सब कुछ अस्त-व्यस्त पड़ा था।

Anche Buck notò una donna lì: Mercedes, moglie di Charles e sorella di Hal.

बक ने वहां एक महिला को भी देखा - मर्सिडीज, चार्ल्स की पत्नी और हैल की बहन।

Formavano una famiglia completa, anche se erano tutt'altro che adatti al sentiero.

वे एक पूर्ण परिवार थे, हालांकि वे इस यात्रा के लिए बिल्कुल भी उपयुक्त नहीं थे।

Buck osservava nervosamente mentre il trio iniziava a impacchettare le provviste.

बक ने घबराहट से देखा कि तीनों ने सामान पैक करना शुरू कर दिया।

Lavoravano duro ma senza ordine, solo confusione e sforzi sprecati.

उन्होंने कड़ी मेहनत की लेकिन बिना किसी क्रम के - केवल उपद्रव और व्यर्थ प्रयास।

La tenda era arrotolata fino a formare una sagoma ingombrante, decisamente troppo grande per la slitta.

तम्बू को इतना भारी आकार दिया गया था कि वह स्लेज के लिए बहुत बड़ा था।

I piatti sporchi venivano imballati senza essere stati né lavati né asciugati.

गंदे बर्तनों को बिना साफ किए या सुखाए ही पैक कर दिया गया।

Mercedes svolazzava in giro, parlando, correggendo e intromettendosi in continuazione.

मर्सिडीज इधर-उधर घूम रही थी, लगातार बातें कर रही थी, सुधार कर रही थी, और हस्तक्षेप कर रही थी।

Quando le misero un sacco davanti, lei insistette perché lo mettesse dietro.

जब एक बोरी सामने रखी गई तो उसने जोर देकर कहा कि इसे पीछे रखा जाए।

Mise il sacco in fondo e un attimo dopo ne ebbe bisogno.

उसने बोरा नीचे रख दिया और अगले ही पल उसे इसकी जरूरत पड़ गयी।

Quindi la slitta venne disimballata di nuovo per raggiungere quella specifica borsa.

इसलिए एक विशेष बैग तक पहुंचने के लिए स्लेज को फिर से खोला गया।

Lì vicino, tre uomini stavano fuori da una tenda e osservavano la scena che si svolgeva.

पास ही एक तंबू के बाहर तीन आदमी खड़े होकर यह दृश्य देख रहे थे।

Sorrisero, ammiccarono e sogghignarono di fronte all'evidente confusione dei nuovi arrivati.

वे नवागंतुकों की स्पष्ट उलझन को देखकर मुस्कुराये, आँख मारी और मुस्कुराये।

"Hai già un carico parecchio pesante", disse uno degli uomini.

"तुम्हारे ऊपर पहले से ही बहुत भारी बोझ है", उनमें से एक आदमी ने कहा।

"Non credo che dovresti portare quella tenda, ma la scelta è tua."

"मुझे नहीं लगता कि आपको वह तम्बू ले जाना चाहिए, लेकिन यह आपकी पसंद है।"

"Impensabile!" esclamò Mercedes, alzando le mani in segno di disperazione.

"अकल्पनीय!" मर्सीडीज़ ने निराशा में अपने हाथ ऊपर उठाते हुए कहा।

"Come potrei viaggiare senza una tenda sotto cui dormire?"

"मैं बिना किसी तंबू के कैसे यात्रा कर सकता हूँ?"

«È primavera, non vedrai più il freddo», rispose l'uomo.

"यह वसंत ऋतु है - आप फिर कभी ठंड का मौसम नहीं देखेंगे," आदमी ने जवाब दिया।

Ma lei scosse la testa e loro continuarono ad accumulare oggetti sulla slitta.

लेकिन उसने अपना सिर हिला दिया, और वे स्लेज पर सामान जमा करते रहे।

Il carico era pericolosamente alto mentre aggiungevano gli ultimi oggetti.

जब वे अंतिम चीजें जोड़ रहे थे तो भार खतरनाक रूप से ऊंचा हो गया।

"Pensi che la slitta andrà avanti?" chiese uno degli uomini con aria scettica.

"क्या आपको लगता है कि स्लेज चलेगी?" एक आदमी ने संदेह भरी नज़र से पूछा।

"E perché non dovrebbe?" ribatté Charles con netto fastidio.

"ऐसा क्यों नहीं होना चाहिए?" चार्ल्स ने तीखी झुंझलाहट के साथ जवाब दिया।

"Oh, va bene", disse rapidamente l'uomo, evitando di offendersi.

"ओह, यह सब ठीक है," आदमी ने जल्दी से कहा, और अपना आपा खो दिया।

"Mi chiedevo solo: mi sembrava un po' troppo pesante nella parte superiore."

"मैं तो बस यही सोच रहा था - यह तो मुझे थोड़ा ज़्यादा भारी लग रहा था।"

Charles si voltò e legò il carico meglio che poté.

चार्ल्स ने मुड़कर जितना संभव हो सका, बोझ को बांध दिया।

Ma le legature erano allentate e l'imballaggio nel complesso era fatto male.

लेकिन पट्टियाँ ढीली थीं और पैकिंग भी कुल मिलाकर खराब थी।

"Certo, i cani tireranno così tutto il giorno", disse sarcasticamente un altro uomo.

"ज़रूर, कुत्ते पूरे दिन यही खींचते रहेंगे," एक और आदमी ने व्यंग्यात्मक लहज़े में कहा।

«Certamente», rispose Hal freddamente, afferrando il lungo timone della slitta.

"बेशक," हेल ने ठंडे स्वर में जवाब दिया और स्लेज के लंबे जी-पोल को पकड़ लिया।

Tenendo una mano sul palo, faceva roteare la frusta nell'altra.

एक हाथ से डंडे पर, दूसरे हाथ से उसने कोड़ा घुमाया।

"Andiamo!" urlò. "Muovetevi!", incitando i cani a partire.

"चलो चलें!" वह चिल्लाया। "चलें!" कुत्तों को चलने के लिए प्रेरित करते हुए।

I cani si appoggiarono all'imbracatura e si sforzarono per qualche istante.

कुत्ते कुछ क्षणों के लिए रस्सी से बंधे और तनाव में आ गए।

Poi si fermarono, incapaci di spostare di un centimetro la slitta sovraccarica.

फिर वे रुक गए, क्योंकि वे अतिभारित स्लेज को एक इंच भी हिलाने में असमर्थ थे।

"Quei fannulloni!" urlò Hal, alzando la frusta per colpirli.

"आलसी जानवर!" हैल ने चिल्लाते हुए उन्हें मारने के लिए कोड़ा उठाया।

Ma Mercedes si precipitò dentro e strappò la frusta dalle mani di Hal.

लेकिन मर्सिडीज ने दौड़कर हैल के हाथों से चाबुक छीन लिया।

«Oh, Hal, non osare far loro del male», gridò allarmata.

"ओह, हैल, उन्हें चोट पहुँचाने की हिम्मत मत करना," वह घबरा कर चिल्लाई।

"Promettimi che sarai gentile con loro, altrimenti non farò un altro passo."

"मुझसे वादा करो कि तुम उनके प्रति दयालु रहोगे, नहीं तो मैं एक कदम भी आगे नहीं बढ़ूंगा।"

"Non sai niente di cani", scattò Hal contro la sorella.

"तुम्हें कुत्तों के बारे में कुछ भी नहीं पता," हैल ने अपनी बहन पर चिल्लाते हुए कहा।

"Sono pigri e l'unico modo per smuoverli è frustarli."

"वे आलसी हैं, और उन्हें चलाने का एकमात्र तरीका उन्हें कोड़ा मारना है।"

"Chiedi a chiunque, chiedi a uno di quegli uomini laggiù se dubiti di me."

"किसी से भी पूछो - अगर तुम्हें मुझ पर शक है तो वहाँ बैठे किसी आदमी से पूछो।"

Mercedes guardò gli astanti con occhi imploranti e pieni di lacrime.

मर्सिडीज़ ने दर्शकों की ओर नम आंखों से देखा।

Il suo viso rivelava quanto odiasse la vista di qualsiasi dolore.

उसके चेहरे से पता चल रहा था कि वह किसी भी दर्द को देखने से कितनी नफरत करती थी।

"Sono deboli, tutto qui", ha detto un uomo. "Sono sfiniti."

एक आदमी ने कहा, "वे कमज़ोर हैं, बस इतना ही। वे घिस चुके हैं।"

"Hanno bisogno di riposare: hanno lavorato troppo a lungo senza una pausa."

"उन्हें आराम की ज़रूरत है - वे बिना ब्रेक के बहुत लंबे समय से काम कर रहे हैं।"

«Che il resto sia maledetto», borbottò Hal arricciando il labbro.

"बाकी सब धिक्कार है," हैल ने अपने होंठ सिकोड़ते हुए कहा।

Mercedes sussultò, visibilmente addolorata per le parole volgari pronunciate da lui.

मर्सिडीज़ ने चौंककर कहा, उसे उसके मुंह से निकले अपशब्दों से स्पष्ट रूप से दुख हुआ था।

Ciononostante, lei rimase leale e difese immediatamente il fratello.

फिर भी, वह वफादार रही और उसने तुरंत अपने भाई का बचाव किया।

"Non badare a quell'uomo", disse ad Hal. "Sono i nostri cani."

"उस आदमी की परवाह मत करो," उसने हैल से कहा। "वे हमारे कुत्ते हैं।"

"Li guidi come meglio credi: fai ciò che ritieni giusto."

"आप उन्हें वैसे ही चलाएं जैसा आप उचित समझें - वही करें जो आपको सही लगे।"

Hal sollevò la frusta e colpì di nuovo i cani senza pietà.

हैल ने कोड़ा उठाया और कुत्तों पर बिना किसी दया के पुनः प्रहार किया।

Si lanciarono in avanti, con i corpi bassi e i piedi che affondavano nella neve.

वे आगे की ओर झुके, शरीर नीचे झुके हुए थे, पैर बर्फ में धंसे हुए थे।

Tutta la loro forza era concentrata nel traino, ma la slitta non si muoveva.

उनकी सारी ताकत खींचने में लग गई, लेकिन स्लेज आगे नहीं बढ़ रही थी।

La slitta rimase bloccata, come un'ancora congelata nella neve compatta.

स्लेज वहीं अटकी रही, जैसे कोई लंगर जमी हुई बर्फ में फंस गया हो।

Dopo un secondo tentativo, i cani si fermarono di nuovo, ansimando forte.

दूसरे प्रयास के बाद कुत्ते फिर रुक गए और जोर-जोर से हाँफने लगे।

Hal sollevò di nuovo la frusta, proprio mentre Mercedes interferiva di nuovo.

हेल ने एक बार फिर चाबुक उठाया, तभी मर्सिडीज ने फिर हस्तक्षेप किया।

Si lasciò cadere in ginocchio davanti a Buck e gli abbracciò il collo.

वह बक के सामने घुटनों के बल बैठ गई और उसकी गर्दन को गले लगा लिया।

Le lacrime le riempivano gli occhi mentre implorava il cane esausto.

थके हुए कुत्ते से विनती करते हुए उसकी आंखों में आंसू भर आए।

"Poveri cari", disse, "perché non tirate più forte?"

"बेचारे, तुम लोग, थोड़ा और जोर से क्यों नहीं खींचते?" उसने कहा।

"Se tiri, non verrai frustato così."

"अगर तुम खींचोगे, तो तुम्हें इस तरह से कोड़े नहीं मारे जाएँगे।"

A Buck non piaceva Mercedes, ma ormai era troppo stanco per resisterle.

बक को मर्सिडीज़ नापसंद थी, लेकिन अब वह उसका विरोध करने में असमर्थ था।

Lui accettò le sue lacrime come se fossero solo un'altra parte di quella giornata miserabile.

उसने उसके आँसुओं को उस दुखद दिन का एक और हिस्सा मानकर स्वीकार कर लिया।

Uno degli uomini che osservavano, dopo aver represso la rabbia, finalmente parlò.

वहां मौजूद एक व्यक्ति ने अपना गुस्सा काबू में रखते हुए आखिरकार बात की।

"Non mi interessa cosa succede a voi, ma quei cani sono importanti."

"मुझे परवाह नहीं कि आप लोगों के साथ क्या होता है, लेकिन उन कुत्तों का महत्व है।"

"Se vuoi aiutare, stacca quella slitta: è ghiacciata e innevata."

"यदि आप मदद करना चाहते हैं, तो उस स्लेज को ढीला कर दें - यह बर्फ में जम गया है।"

"Spingi con forza il palo della luce, a destra e a sinistra, e rompi il sigillo di ghiaccio."

"जी-पोल पर ज़ोर से धक्का दो, दाएँ और बाएँ, और बर्फ़ की सील तोड़ दो।"

Fu fatto un terzo tentativo, questa volta seguendo il suggerimento dell'uomo.

इस बार उस व्यक्ति के सुझाव पर तीसरा प्रयास किया गया।

Hal fece oscillare la slitta da una parte all'altra, facendo staccare i pattini.

हैल ने स्लेज को एक ओर से दूसरी ओर हिलाया, जिससे धावक अलग हो गए।

La slitta, benché sovraccarica e scomoda, alla fine sobbalzò in avanti.

स्लेज, हालांकि अधिक भार से लदी हुई और बेढंगी थी, अंततः आगे बढ़ गई।

Buck e gli altri tirarono selvaggiamente, spinti da una tempesta di frustate.

बक और अन्य लोग तेज झटके के साथ बेतहाशा आगे बढ़ रहे थे।

Un centinaio di metri più avanti, il sentiero curvava e scendeva in pendenza verso la strada.

सौ गज आगे रास्ता घुमावदार होकर सड़क पर उतर गया।

Ci sarebbe voluto un guidatore esperto per tenere la slitta in posizione verticale.

स्लेज को सीधा रखने के लिए एक कुशल चालक की आवश्यकता थी।

Hal non era abile e la slitta si ribaltò mentre svoltava.

हैल कुशल नहीं था, और जब स्लेज मोड़ पर घूमी तो वह पलट गई।

Le cinghie allentate cedettero e metà del carico si rovesciò sulla neve.

ढीली रस्सियाँ टूट गईं और आधा भार बर्फ पर गिर गया।

I cani non si fermarono; la slitta più leggera continuò a procedere su un fianco.

कुत्ते नहीं रुके; हल्का स्लेज अपनी तरफ उड़ता चला गया।

I cani, furiosi per i maltrattamenti e per il peso del carico, corsero più veloci.

दुर्व्यवहार और भारी बोझ से क्रोधित होकर कुत्ते और तेजी से भागने लगे।

Buck, infuriato, si lanciò a correre, seguito dalla squadra.

बक गुस्से में दौड़ पड़े, उनकी टीम भी उनके पीछे-पीछे चलने लगी।

Hal urlò "Whoa! Whoa!" ma la squadra non gli prestò attenzione.

हैल चिल्लाया "वाह! वाह!" लेकिन टीम ने उस पर कोई ध्यान नहीं दिया।

Inciampò, cadde e fu trascinato a terra dall'imbracatura.

वह लड़खड़ाकर गिर पड़ा और रस्सी के सहारे ज़मीन पर घसीटा गया।

La slitta rovesciata lo travolse mentre i cani continuavano a correre avanti.

कुत्ते आगे बढ़ते हुए पलटी हुई स्लेज से टकरा गए।

Il resto delle provviste è sparso lungo la trafficata strada di Skaguay.

बाकी सामान स्कागुए की व्यस्त सड़क पर बिखरा पड़ा था।

Le persone di buon cuore si precipitarono a fermare i cani e a raccogliere l'attrezzatura.

दयालु लोग कुत्तों को रोकने और सामान इकट्ठा करने के लिए दौड़े।

Diedero anche consigli schietti e pratici ai nuovi viaggiatori.

उन्होंने नये यात्रियों को स्पष्ट एवं व्यावहारिक सलाह भी दी।

"Se vuoi raggiungere Dawson, prendi metà del carico e raddoppia i cani."

"यदि आप डावसन तक पहुंचना चाहते हैं, तो आधा भार ले जाएं और कुत्तों को दोगुना कर दें।"

Hal, Charles e Mercedes ascoltarono, anche se non con entusiasmo.

हैल, चार्ल्स और मर्सिडीज ने उनकी बातें सुनीं, हालांकि उत्साह के साथ नहीं।

Montarono la tenda e cominciarono a sistemare le loro provviste.

उन्होंने अपना तंबू लगाया और अपनी आपूर्ति को छांटना शुरू कर दिया।

Ne uscirono dei cibi in scatola, che fecero ridere a crepapelle gli astanti.

बाहर डिब्बाबंद सामान आया, जिसे देखकर देखने वाले लोग जोर से हंसने लगे।

"Roba in scatola sul sentiero? Morirai di fame prima che si sciolga", disse uno.

"ट्रेल पर डिब्बाबंद सामान? इससे पहले कि वह पिघले, आप भूखे मर जाएंगे," एक ने कहा।

"Coperte d'albergo? Meglio buttarle via tutte."

"होटल के कम्बल? बेहतर होगा कि आप उन्हें फेंक दें।"

"Togli anche la tenda e qui nessuno laverà più i piatti."

"तम्बू भी हटा दो, और यहाँ कोई बर्तन नहीं धोएगा।"

"Pensi di viaggiare su un treno Pullman con dei servitori a bordo?"

"क्या आपको लगता है कि आप नौकरों के साथ पुलमैन ट्रेन में सफर कर रहे हैं?"

Il processo ebbe inizio: ogni oggetto inutile venne gettato da parte.

प्रक्रिया शुरू हुई - हर बेकार वस्तु को एक तरफ फेंक दिया गया।

Mercedes pianse quando le sue borse furono svuotate sul terreno innevato.

जब मर्सिडीज के बैग बर्फीली जमीन पर फेंके गए तो वह रोने लगी।

Singhiozzava per ogni oggetto buttato via, uno per uno, senza sosta.

वह बिना रुके, एक-एक करके बाहर फेंकी गई प्रत्येक वस्तु पर रोती रही।

Giurò di non fare un altro passo, nemmeno per dieci Charles.

उसने कसम खाई कि वह एक कदम भी आगे नहीं बढ़ेगी - दस चार्ल्स के लिए भी नहीं।

Pregò ogni persona vicina di lasciarle conservare le sue cose preziose.

उसने आस-पास खड़े हर व्यक्ति से अपनी कीमती चीजें रखने की विनती की।

Alla fine si asciugò gli occhi e cominciò a gettare via anche i vestiti più importanti.

अन्त में उसने अपनी आँखें पोंछीं और अपने महत्वपूर्ण कपड़े भी फेंकने लगी।

Una volta terminato il suo, cominciò a svuotare le scorte degli uomini.

जब उसका काम पूरा हो गया तो उसने पुरुषों का सामान खाली करना शुरू कर दिया।

Come un turbine, fece a pezzi gli effetti personali di Charles e Hal.

बवंडर की तरह, उसने चार्ल्स और हैल के सामान को तहस-नहस कर दिया।

Sebbene il carico fosse dimezzato, era comunque molto più pesante del necessario.

यद्यपि भार आधा हो गया था, फिर भी यह आवश्यकता से कहीं अधिक भारी था।

Quella notte, Charles e Hal uscirono e comprarono sei nuovi cani.

उस रात, चार्ल्स और हैल बाहर गये और छह नये कुत्ते खरीद लाये।

Questi nuovi cani si unirono ai sei originali, più Teek e Koona.

ये नए कुत्ते मूल छह कुत्तों के साथ टीक और कूना में शामिल हो गए।

Insieme formarono una squadra di quattordici cani attaccati alla slitta.

उन्होंने मिलकर स्लेज से जुड़े चौदह कुत्तों का एक दल बनाया।

Ma i nuovi cani erano inadatti e poco addestrati per il lavoro con la slitta.

लेकिन नए कुत्ते स्लेज कार्य के लिए अयोग्य थे और उन्हें ठीक से प्रशिक्षित नहीं किया गया था।

Tre dei cani erano cani da caccia a pelo corto, mentre uno era un Terranova.

इनमें से तीन कुत्ते छोटे बालों वाले पॉइंटर थे, तथा एक न्यूफाउंडलैंड था।

Gli ultimi due cani erano meticci senza alcuna razza o scopo ben definito.

अंतिम दो कुत्ते ऐसे थे जिनकी नस्ल या उद्देश्य स्पष्ट नहीं था।

Non capivano il percorso e non lo imparavano in fretta.

वे रास्ता नहीं समझ पाए और उन्होंने इसे जल्दी नहीं सीखा।

Buck e i suoi compagni li osservavano con disprezzo e profonda irritazione.

बक और उसके साथी उन्हें घृणा और गहरी खीझ के साथ देख रहे थे।

Sebbene Buck insegnasse loro cosa non fare, non poteva insegnare loro il dovere.

यद्यपि बक ने उन्हें सिखाया कि क्या नहीं करना चाहिए, परन्तु वह कर्तव्य नहीं सिखा सका।

Non amavano la vita sui sentieri né la trazione delle redini e delle slitte.

वे पगडंडी पर चलने वाले जीवन या लगाम और स्लेज के खिंचाव को अच्छी तरह से स्वीकार नहीं करते थे।

Soltanto i bastardi cercarono di adattarsi, e anche a loro mancava lo spirito combattivo.

केवल संकर जातियों ने ही अनुकूलन का प्रयास किया, और उनमें भी लड़ने की भावना का अभाव था।

Gli altri cani erano confusi, indeboliti e distrutti dalla loro nuova vita.

अन्य कुत्ते अपने नए जीवन से भ्रमित, कमजोर और टूटे हुए थे।

Con i nuovi cani all'oscuro e i vecchi esausti, la speranza era flebile.

नए कुत्तों के पास कोई जानकारी नहीं थी और पुराने कुत्ते थक चुके थे, इसलिए उम्मीद बहुत कम थी।

La squadra di Buck aveva percorso duemilacinquecento miglia di sentiero accidentato.

बक की टीम ने पच्चीस सौ मील की कठिन राह तय की थी।

Ciononostante, i due uomini erano allegri e orgogliosi della loro grande squadra di cani.

फिर भी, दोनों व्यक्ति प्रसन्न थे और उन्हें अपने बड़े कुत्ते दल पर गर्व था।

Pensavano di viaggiare con stile, con quattordici cani al seguito.

उन्हें लगा कि वे चौदह कुत्तों को साथ लेकर शानदार तरीके से यात्रा कर रहे हैं।

Avevano visto delle slitte partire per Dawson e altre arrivarne.

उन्होंने स्लेजों को डाउसन के लिए रवाना होते तथा अन्य को वहां से आते देखा था।

Ma non ne avevano mai vista una trainata da ben quattordici cani.

लेकिन उन्होंने कभी भी एक गाड़ी को चौदह कुत्तों द्वारा खींचते हुए नहीं देखा था।

C'era un motivo per cui squadre del genere erano rare nelle terre selvagge dell'Artico.

आर्कटिक के जंगलों में ऐसी टीमें दुर्लभ थीं, इसका एक कारण यह भी था।

Nessuna slitta poteva trasportare cibo sufficiente a sfamare quattordici cani per l'intero viaggio.

कोई भी स्लेज यात्रा के दौरान चौदह कुत्तों को खिलाने के लिए पर्याप्त भोजन नहीं ले जा सकता था।

Ma Charles e Hal non lo sapevano: avevano fatto i calcoli.

लेकिन चार्ल्स और हैल को यह पता नहीं था - उन्होंने गणित कर लिया था।

Hanno pianificato la razione di cibo: una certa quantità per cane, per un certo numero di giorni, fatta.

उन्होंने भोजन की मात्रा निर्धारित कर ली थी: प्रति कुत्ते इतना, इतने दिनों में, तैयार।

Mercedes guardò i numeri e annuì come se avessero senso.

मर्सिडीज़ ने उनके आंकड़े देखे और सिर हिलाया जैसे कि यह बात सही हो।

Tutto le sembrava molto semplice, almeno sulla carta.

कम से कम कागज़ पर तो उसे यह सब बहुत सरल लगा।

La mattina seguente, Buck guidò lentamente la squadra lungo la strada innevata.

अगली सुबह, बक ने टीम को बर्फीली सड़क पर धीरे-धीरे आगे बढ़ाया।

Non c'era né energia né spirito in lui e nei cani dietro di lui.

उसमें या उसके पीछे खड़े कुत्तों में कोई ऊर्जा या उत्साह नहीं था।

Erano stanchi morti fin dall'inizio: non avevano più riserve.

वे शुरू से ही बहुत थके हुए थे - उनके पास कोई अतिरिक्त ताकत नहीं बची थी।

Buck aveva già fatto quattro viaggi tra Salt Water e Dawson.

बक पहले ही साल्ट वाटर और डावसन के बीच चार यात्राएं कर चुका था।

Ora, di fronte alla stessa pista, non provava altro che amarezza.

अब, पुनः उसी राह पर चलते हुए, उसे केवल कड़वाहट महसूस हुई।

Il suo cuore non c'era, e nemmeno quello degli altri cani.

न तो उसका दिल इसमें था और न ही अन्य कुत्तों का दिल इसमें था।

I nuovi cani erano timidi e gli husky non si fidavano per niente.

नये कुत्ते डरपोक थे और हस्कीज़ में विश्वास की कमी थी।

Buck capì che non poteva fare affidamento su quei due uomini o sulla loro sorella.

बक को लगा कि वह इन दो व्यक्तियों या उनकी बहन पर भरोसा नहीं कर सकता।

Non sapevano nulla e non mostravano alcun segno di apprendimento lungo il percorso.

वे कुछ भी नहीं जानते थे और इस मार्ग पर सीखने का कोई संकेत भी नहीं दिखा।

Erano disorganizzati e privi di qualsiasi senso di disciplina.

वे अव्यवस्थित थे और उनमें अनुशासन की भावना का अभाव था।

Ogni volta impiegavano metà della notte per allestire un accampamento malmesso.

हर बार उन्हें एक ढीला-ढाला शिविर स्थापित करने में आधी रात लग जाती थी।

E metà della mattina successiva la trascorsero di nuovo armeggiando con la slitta.

और अगली सुबह का आधा समय उन्होंने फिर से स्लेज के साथ छेड़छाड़ में बिताया।

Spesso a mezzogiorno si fermavano solo per sistemare il carico irregolare.

दोपहर तक, वे अक्सर असमान लोड को ठीक करने के लिए रुक जाते थे।

In alcuni giorni percorsero meno di dieci miglia in totale.

कुछ दिनों में तो उन्होंने कुल मिलाकर दस मील से भी कम की यात्रा की।

Altri giorni non riuscivano proprio ad abbandonare l'accampamento.

अन्य दिनों में तो वे शिविर से बाहर ही नहीं निकल पाते थे।

Non sono mai riusciti a coprire la distanza alimentare prevista.

वे कभी भी नियोजित भोजन-दूरी को पूरा करने के करीब नहीं पहुंचे।

Come previsto, il cibo per i cani finì molto presto.

जैसी कि उम्मीद थी, बहुत जल्दी ही कुत्तों के लिए भोजन की कमी हो गई।

Nei primi tempi hanno peggiorato ulteriormente la situazione con l'eccesso di cibo.

शुरुआती दिनों में अधिक खिलाकर उन्होंने मामले को और बदतर बना दिया।

Ciò rendeva la carestia sempre più vicina, con ogni razione disattenta.

इससे प्रत्येक लापरवाह राशन के साथ भुखमरी निकट आती गई।

I nuovi cani non avevano ancora imparato a sopravvivere con molto poco.

नये कुत्तों ने बहुत कम में जीवित रहना नहीं सीखा था।

Mangiarono avidamente, con un appetito troppo grande per il sentiero.

वे भूख से खा रहे थे, उनकी भूख इतनी अधिक थी कि वे रास्ते में ही खाना खा सकते थे।

Vedendo i cani indebolirsi, Hal pensò che il cibo non fosse sufficiente.

कुत्तों को कमजोर होते देख, हैल को लगा कि भोजन पर्याप्त नहीं है।

Raddoppiò le razioni, peggiorando ulteriormente l'errore.

उसने राशन दोगुना कर दिया, जिससे गलती और भी गंभीर हो गई।

Mercedes aggravò il problema con le sue lacrime e le sue suppliche sommesse.

मर्सिडीज ने आंसू बहाकर और धीमी विनती करके समस्या को और बढ़ा दिया।

Quando non riuscì a convincere Hal, diede da mangiare ai cani di nascosto.

जब वह हैल को मना नहीं सकी तो उसने गुप्त रूप से कुत्तों को खाना खिलाया।

Rubò il pesce dai sacchi e glielo diede alle spalle.

उसने मछलियों की बोरियों से कुछ चुराया और उसकी पीठ पीछे उन्हें दे दिया।

Ma ciò di cui i cani avevano veramente bisogno non era altro cibo: era riposo.

लेकिन कुत्तों को वास्तव में अधिक भोजन की नहीं, बल्कि आराम की आवश्यकता थी।

Nonostante la loro scarsa velocità, la pesante slitta continuava a procedere.

वे समय कम निकाल पा रहे थे, लेकिन भारी स्लेज फिर भी घिसटती जा रही थी।

Quel peso da solo esauriva ogni giorno le loro forze rimanenti.

अकेले उस वजन के कारण ही उनकी शेष शक्ति प्रतिदिन समाप्त हो रही थी।

Poi arrivò la fase della sottoalimentazione, quando le scorte scarseggiavano.

इसके बाद आपूर्ति कम होने के कारण अल्पपोषण की स्थिति आ गई।

Una mattina Hal si accorse che metà del cibo per cani era già finito.

एक सुबह हैल को एहसास हुआ कि कुत्ते का आधा खाना तो पहले ही ख़त्म हो चुका था।

Avevano percorso solo un quarto della distanza totale del sentiero.

उन्होंने कुल दूरी का केवल एक चौथाई ही तय किया था।

Non si poteva più comprare cibo, a qualunque prezzo.

अब और भोजन नहीं खरीदा जा सकता था, चाहे कोई भी कीमत दी जाए।

Ridusse le porzioni dei cani al di sotto della razione giornaliera standard.

उन्होंने कुत्तों के भोजन को मानक दैनिक राशन से कम कर दिया।

Allo stesso tempo, chiese di viaggiare più a lungo per compensare la perdita.

साथ ही उन्होंने नुकसान की भरपाई के लिए लंबी यात्रा की मांग की।

Mercedes e Charles appoggiarono questo piano, ma fallirono nella sua realizzazione.

मर्सिडीज़ और चार्ल्स ने इस योजना का समर्थन किया, लेकिन क्रियान्वयन में असफल रहे।

La loro pesante slitta e la mancanza di abilità rendevano il progresso quasi impossibile.

उनके भारी स्लेज और कौशल की कमी के कारण आगे बढ़ना लगभग असंभव हो गया।

Era facile dare meno cibo, ma impossibile forzare uno sforzo maggiore.

कम भोजन देना आसान था, लेकिन अधिक प्रयास करने के लिए मजबूर करना असंभव था।

Non potevano partire prima, né viaggiare per ore extra.

वे न तो जल्दी काम शुरू कर सकते थे और न ही अतिरिक्त घंटों तक यात्रा कर सकते थे।

Non sapevano come gestire i cani, e nemmeno loro stessi, a dire il vero.

वे न तो कुत्तों के साथ काम करना जानते थे, न ही स्वयं अपने साथ।

Il primo cane a morire fu Dub, lo sfortunato ma laborioso ladro.

मरने वाला पहला कुत्ता डब था, जो बदकिस्मत लेकिन मेहनती चोर था।

Sebbene spesso punito, Dub aveva fatto la sua parte senza lamentarsi.

यद्यपि अक्सर उसे दंडित किया जाता था, लेकिन डब ने बिना किसी शिकायत के अपना काम किया।

La sua spalla ferita peggiorò se non ricevette cure adeguate e non ebbe bisogno di riposo.

बिना देखभाल या आराम के उनका घायल कंधा और भी खराब हो गया।

Alla fine, Hal usò la pistola per porre fine alle sofferenze di Dub.

अंततः, हेल ने डब की पीड़ा को समाप्त करने के लिए रिवॉल्वर का इस्तेमाल किया।

Un detto comune afferma che i cani normali muoiono se vengono nutriti con razioni di husky.

एक आम कहावत है कि सामान्य कुत्ते हस्की राशन पर मर जाते हैं।

I sei nuovi compagni di Buck avevano ricevuto solo metà della quota di cibo riservata all'husky.

बक के छह नए साथियों को हस्की के हिस्से का केवल आधा भोजन मिला।

Il Terranova morì per primo, seguito dai tre cani da caccia a pelo corto.

सबसे पहले न्यूफाउंडलैंड की मृत्यु हुई, उसके बाद तीन छोटे बालों वाले पॉइंटर्स की।

I due bastardi resistettero più a lungo ma alla fine morirono come gli altri.

दोनों संकर मादाएं काफी समय तक जीवित रहीं, लेकिन अंततः बाकी की तरह उनकी भी मृत्यु हो गई।

Ormai tutti i comfort e la gentilezza del Southland erano scomparsi.

इस समय तक, साउथलैंड की सभी सुविधाएं और सौम्यता समाप्त हो चुकी थी।

Le tre persone avevano perso le ultime tracce della loro educazione civile.

तीनों लोगों ने अपने सभ्य पालन-पोषण के अंतिम निशान मिटा दिए थे।

Spogliato di glamour e romanticismo, il viaggio nell'Artico è diventato brutalmente reale.

ग्लैमर और रोमांस से रहित, आर्कटिक यात्रा क्रूर रूप से वास्तविक हो गई।

Era una realtà troppo dura per il loro senso di virilità e femminilità.

यह वास्तविकता उनके पुरुषत्व और नारीत्व की भावना के लिए बहुत कठोर थी।

Mercedes non piangeva più per i cani, ma piangeva solo per se stessa.

मर्सीडीज अब कुत्तों के लिए नहीं रोती थी, बल्कि केवल अपने लिए रोती थी।

Trascorreva il tempo piangendo e litigando con Hal e Charles.

वह अपना समय हैल और चार्ल्स के साथ रोते और झगड़ते हुए बिताती थी।

Litigare era l'unica cosa per cui non si stancavano mai.

झगड़ा करना एक ऐसा काम था जिसे करने से वे कभी थकते नहीं थे।

La loro irritabilità derivava dalla miseria, cresceva con essa e la superava.

उनका चिड़चिड़ापन दुःख से आया, उसके साथ बढ़ता गया, और उससे आगे निकल गया।

La pazienza del cammino, nota a coloro che faticano e soffrono con generosità, non è mai arrivata.

पथ पर चलने का धैर्य, जो उन लोगों को ज्ञात है जो दयालुता से परिश्रम करते हैं और कष्ट सहते हैं, कभी नहीं आया।

Quella pazienza che rende dolce la parola nonostante il dolore, era a loro sconosciuta.

वह धैर्य, जो कष्ट में भी वाणी को मधुर बनाये रखता है, उन्हें ज्ञात नहीं था।

Non avevano alcun briciolo di pazienza, nessuna forza derivante dalla sofferenza con grazia.

उनमें धैर्य का कोई चिह्न नहीं था, न ही अनुग्रहपूर्वक कष्ट सहने की शक्ति थी।

Erano irrigiditi dal dolore: dolori nei muscoli, nelle ossa e nel cuore.

वे दर्द से अकड़ गए थे - उनकी मांसपेशियों, हड्डियों और दिल में दर्द हो रहा था।

Per questo motivo, divennero taglienti nella lingua e pronti a pronunciare parole dure.

इस कारण वे तीखे वचन बोलने वाले और कठोर वचन बोलने में तेज हो गये।

Ogni giorno iniziava e finiva con voci arrabbiate e lamentele amare.

प्रत्येक दिन गुस्से भरी आवाज़ों और कटु शिकायतों के साथ शुरू और ख़त्म होता था।

Charles e Hal litigavano ogni volta che Mercedes ne dava loro l'occasione.

जब भी मर्सिडीज़ को मौका मिलता, चार्ल्स और हैल झगड़ने लगते।

Ogni uomo credeva di aver fatto più del dovuto.

प्रत्येक व्यक्ति का मानना था कि उसने अपने हिस्से से अधिक काम किया है।

Nessuno dei due ha mai perso l'occasione di dirlo, ancora e ancora.

दोनों ने ऐसा कहने का कोई मौका नहीं छोड़ा, बार-बार।

A volte Mercedes si schierava con Charles, a volte con Hal.

कभी मर्सिडीज चार्ल्स का पक्ष लेती, कभी हैल का।

Ciò portò a una grande e infinita lite tra i tre.

इससे तीनों के बीच बड़ा और अंतहीन झगड़ा शुरू हो गया।

La disputa su chi dovesse tagliare la legna da ardere divenne incontrollabile.

जलाऊ लकड़ी कौन काटेगा, इस पर विवाद नियंत्रण से बाहर हो गया।

Ben presto vennero nominati padri, madri, cugini e parenti defunti.

जल्द ही, पिता, माता, चचेरे भाई-बहन और मृत रिश्तेदारों के नाम भी घोषित कर दिए गए।

Le opinioni di Hal sull'arte o sulle opere teatrali di suo zio divennero parte della lotta.

कला या अपने चाचा के नाटकों पर हैल के विचार लड़ाई का हिस्सा बन गए।

Anche le convinzioni politiche di Carlo entrarono nel dibattito.

चार्ल्स की राजनीतिक मान्यताएं भी बहस में शामिल हो गईं।

Per Mercedes, perfino i pettegolezzi della sorella del marito sembravano rilevanti.

मर्सिडीज को तो अपने पति की बहन की गपशप भी प्रासंगिक लगती थी।

Espresse la sua opinione su questo e su molti dei difetti della famiglia di Charles.

उन्होंने इस विषय पर तथा चार्ल्स के परिवार की अनेक खामियों पर अपनी राय व्यक्त की।

Mentre discutevano, il fuoco rimase spento e l'accampamento mezzo allestito.

जब वे बहस कर रहे थे, तब आग बुझी हुई थी और शिविर आधा तैयार था।

Nel frattempo i cani erano rimasti infreddoliti e senza cibo.

इस बीच, कुत्ते ठंड से ठिठुरते रहे और उन्हें भोजन भी नहीं मिला।

Mercedes nutriva un risentimento che considerava profondamente personale.

मर्सिडीज़ के पास एक शिकायत थी जिसे वह बेहद निजी मानती थी।

Si sentiva maltrattata in quanto donna e le venivano negati i suoi gentili privilegi.

उन्होंने महसूस किया कि एक महिला के रूप में उनके साथ दुर्व्यवहार किया गया तथा उन्हें विशेषाधिकारों से वंचित रखा गया।

Era carina e gentile, e per tutta la vita era stata abituata alla cavalleria.

वह सुन्दर और कोमल थी, तथा जीवन भर शिष्टता से काम लेती रही।

Ma suo marito e suo fratello ora la trattavano con impazienza.

लेकिन अब उसके पति और भाई उसके साथ अधीरता से पेश आने लगे।

Aveva l'abitudine di comportarsi in modo impotente e loro cominciarono a lamentarsi.

उसकी आदत असहाय होने का नाटक करने की थी, और वे शिकायत करने लगे।

Offesa da ciò, rese loro la vita ancora più difficile.

इससे नाराज होकर उसने उनका जीवन और भी कठिन बना दिया।

Ignorò i cani e insistette per guidare lei stessa la slitta.

उसने कुत्तों की उपेक्षा की और स्वयं स्लेज की सवारी करने पर जोर दिया।

Sebbene sembrasse esile, pesava centoventi libbre (circa quaranta chili).

यद्यपि वह देखने में गोरी थी, परन्तु उसका वजन एक सौ बीस पाउंड था।

Quel peso aggiuntivo era troppo per i cani affamati e deboli.

भूखे, कमज़ोर कुत्तों के लिए यह अतिरिक्त बोझ बहुत ज़्यादा था।

Nonostante ciò, continuò a cavalcare per giorni, finché i cani non crollarono nelle redini.

फिर भी, वह कई दिनों तक घुड़सवारी करती रही, जब तक कि कुत्ते लगाम में फंसकर थक नहीं गए।

La slitta si fermò e Charles e Hal la implorarono di proseguire a piedi.

स्लेज वहीं खड़ी रही और चार्ल्स और हैल ने उससे चलने की विनती की।

Loro la implorarono e la scongiurarono, ma lei pianse e li definì crudeli.

उन्होंने बहुत विनती की, अनुनय-विनय की, लेकिन वह रोती रही और उन्हें क्रूर कहती रही।

In un'occasione, la tirarono giù dalla slitta con pura forza e rabbia.

एक अवसर पर, उन्होंने उसे बहुत बल और क्रोध के साथ स्लेज से नीचे खींच लिया।

Dopo quello che accadde quella volta non ci riprovarono più.

उस बार जो हुआ उसके बाद उन्होंने दोबारा कभी प्रयास नहीं किया।

Si accasciò come una bambina viziata e si sedette nella neve.

वह एक बिगड़ैल बच्चे की तरह लंगड़ाती हुई बर्फ में बैठ गयी।

Continuarono a muoversi, ma lei si rifiutò di alzarsi o di seguirli.

वे आगे बढ़ गए, लेकिन उसने उठने या उनके पीछे आने से इनकार कर दिया।

Dopo tre miglia si fermarono, tornarono indietro e la riportarono indietro.

तीन मील चलने के बाद वे रुके, वापस लौटे और उसे वापस ले गए।

La ricaricarono sulla slitta, usando ancora una volta la forza bruta.

उन्होंने पुनः पूरी ताकत लगाकर उसे स्लेज पर लाद दिया।

Nella loro profonda miseria, erano insensibili alla sofferenza dei cani.

अपनी गहरी व्यथा में वे कुत्तों की पीड़ा के प्रति उदासीन थे।

Hal credeva che fosse necessario indurirsi e impose questa convinzione agli altri.

हैल का मानना था कि व्यक्ति को कठोर होना चाहिए और उसने यह विश्वास दूसरों पर भी थोपा।

Inizialmente ha cercato di predicare la sua filosofia a sua sorella

उन्होंने सबसे पहले अपनी बहन को अपना दर्शनशास्त्र समझाने की कोशिश की।

e poi, senza successo, predicò al cognato.

और फिर, सफलता न मिलने पर, उसने अपने बहनोई को उपदेश दिया।

Ebbe più successo con i cani, ma solo perché li ferì.

कुत्तों के साथ उसे अधिक सफलता मिली, लेकिन केवल इसलिए क्योंकि उसने उन्हें चोट पहुंचाई थी।

Da Five Fingers, il cibo per cani è rimasto completamente vuoto.

फाइव फिंगर्स में कुत्तों के लिए भोजन पूरी तरह से ख़त्म हो गया।

Una vecchia squaw sdentata vendette qualche chilo di pelle di cavallo congelata

एक दंतहीन बूढ़ी महिला ने कुछ पाउंड जमे हुए घोड़े की खाल बेची

Hal scambiò la sua pistola con la pelle di cavallo secca.

हैल ने अपनी रिवाल्वर को सूखे घोड़े की खाल के बदले बेच दिया।

La carne proveniva dai cavalli affamati di allevatori di bovini, morti mesi prima.

यह मांस महीनों पहले भूखे पशुपालकों के घोड़ों से लाया गया था।

Congelata, la pelle era come ferro zincato: dura e immangiabile.

जमने पर चमड़ा लोहे की तरह सख्त और अखाद्य हो गया था।

Per riuscire a mangiarla, i cani dovevano masticare la pelle senza sosta.

कुत्तों को खाल को खाने के लिए उसे लगातार चबाना पड़ा।

Ma le corde coriacee e i peli corti non erano certo un nutrimento.

लेकिन चमड़े की डोरियाँ और छोटे बाल पोषण के लिए बिलकुल भी उपयुक्त नहीं थे।

La maggior parte della pelle era irritante e non era cibo in senso stretto.

खाल का अधिकांश भाग परेशान करने वाला था, तथा सही मायनों में भोजन नहीं था।

E nonostante tutto, Buck barcollava davanti a tutti, come in un incubo.

और इस सबके बीच, बक किसी बुरे सपने की तरह आगे की ओर लड़खड़ाता रहा।

Quando poteva, tirava; quando non poteva, restava lì finché non veniva sollevato dalla frusta o dal bastone.

जब सक्षम होता तो वह खींचता था; जब सक्षम नहीं होता तो तब तक लेटा रहता था जब तक चाबुक या डंडे से उसे उठाया नहीं जाता था।

Il suo pelo fine e lucido aveva perso tutta la rigidità e la lucentezza di un tempo.

उसके सुन्दर, चमकदार बालों की सारी कठोरता और चमक खत्म हो गई थी।

I suoi capelli erano flosci, spettinati e pieni di sangue rappreso a causa dei colpi.

उसके बाल लटक रहे थे, उलझे हुए थे, और मार से सूखे खून से जम गए थे।

I suoi muscoli si ridussero a midolli e i cuscinetti di carne erano tutti consumati.

उसकी मांसपेशियाँ सिकुड़कर तार जैसी हो गयी थीं, और उसकी मांस-तंतु सब घिस गये थे।

Ogni costola, ogni osso erano chiaramente visibili attraverso le pieghe della pelle rugosa.

प्रत्येक पसली, प्रत्येक हड्डी झुर्रीदार त्वचा की तहों के माध्यम से स्पष्ट रूप से दिखाई दे रही थी।

Fu straziante, ma il cuore di Buck non riuscì a spezzarsi.

यह हृदय विदारक था, फिर भी बक का दिल नहीं टूट सका।

L'uomo con il maglione rosso lo aveva testato e dimostrato molto tempo prima.

लाल स्वेटर वाले व्यक्ति ने बहुत पहले ही इसका परीक्षण कर लिया था और इसे सिद्ध भी कर दिया था।

Così come accadde a Buck, accadde anche a tutti i suoi compagni di squadra rimasti.

जैसा बक के साथ हुआ, वैसा ही उसके सभी शेष साथियों के साथ भी हुआ।

Ce n'erano sette in totale, ognuno uno scheletro ambulante di miseria.

कुल सात लोग थे, जिनमें से प्रत्येक दुख का चलता-फिरता कंकाल था।

Erano diventati insensibili alle fruste e sentivano solo un dolore distante.

वे कोड़ों के प्रति सुन्न हो गए थे, केवल दूर का दर्द ही महसूस कर रहे थे।

Anche la vista e i suoni li raggiungevano debolmente, come attraverso una fitta nebbia.

यहां तक कि दृश्य और ध्वनि भी उन तक धुंधले रूप से पहुंचती थी, जैसे घने कोहरे के माध्यम से।

Non erano mezzi vivi: erano ossa con deboli scintille al loro interno.

वे आधे जीवित नहीं थे - वे हड्डियाँ थीं जिनके अन्दर मंद चिंगारियाँ थीं।

Una volta fermati, crollarono come cadaveri, con le scintille quasi del tutto spente.

जब उन्हें रोका गया तो वे लाशों की तरह गिर पड़े, उनकी चिंगारियां लगभग खत्म हो गईं।

E quando la frusta o il bastone colpivano di nuovo, le scintille sfarfallavano debolmente.

और जब चाबुक या डंडा दोबारा मारा जाता तो चिंगारियां कमजोर ढंग से फड़फड़ातीं।

Poi si alzarono, barcollarono in avanti e trascinarono le loro membra in avanti.

फिर वे उठे, लड़खड़ाते हुए आगे बढ़े और अपने अंगों को घसीटते हुए आगे बढ़े।

Un giorno il gentile Billee cadde e non riuscì più a rialzarsi.

एक दिन दयालु बिली गिर पड़ी और फिर उठ न सकी।

Hal aveva scambiato la sua pistola con quella di Billee, così decise di ucciderla con un'ascia.

हैल ने अपनी रिवाल्वर बेच दी थी, इसलिए उसने बिली को मारने के लिए कुल्हाड़ी का इस्तेमाल किया।

Lo colpì alla testa, poi gli tagliò il corpo e lo trascinò via.

उसने उसके सिर पर वार किया, फिर उसके शरीर को काटकर अलग कर दिया और उसे घसीटकर ले गया।

Buck se ne accorse, e così fecero anche gli altri: sapevano che la morte era vicina.

बक ने यह देखा, और अन्य लोगों ने भी; वे जानते थे कि मृत्यु निकट है।

Il giorno dopo Koona se ne andò, lasciando solo cinque cani nel gruppo affamato.

अगले दिन कूना चला गया, और भूखे दल में केवल पांच कुत्ते रह गए।

Joe, non più cattivo, era ormai troppo fuori di sé per rendersi conto di nulla.

जो अब दुष्ट नहीं रहा, वह इतना दूर चला गया था कि उसे कुछ भी पता नहीं था।

Pike, ormai non fingeva più di essere ferito, era appena cosciente.

पाइक अब चोट का नाटक नहीं कर रहा था, वह लगभग बेहोश था।

Solleks, ancora fedele, si rammaricava di non avere più la forza di dare.

सोलेक्स, जो अभी भी वफादार था, शोक मनाता रहा कि उसके पास देने के लिए कोई ताकत नहीं थी।

Teek fu battuto più di tutti perché era più fresco, ma stava calando rapidamente.

टीक को सबसे अधिक इसलिए हराया गया क्योंकि वह नया था, लेकिन तेजी से कमजोर होता जा रहा था।

E Buck, ancora in testa, non mantenne più l'ordine né lo fece rispettare.

और बक, जो अभी भी नेतृत्व में था, अब न तो व्यवस्था बनाए रखता था और न ही उसे लागू करता था।

Mezzo accecato dalla debolezza, Buck seguì la pista solo a tentoni.

कमजोरी के कारण आधा अंधा होकर बक अकेले ही मार्ग का अनुसरण करता रहा।

Era una bellissima primavera, ma nessuno di loro se ne accorse.

मौसम बहुत सुंदर था, लेकिन किसी ने इस पर ध्यान नहीं दिया।

Ogni giorno il sole sorgeva prima e tramontava più tardi.

प्रत्येक दिन सूर्य पहले की अपेक्षा पहले उदय होता था और बाद में अस्त होता था।

Alle tre del mattino era già spuntata l'alba; il crepuscolo durò fino alle nove.

सुबह तीन बजे तक भोर हो गई, तथा अँधेरा नौ बजे तक जारी रहा।

Le lunghe giornate erano illuminate dal sole primaverile.

लम्बे दिन वसंत की धूप की पूरी चमक से भरे हुए थे।

Il silenzio spettrale dell'inverno si era trasformato in un caldo mormorio.

सर्दियों की भूतिया खामोशी एक गर्म बड़बड़ाहट में बदल गई थी।

Tutta la terra si stava svegliando, animata dalla gioia degli esseri viventi.

सारी धरती जाग रही थी, जीवित प्राणियों के आनंद से जीवंत।

Il suono proveniva da ciò che era rimasto morto e immobile per tutto l'inverno.

यह ध्वनि उस चीज़ से आ रही थी जो सर्दियों के दौरान मृत और स्थिर पड़ी थी।

Ora quelle cose si mossero di nuovo, scrollandosi di dosso il lungo sonno del gelo.

अब, वे चीजें फिर से हिलने लगीं, जिससे लम्बी ठंडी नींद टूट गई।

La linfa saliva attraverso i tronchi scuri dei pini in attesa.

प्रतीक्षारत देवदार के पेड़ों के काले तनों से रस निकल रहा था।

Salici e pioppi tremuli fanno sbocciare giovani gemme luminose su ogni ramoscello.

विलो और ऐस्पन की प्रत्येक टहनी पर चमकीली युवा कलियाँ फूटती हैं।
Arbusti e viti si tingono di un verde fresco mentre il bosco si anima.

जंगल जीवंत हो गया और झाड़ियाँ और लताएँ हरी हो गईं।
Di notte i grilli cantavano e di giorno gli insetti strisciavano nella luce del sole.

रात में झींगुर चहचहाते थे और दिन के उजाले में कीड़े रेंगते थे।
Le pernici gridavano e i picchi picchiavano in profondità tra gli alberi.

तीतरों की दहाड़ सुनाई दी और कठफोड़वे पेड़ों की गहराई में दस्तक देने लगे।
Gli scoiattoli chiacchieravano, gli uccelli cantavano e le oche starnazzavano per richiamare l'attenzione dei cani.

गिलहरियाँ चहचहा रही थीं, पक्षी गा रहे थे, और हंस कुत्तों के ऊपर भौंक रहे थे।
Gli uccelli selvatici arrivavano a cunei affilati, volando in alto da sud.

जंगली पक्षी तीखे पंखों के साथ दक्षिण दिशा से उड़ते हुए आये।
Da ogni pendio giungeva la musica di ruscelli nascosti e impetuosi.

हर पहाड़ी से छुपी हुई, तेज़ बहती धाराओं का संगीत आ रहा था।
Tutto si scongelava e si spezzava, si piegava e ricominciava a muoversi.

सभी चीजें पिघल गईं, टूट गईं, मुड़ गईं और पुनः गति में आ गईं।
Lo Yukon si sforzò di spezzare le fredde catene del ghiaccio ghiacciato.

युकोन ने जमी हुई बर्फ की शीत श्रृंखलाओं को तोड़ने के लिए कड़ी मेहनत की।
Il ghiaccio si scioglieva sotto, mentre il sole lo scioglieva dall'alto.

बर्फ नीचे से पिघल रही थी, जबकि सूरज उसे ऊपर से पिघला रहा था।

Si aprirono dei buchi, si allargarono delle crepe e dei pezzi caddero nel fiume.

हवा के छिद्र खुल गए, दरारें फैल गईं और टुकड़े नदी में गिरने लगे।

In mezzo a tutta questa vita sfrenata e sfrenata, i viaggiatori barcollavano.

इस भागदौड़ भरी जिंदगी के बीच यात्री लड़खड़ा रहे थे।

Due uomini, una donna e un branco di husky camminavano come morti.

दो पुरुष, एक महिला और हस्की (एक प्रकार का पक्षी) का एक झुंड मरे हुए लोगों की तरह चल रहे थे।

I cani cadevano, Mercedes piangeva, ma continuava a guidare la slitta.

कुत्ते गिर रहे थे, मर्सिडीज रो रही थी, लेकिन फिर भी स्लेज पर सवार थी।

Hal imprecò debolmente e Charles sbatté le palpebre con gli occhi lacrimanti.

हैल ने कमजोर स्वर में कोसा और चार्ल्स ने नम आंखों से पलकें झपकाईं।

Si imbatterono nell'accampamento di John Thornton, nei pressi della foce del White River.

वे व्हाइट नदी के मुहाने पर जॉन थॉर्नटन के शिविर में पहुंचे।

Quando si fermarono, i cani caddero a terra, come se fossero stati tutti colpiti a morte.

जब वे रुके तो कुत्ते नीचे गिर पड़े, मानो सभी मर गए हों।

Mercedes si asciugò le lacrime e guardò John Thornton.

मर्सिडीज ने अपने आँसू पोंछे और जॉन थॉर्नटन की ओर देखा।

Charles si sedette su un tronco, lentamente e rigidamente, dolorante per il sentiero.

चार्ल्स एक लकड़ी के लट्ठे पर धीरे-धीरे और अकड़कर बैठा, उसे रास्ते में दर्द हो रहा था।

Hal parlava mentre Thornton intagliava l'estremità del manico di un'ascia.

हैल ने बात की, जबकि थॉर्नटन ने कुल्हाड़ी के हैंडल का अंत तराशा।

Tagliò il legno di betulla e rispose con frasi brevi e decise.

उसने सन्टी की लकड़ी को छीला और संक्षिप्त, दृढ़ उत्तर दिया।

Quando gli veniva chiesto, dava un consiglio, certo che non sarebbe stato seguito.

जब उनसे पूछा गया तो उन्होंने सलाह दी, लेकिन उन्हें यकीन था कि इसका पालन नहीं किया जाएगा।

Hal spiegò: "Ci avevano detto che il ghiaccio lungo la pista si stava staccando".

हैल ने बताया, "उन्होंने हमें बताया कि रास्ते से बर्फ पिघल रही है।"

"Ci avevano detto che dovevamo restare fermi, ma siamo arrivati a White River."

"उन्होंने कहा कि हमें यहीं रुकना चाहिए - लेकिन हम व्हाइट रिवर तक पहुंच गए।"

Concluse con un tono beffardo, come per cantare vittoria nelle difficoltà.

उन्होंने व्यंग्यात्मक लहजे में अपनी बात समाप्त की, मानो कठिनाई में विजय का दावा कर रहे हों।

"E ti hanno detto la verità", rispose John Thornton a bassa voce ad Hal.

"और उन्होंने तुम्हें सच बताया," जॉन थॉर्नटन ने हैल को शांति से उत्तर दिया।

"Il ghiaccio potrebbe cedere da un momento all'altro: è pronto a staccarsi."

"बर्फ किसी भी क्षण टूट सकती है - यह गिरने के लिए तैयार है।"

"Solo la fortuna cieca e gli sciocchi avrebbero potuto arrivare vivi fin qui."

"केवल अंधे भाग्य और मूर्ख ही इतनी दूर तक जीवित बच सकते थे।"

"Te lo dico senza mezzi termini: non rischierei la vita per tutto l'oro dell'Alaska."

"मैं आपको स्पष्ट रूप से बताता हूं, मैं अलास्का के सारे सोने के लिए अपनी जान जोखिम में नहीं डालूंगा।"

"Immagino che tu non sia uno stupido", rispose Hal.

"ऐसा इसलिए है क्योंकि आप मूर्ख नहीं हैं, मुझे लगता है," हैल ने उत्तर दिया।

"Comunque, andiamo avanti con Dawson." Srotolò la frusta.

"फिर भी, हम डाउसन की ओर चलेंगे।" उसने अपना चाबुक निकाला।

"Sali, Buck! Ehi! Alzati! Forza!" urlò con voce roca.

"वहाँ चढ़ जाओ, बक! हाय! उठो! चलो!" वह कठोरता से चिल्लाया।

Thornton continuò a intagliare, sapendo che gli sciocchi non volevano sentire ragioni.

थॉर्नटन लगातार नक्काशी करते रहे, क्योंकि उन्हें पता था कि मूर्ख लोग तर्क नहीं सुनेंगे।

Fermare uno stupido era inutile, e due o tre stupidi non cambiavano nulla.

एक मूर्ख को रोकना व्यर्थ था - और दो या तीन बार मूर्ख बनाये जाने से कुछ नहीं बदलता।

Ma la squadra non si mosse al suono del comando di Hal.

लेकिन हैल के आदेश पर भी टीम आगे नहीं बढ़ी।

Ormai solo i colpi potevano farli sollevare e avanzare.

अब तक केवल प्रहार से ही उन्हें उठाया जा सकता था और आगे खींचा जा सकता था।

La frusta schioccava ripetutamente sui cani indeboliti.

कमज़ोर कुत्तों पर बार-बार चाबुक बरसाया गया।

John Thornton strinse forte le labbra e osservò in silenzio.

जॉन थॉर्नटन ने अपने होठों को कसकर दबाया और चुपचाप देखता रहा।

Solleks fu il primo a rialzarsi sotto la frusta.

सोलेक्स कोड़े की मार के नीचे रेंगकर अपने पैरों पर खड़ा होने वाला पहला व्यक्ति था।

Poi Teek lo seguì, tremando. Joe urlò mentre barcollava.

फिर टीक कांपता हुआ उसके पीछे आया। जो लड़खड़ाते हुए उठा और चिल्लाया।

Pike cercò di alzarsi, fallì due volte, poi alla fine si rialzò barcollando.

पाइक ने उठने की कोशिश की, दो बार असफल रहा, फिर अंततः अस्थिर होकर खड़ा हो गया।

Ma Buck rimase lì dov'era caduto, senza muoversi affatto.

लेकिन बक वहीं पड़ा रहा जहां वह गिरा था, इस बार वह बिल्कुल भी नहीं हिला।

La frusta lo colpì più volte, ma lui non emise alcun suono.

कोड़े ने उसे बार-बार मारा, लेकिन उसने कोई आवाज नहीं की।

Lui non sussultò né oppose resistenza, rimase semplicemente immobile e in silenzio.

वह न तो झुका और न ही प्रतिरोध किया, बस शांत और स्थिर रहा।

Thornton si mosse più di una volta, come per dire qualcosa, ma non lo fece.

थॉर्नटन एक से अधिक बार हिला, मानो बोलना चाहता हो, लेकिन बोला नहीं।

I suoi occhi si inumidirono, ma la frusta continuava a schioccare contro Buck.

उसकी आँखें नम हो गईं, और फिर भी कोड़ा बक पर टूट पड़ा।

Alla fine Thornton cominciò a camminare lentamente, incerto sul da farsi.

अंततः थॉर्नटन धीरे-धीरे चलने लगा, उसे समझ में नहीं आ रहा था कि क्या करे।

Era la prima volta che Buck falliva e Hal si infuriò.

यह पहली बार था जब बक असफल हुआ था, और हैल क्रोधित हो गया।

Gettò via la frusta e prese al suo posto il pesante manganello.

उसने चाबुक फेंक दिया और उसकी जगह भारी डंडा उठा लिया।

La mazza di legno colpì con violenza, ma Buck non si alzò per muoversi.

लकड़ी का डंडा जोर से नीचे गिरा, लेकिन बक फिर भी हिलने के लिए नहीं उठा।

Come i suoi compagni di squadra, era troppo debole, ma non solo.

अपने साथियों की तरह वह भी बहुत कमज़ोर था - लेकिन उससे भी अधिक।

Buck aveva deciso di non muoversi, qualunque cosa accadesse.

बक ने निर्णय कर लिया था कि वह आगे नहीं बढ़ेगा, चाहे आगे कुछ भी हो।

Sentì qualcosa di oscuro e sicuro incombere proprio davanti a sé.

उसे लगा कि कुछ अंधकारमय और निश्चित चीज़ उसके सामने ही मँडरा रही है।

Quel terrore lo aveva colto non appena aveva raggiunto la riva del fiume.

नदी किनारे पहुंचते ही उस भय ने उसे जकड़ लिया।

Quella sensazione non lo aveva abbandonato da quando aveva sentito il ghiaccio assottigliarsi sotto le zampe.

जब से उसने अपने पंजों के नीचे बर्फ की पतली परत को महसूस किया था, तब से यह एहसास उसके अंदर से खत्म नहीं हुआ था।

Qualcosa di terribile lo stava aspettando: lo sentiva proprio lungo il sentiero.

कुछ भयानक चीज़ उसकी प्रतीक्षा कर रही थी - उसे यह अहसास रास्ते के नीचे ही हुआ।

Non avrebbe camminato verso quella cosa terribile davanti a lui

वह उस भयानक चीज़ की ओर नहीं जा रहा था जो आगे आने वाली थी

Non avrebbe obbedito a nessun ordine che lo avrebbe condotto a quella cosa.

वह किसी भी आदेश का पालन नहीं करने वाला था जो उसे उस चीज़ तक ले जाता।

Ormai il dolore dei colpi non lo sfiorava più: era troppo stanco.

अब उसे मार का दर्द भी महसूस नहीं हो रहा था - वह बहुत दूर जा चुका था।

La scintilla della vita tremolava lentamente, affievolita da ogni colpo crudele.

जीवन की चिंगारी धीमी गति से टिमटिमा रही थी, प्रत्येक क्रूर प्रहार के नीचे मंद पड़ रही थी।

Gli arti gli sembravano distanti; tutto il corpo sembrava appartenere a un altro.

उसके अंग दूर-दूर लग रहे थे; उसका पूरा शरीर किसी और का लग रहा था।

Sentì uno strano torpore mentre il dolore scompariva completamente.

जैसे ही दर्द पूरी तरह खत्म हुआ, उसे एक अजीब सी सुन्नता महसूस हुई।

Da lontano, sentiva che lo stavano picchiando, ma non se ne rendeva conto.

दूर से उसे महसूस हो गया कि उसे पीटा जा रहा है, लेकिन उसे इसका पता नहीं चला।

Poteva udire debolmente i tonfi, ma ormai non gli facevano più male.

वह धमाकों की हल्की आवाज सुन सकता था, लेकिन अब उनसे कोई वास्तविक चोट नहीं लगती थी।

I colpi andarono a segno, ma il suo corpo non sembrava più il suo.

वार तो हुए, लेकिन उसका शरीर अब उसका अपना नहीं लग रहा था।

Poi, all'improvviso, senza alcun preavviso, John Thornton lanciò un grido selvaggio.

तभी अचानक, बिना किसी चेतावनी के, जॉन थॉर्नटन ने जोर से चीख मारी।

Era inarticolato, più il grido di una bestia che di un uomo.

यह अस्पष्ट थी, मनुष्य की नहीं, बल्कि पशु की चीख थी।

Si lanciò sull'uomo con la mazza e fece cadere Hal all'indietro.

वह डंडा लिए हुए आदमी पर झपटा और हैल को पीछे की ओर गिरा दिया।
Hal volò come se fosse stato colpito da un albero, atterrando pesantemente al suolo.

हैल ऐसे उड़ा जैसे किसी पेड़ से टकराया हो, और जोर से ज़मीन पर गिरा।
Mercedes urlò a gran voce in preda al panico e si portò le mani al viso.

मर्सिडीज़ घबराहट में जोर से चिल्लाई और अपना चेहरा पकड़ लिया।
Charles si limitò a guardare, si asciugò gli occhi e rimase seduto.

चार्ल्स केवल देखता रहा, अपनी आंखें पोंछता रहा और बैठा रहा।
Il suo corpo era troppo irrigidito dal dolore per alzarsi o contribuire alla lotta.

उसका शरीर दर्द से इतना अकड़ गया था कि वह उठ नहीं सका या लड़ाई में मदद नहीं कर सका।
Thornton era in piedi davanti a Buck, tremante di rabbia, incapace di parlare.

थॉर्नटन बक के पास खड़ा था, क्रोध से कांप रहा था, बोल नहीं पा रहा था।
Tremava di rabbia e lottò per trovare la voce.

वह क्रोध से कांप उठा और अपनी आवाज निकालने की कोशिश करने लगा।
"Se colpisci ancora quel cane, ti uccido", disse infine.

अंत में उसने कहा, "अगर तुमने उस कुत्ते पर दोबारा हमला किया तो मैं तुम्हें मार डालूंगा।"
Hal si asciugò il sangue dalla bocca e tornò avanti.

हैल ने अपने मुंह से खून पोंछा और पुनः आगे आया।
"È il mio cane", borbottò. "Togliti di mezzo o ti sistemo io."

"यह मेरा कुत्ता है," वह बुदबुदाया। "रास्ते से हट जाओ, नहीं तो मैं तुम्हें मार डालूँगा।"
"Vado da Dawson e tu non mi fermerai", ha aggiunto.

उन्होंने कहा, "मैं डाउसन जा रहा हूं और आप मुझे रोक नहीं रहे हैं।"
Thornton si fermò tra Buck e il giovane arrabbiato.

बक और क्रोधित युवक के बीच थॉर्नटन मजबूती से खड़ा रहा।
Non aveva alcuna intenzione di farsi da parte o di lasciar
passare Hal.

उसका एक तरफ हटने या हैल को जाने देने का कोई इरादा नहीं था।
Hal tirò fuori il suo coltello da caccia, lungo e pericoloso
nella sua mano.

हैल ने अपना शिकार करने वाला चाकू निकाला, जो हाथ में लम्बा और
खतरनाक था।
Mercedes urlò, poi pianse, poi rise in preda a un'isteria
selvaggia.

मर्सिडीज पहले चीखी, फिर रोई, फिर उन्माद में हंसने लगी।
Thornton colpì la mano di Hal con il manico dell'ascia, con
forza e rapidità.

थॉर्नटन ने अपनी कुल्हाड़ी के हैंडल से हैल के हाथ पर जोरदार और तेज
प्रहार किया।
Il coltello si liberò dalla presa di Hal e volò a terra.

चाकू हेल की पकड़ से छूटकर ज़मीन पर गिर गया।
Hal cercò di raccogliere il coltello, ma Thornton gli batté di
nuovo le nocche.

हैल ने चाकू उठाने की कोशिश की, और थॉर्नटन ने फिर से उसकी
अंगुलियों पर थपकी दी।
Poi Thornton si chinò, afferrò il coltello e lo tenne fermo.

तभी थॉर्नटन नीचे झुका, चाकू पकड़ लिया और उसे पकड़ लिया।
Con due rapidi colpi del manico dell'ascia, tagliò le redini di
Buck.

कुल्हाड़ी के हैंडल के दो तेज वार से उसने बक की लगाम काट दी।
Hal non aveva più voglia di combattere e si allontanò dal
cane.

हैल में लड़ने की कोई क्षमता नहीं बची थी और वह कुत्ते से पीछे हट गया।

Inoltre, ora Mercedes aveva bisogno di entrambe le braccia per restare in piedi.

इसके अलावा, मर्सिडीज को अब सीधा खड़े रहने के लिए दोनों हाथों की जरूरत थी।

Buck era troppo vicino alla morte per poter nuovamente tirare la slitta.

बक मौत के इतने करीब था कि वह फिर से स्लेज खींचने के काम में नहीं आ सका।

Pochi minuti dopo, ripartirono, dirigendosi verso il fiume.

कुछ मिनट बाद वे नदी की ओर बढ़ चले।

Buck sollevò debolmente la testa e li guardò lasciare la banca.

बक ने कमज़ोरी से अपना सिर उठाया और उन्हें बैंक से बाहर जाते हुए देखा।

Pike guidava la squadra, con Solleks dietro al volante.

पाइक ने टीम का नेतृत्व किया, जबकि सोलेक्स व्हील स्पॉट पर सबसे पीछे थे।

Joe e Teek camminavano in mezzo, zoppicando entrambi per la stanchezza.

जो और टीक दोनों ही थकान के कारण लंगड़ाते हुए उनके बीच से गुजरे।

Mercedes si sedette sulla slitta e Hal afferrò la lunga pertica.

मर्सिडीज़ स्लेज पर बैठ गई और हैल ने लंबे जी-पोल को पकड़ लिया।

Charles barcollava dietro di lui, con passi goffi e incerti.

चार्ल्स पीछे से लड़खड़ाता हुआ आया, उसके कदम अनाड़ी और अनिश्चित थे।

Thornton si inginocchiò accanto a Buck e tastò delicatamente per vedere se aveva ossa rotte.

थॉर्नटन बक के पास घुटनों के बल बैठ गया और धीरे से टूटी हड्डियों को छूने लगा।

Le sue mani erano ruvide, ma si muovevano con gentilezza e cura.

उसके हाथ खुरदरे थे, लेकिन दयालुता और देखभाल से चलते थे।
Il corpo di Buck era pieno di lividi, ma non presentava lesioni permanenti.

बक के शरीर पर चोटें थीं, लेकिन कोई स्थायी चोट नहीं थी।
Ciò che restava era una fame terribile e una debolezza quasi totale.

जो बचा वह था भयंकर भूख और लगभग पूर्ण कमजोरी।
Quando la situazione fu più chiara, la slitta era già andata molto a valle.

जब तक यह बात स्पष्ट हुई, स्लेज नदी में काफी दूर जा चुकी थी।
L'uomo e il cane osservavano la slitta avanzare lentamente sul ghiaccio che si rompeva.

आदमी और कुत्ते ने स्लेज को धीरे-धीरे टूटती बर्फ पर रेंगते हुए देखा।
Poi videro la slitta sprofondare in una cavità.

तभी उन्होंने देखा कि स्लेज एक गड्ढे में डूब गई।
La pertica volò in alto, ma Hal vi si aggrappò ancora invano.

जी-पोल उड़ गया, और हेल अभी भी व्यर्थ ही उससे चिपका हुआ था।
L'urlo di Mercedes li raggiunse attraverso la fredda distanza.

मर्सिडीज़ की चीख दूर-दूर तक उन तक पहुंची।
Charles si voltò e fece un passo indietro, ma era troppo tardi.

चार्ल्स मुड़ा और पीछे हट गया - लेकिन तब तक बहुत देर हो चुकी थी।
Un'intera calotta di ghiaccio cedette e tutti precipitarono.

पूरी बर्फ की चादर टूट गई और वे सभी नीचे गिर गए।
Cani, slitte e persone scomparvero nelle acque nere sottostanti.

कुत्ते, स्लेज और लोग नीचे काले पानी में गायब हो गए।
Nel punto in cui erano passati era rimasto solo un largo buco nel ghiaccio.

जहां से वे गुजरे थे वहां बर्फ में केवल एक चौड़ा छेद रह गया था।
Il fondo del sentiero era crollato, proprio come aveva previsto Thornton.

पगडंडी का निचला हिस्सा ढह चुका था - ठीक वैसे ही जैसा कि थॉर्नटन ने चेतावनी दी थी।

Thornton e Buck si guardarono l'un l'altro, in silenzio per un momento.

थॉर्नटन और बक एक दूसरे की ओर देखते रहे, एक क्षण के लिए चुप हो गए।

"Povero diavolo", disse Thornton dolcemente, e Buck gli leccò la mano.

"तुम बेचारे शैतान हो," थॉर्नटन ने धीरे से कहा, और बक ने अपना हाथ चाटा।

Per amore di un uomo
एक आदमी के प्यार के लिए

John Thornton si congelò i piedi per il freddo del dicembre precedente.

पिछले दिसंबर की ठंड में जॉन थॉर्नटन के पैर जम गए थे।

I suoi compagni lo fecero sentire a suo agio e lo lasciarono guarire da solo.

उनके सहयोगियों ने उन्हें सहज महसूस कराया और उन्हें अकेले ही ठीक होने के लिए छोड़ दिया।

Risalirono il fiume per raccogliere una zattera di tronchi da sega per Dawson.

वे डाउसन के लिए लकड़ियों का एक बेड़ा इकट्ठा करने नदी पर गए।

Zoppicava ancora leggermente quando salvò Buck dalla morte.

जब उन्होंने बक को मौत से बचाया तब भी वह थोड़ा लंगड़ा रहे थे।

Ma con il persistere del caldo, anche quella zoppia è scomparsa.

लेकिन गर्म मौसम जारी रहने के कारण वह लंगड़ाहट भी गायब हो गई।

Sdraiato sulla riva del fiume durante le lunghe giornate primaverili, Buck si riposò.

लंबे वसंत के दिनों में नदी के किनारे लेटकर बक आराम करता था।

Osservava l'acqua che scorreva e ascoltava gli uccelli e gli insetti.

वह बहते पानी को देखता और पक्षियों और कीड़ों की आवाजें सुनता।

Lentamente Buck riacquistò le forze sotto il sole e il cielo.

धीरे-धीरे, बक ने सूरज और आकाश के नीचे अपनी ताकत वापस पा ली।

Dopo aver viaggiato tremila miglia, riposarsi è stato meraviglioso.

तीन हजार मील की यात्रा के बाद विश्राम अद्भुत लगा।

Buck diventò pigro man mano che le sue ferite guarivano e il suo corpo si riempiva.

जैसे-जैसे उसके घाव भरते गए और शरीर भरता गया, बक आलसी होता गया।

I suoi muscoli si rassodarono e la carne tornò a ricoprire le sue ossa.

उसकी मांसपेशियाँ मजबूत हो गईं और उसकी हड्डियों पर मांस फिर से जम गया।

Stavano tutti riposando: Buck, Thornton, Skeet e Nig.

वे सभी आराम कर रहे थे - बक, थॉर्नटन, स्कीट और निग।

Aspettarono la zattera che li avrebbe portati a Dawson.

वे उस बेड़ा का इंतजार कर रहे थे जो उन्हें डाउसन तक ले जाने वाला था।

Skeet era un piccolo setter irlandese che fece amicizia con Buck.

स्कीट एक छोटा आयरिश सेटर था जिसने बक से दोस्ती कर ली थी।

Buck era troppo debole e malato per resisterle al loro primo incontro.

बक इतना कमजोर और बीमार था कि पहली मुलाकात में उसका विरोध नहीं कर सका।

Skeet aveva la caratteristica di guaritore che alcuni cani possiedono per natura.

स्कीट में उपचारक गुण था जो कुछ कुत्तों में स्वाभाविक रूप से पाया जाता है।

Come una gatta, leccò e pulì le ferite aperte di Buck.

एक माँ बिल्ली की तरह, उसने बक के कच्चे घावों को चाटा और साफ़ किया।

Ogni mattina, dopo colazione, ripeteva il suo attento lavoro.

हर सुबह नाश्ते के बाद, वह अपना सावधानीपूर्वक किया गया काम दोहराती थी।

Buck finì per aspettarsi il suo aiuto tanto quanto quello di Thornton.

बक को थॉर्नटन की तरह ही उससे भी मदद की उम्मीद थी।

Anche Nig era amichevole, ma meno aperto e meno affettuoso.

निग भी मिलनसार था, लेकिन कम खुला और कम स्नेही था।

Nig era un grosso cane nero, in parte segugio e in parte levriero.

निग एक बड़ा काला कुत्ता था, जो आंशिक रूप से ब्लडहाउंड और आंशिक रूप से डियरहाउंड था।

Aveva occhi sorridenti e un'infinita bontà d'animo.

उसकी आँखें हँसती थीं और आत्मा में असीम अच्छा स्वभाव था।

Con sorpresa di Buck, nessuno dei due cani mostrò gelosia nei suoi confronti.

बक को आश्चर्य हुआ कि किसी भी कुत्ते ने उसके प्रति ईर्ष्या नहीं दिखाई।

Sia Skeet che Nig condividevano la gentilezza di John Thornton.

स्कीट और निग दोनों ने जॉन थॉर्नटन की दयालुता को साझा किया।

Man mano che Buck diventava più forte, lo attiravano in stupidi giochi da cani.

जैसे-जैसे बक मजबूत होता गया, उन्होंने उसे मूर्खतापूर्ण कुत्तों के खेलों में फंसा दिया।

Anche Thornton giocava spesso con loro, incapace di resistere alla loro gioia.

थॉर्नटन भी अक्सर उनके साथ खेला करते थे और उनकी खुशी को रोक नहीं पाते थे।

In questo modo giocoso, Buck passò dalla malattia a una nuova vita.

इस खेलपूर्ण तरीके से, बक बीमारी से निकलकर एक नए जीवन की ओर बढ़ गया।

L'amore, quello vero, ardente e passionale, era finalmente suo.

प्रेम - सच्चा, ज्वलंत और भावुक प्रेम - अंततः उसका था।

Non aveva mai conosciuto questo tipo di amore nella tenuta di Miller.

उन्होंने मिलर की संपत्ति में इस तरह का प्यार कभी नहीं देखा था।
Con i figli del giudice aveva condiviso lavoro e avventure.

जज के बेटों के साथ उन्होंने काम और साहसिक कार्य साझा किये थे।
Nei nipoti notò un orgoglio rigido e vanitoso.

पोते-पोतियों के साथ उन्होंने कठोर और घमंडी गर्व देखा।
Con lo stesso giudice Miller aveva un rapporto di rispettosa amicizia.

स्वयं न्यायाधीश मिलर के साथ उनकी सम्मानजनक मित्रता थी।
Ma l'amore che era fuoco, follia e adorazione era ciò che accadeva con Thornton.

लेकिन वह प्रेम जो आग, पागलपन और पूजा था, थॉर्नटन के साथ आया।
Quest'uomo aveva salvato la vita di Buck, e questo di per sé significava molto.

इस आदमी ने बक की जान बचाई थी और केवल यही बात बहुत मायने रखती थी।
Ma più di questo, John Thornton era il tipo ideale di maestro.

लेकिन इससे भी बढ़कर, जॉन थॉर्नटन एक आदर्श प्रकार के गुरु थे।
Altri uomini si prendevano cura dei cani per dovere o per necessità lavorative.

अन्य लोग कर्तव्य या व्यावसायिक आवश्यकता के कारण कुत्तों की देखभाल करते थे।
John Thornton si prendeva cura dei suoi cani come se fossero figli.

जॉन थॉर्नटन अपने कुत्तों की देखभाल ऐसे करते थे जैसे वे उनके बच्चे हों।
Si prendeva cura di loro perché li amava e semplicemente non poteva farne a meno.

वह उनकी देखभाल करता था क्योंकि वह उनसे प्यार करता था और इसमें कोई मदद नहीं कर सकता था।
John Thornton vide molto più lontano di quanto la maggior parte degli uomini riuscisse mai a vedere.

जॉन थॉर्नटन ने उससे भी अधिक दूर तक देखा जितना कि अधिकांश लोग कभी नहीं देख पाए।

Non dimenticava mai di salutarli gentilmente o di pronunciare una parola di incoraggiamento.

वह उनका विनम्रतापूर्वक अभिवादन करना या उत्साहवर्धक शब्द बोलना कभी नहीं भूलते थे।

Amava sedersi con i cani per fare lunghe chiacchierate, o "gassy", come diceva lui.

उन्हें कुत्तों के साथ बैठकर लम्बी बातें करना बहुत पसंद था, या जैसा कि वे कहते थे, "गैसी"।

Gli piaceva afferrare bruscamente la testa di Buck tra le sue mani forti.

उसे बक के सिर को अपने मजबूत हाथों से जोर से पकड़ना पसंद था।

Poi appoggiò la testa contro quella di Buck e lo scosse delicatamente.

फिर उसने अपना सिर बक के सिर पर टिका दिया और उसे धीरे से हिलाया।

Nel frattempo, chiamava Buck con nomi volgari che per lui significavano affetto.

इस दौरान वह बक को अभद्र नामों से पुकारता रहा, जो बक के लिए प्रेम का प्रतीक थे।

Per Buck, quell'abbraccio rude e quelle parole portarono una gioia profonda.

बक के लिए वह कठोर आलिंगन और वे शब्द गहरी खुशी लेकर आये।

A ogni movimento il suo cuore sembrava sussultare di felicità.

प्रत्येक हरकत पर उसका हृदय खुशी से उछल पड़ता था।

Quando poi balzò in piedi, la sua bocca sembrava ridere.

जब वह बाद में उछला तो उसके मुंह से ऐसा लग रहा था जैसे वह हंस रहा हो।

I suoi occhi brillavano intensamente e la sua gola tremava per una gioia inespressa.

उसकी आँखें चमक उठीं और उसका गला अवर्णनीय खुशी से काँप उठा।

Il suo sorriso rimase immobile in quello stato di emozione e affetto ardente.

भावना और प्रज्वलित स्नेह की उस अवस्था में उनकी मुस्कान स्थिर रही।

Allora Thornton esclamò pensieroso: "Dio! Riesce quasi a parlare!"

तब थॉर्नटन ने सोच-विचार कर कहा, "भगवान! वह लगभग बोल सकता है!"

Buck aveva uno strano modo di esprimere l'amore che quasi gli causava dolore.

बक का प्यार व्यक्त करने का तरीका अजीब था, जिससे लगभग दर्द होता था।

Spesso stringeva forte la mano di Thornton tra i denti.

वह अक्सर थॉर्नटन के हाथ को अपने दांतों में कसकर पकड़ लेता था।

Il morso avrebbe lasciato segni profondi che sarebbero rimasti per qualche tempo.

काटने के गहरे निशान रह गए जो कुछ समय तक बने रहे।

Buck credeva che quei giuramenti fossero amore, e Thornton la pensava allo stesso modo.

बक का मानना था कि ये शपथें प्रेम थीं, और थॉर्नटन भी यही जानता था।

Il più delle volte, l'amore di Buck si manifestava in un'adorazione silenziosa, quasi silenziosa.

अधिकतर, बक का प्रेम शांत, लगभग मौन आराधना में प्रकट होता था।

Sebbene fosse emozionato quando veniva toccato o gli si parlava, non cercava attenzione.

यद्यपि उसे छूने या उससे बात करने पर वह प्रसन्न हो जाता था, फिर भी वह ध्यान आकर्षित नहीं करना चाहता था।

Skeet spinse il naso sotto la mano di Thornton finché lui non la accarezzò.

स्कीट ने अपनी नाक को थॉर्नटन के हाथ के नीचे तब तक दबाया जब तक कि उसने उसे सहलाया नहीं।

Nig si avvicinò silenziosamente e appoggiò la sua grande testa sulle ginocchia di Thornton.

निग चुपचाप चला आया और अपना बड़ा सिर थॉर्नटन के घुटने पर टिका दिया।

Buck, al contrario, si accontentava di amare da una rispettosa distanza.

इसके विपरीत, बक सम्मानजनक दूरी से प्यार करने में संतुष्ट था।

Rimase sdraiato per ore ai piedi di Thornton, vigile e attento.

वह घंटों तक थॉर्नटन के पैरों के पास लेटा रहा, सतर्क और बारीकी से देखता रहा।

Buck studiò ogni dettaglio del volto del suo padrone, perfino il più piccolo movimento.

बक ने अपने मालिक के चेहरे के हर विवरण और उसकी छोटी से छोटी हरकत का अध्ययन किया।

Oppure sdraiati più lontano, studiando in silenzio la sagoma dell'uomo.

या फिर दूर लेटकर चुपचाप उस आदमी की आकृति का अध्ययन करता रहता।

Buck osservava ogni piccolo movimento, ogni cambiamento di postura o di gesto.

बक ने प्रत्येक छोटी सी हरकत, मुद्रा या हाव-भाव में प्रत्येक बदलाव को ध्यान से देखा।

Questo legame era così potente che spesso catturava lo sguardo di Thornton.

यह संबंध इतना शक्तिशाली था कि अक्सर थॉर्नटन की नजर उस पर पड़ जाती थी।

Incontrò lo sguardo di Buck senza dire parole, e il suo amore traspariva chiaramente.

उसने बिना कुछ कहे बक की आँखों से आँखें मिलाईं, उनमें प्रेम स्पष्ट झलक रहा था।

Per molto tempo dopo essere stato salvato, Buck non perse mai di vista Thornton.

बचाए जाने के बाद काफी समय तक बक ने थॉर्नटन को अपनी नजरों से ओझल नहीं होने दिया।

Ogni volta che Thornton usciva dalla tenda, Buck lo seguiva da vicino all'esterno.

जब भी थॉर्नटन तम्बू से बाहर निकलता, बक उसके पीछे-पीछे बाहर तक जाता।

Tutti i severi padroni delle Terre del Nord avevano fatto sì che Buck non riuscisse più a fidarsi.

नॉर्थलैंड के सभी कठोर स्वामियों ने बक को भरोसा करने से डरा दिया था।

Temeva che nessun uomo potesse restare suo padrone se non per un breve periodo.

उन्हें डर था कि कोई भी व्यक्ति थोड़े समय से अधिक समय तक उनका स्वामी नहीं रह सकेगा।

Temeva che John Thornton sarebbe scomparso come Perrault e François.

उन्हें डर था कि जॉन थॉर्नटन भी पेराल्ट और फ्रांकोइस की तरह गायब हो जायेंगे।

Anche di notte, la paura di perderlo tormentava il sonno agitato di Buck.

यहां तक कि रात में भी, उसे खोने का डर बक की बेचैन नींद में बाधा डालता था।

Quando Buck si svegliò, si trascinò fuori al freddo e andò nella tenda.

जब बक की नींद खुली तो वह ठंड से बचने के लिए बाहर निकला और तंबू में चला गया।

Ascoltò attentamente il leggero suono del suo respiro interiore.

उसने अंदर से आती सांसों की धीमी आवाज को ध्यान से सुना।
Nonostante il profondo amore di Buck per John Thornton, la natura selvaggia sopravvisse.

जॉन थॉर्नटन के प्रति बक के गहरे प्रेम के बावजूद, जंगल जीवित रहा।
Quell'istinto primitivo, risvegliatosi nel Nord, non scomparve.

उत्तर में जागृत वह आदिम प्रवृत्ति लुप्त नहीं हुई।
L'amore portava devozione, lealtà e il caldo legame attorno al fuoco.

प्रेम ने भक्ति, निष्ठा और अग्नि-पक्ष का गर्म बंधन लाया।
Ma Buck mantenne anche i suoi istinti selvaggi, acuti e sempre all'erta.

लेकिन बक ने अपनी जंगली प्रवृत्ति को भी तीव्र और सदैव सतर्क रखा।
Non era solo un animale domestico addomesticato proveniente dalle dolci terre della civiltà.

वह सभ्यता की कोमल भूमि से आया कोई पालतू जानवर मात्र नहीं था।
Buck era un essere selvaggio che si era seduto accanto al fuoco di Thornton.

बक एक जंगली प्राणी था जो थॉर्नटन की आग के पास बैठने के लिए आया था।
Sembrava un cane del Southland, ma in lui albergava la natura selvaggia.

वह साउथलैंड कुत्ते जैसा दिखता था, लेकिन उसके भीतर जंगलीपन रहता था।
Il suo amore per Thornton era troppo grande per permettersi un furto da parte di quell'uomo.

थॉर्नटन के प्रति उसका प्रेम इतना अधिक था कि वह उससे चोरी करने की अनुमति नहीं दे सका।
Ma in qualsiasi altro campo ruberebbe con audacia e senza esitazione.

लेकिन किसी अन्य शिविर में वह निर्भीकता से और बिना रुके चोरी करता।

Era così abile nel rubare che nessuno riusciva a catturarlo o accusarlo.

वह चोरी करने में इतना चतुर था कि कोई उसे पकड़ नहीं सका, न ही उस पर आरोप लगा सका।

Il suo viso e il suo corpo erano coperti di cicatrici dovute a molti combattimenti passati.

उसका चेहरा और शरीर पिछली कई लड़ाइयों के निशानों से ढका हुआ था।

Buck continuava a combattere con ferocia, ma ora lo faceva con maggiore astuzia.

बक अब भी जमकर लड़ा, लेकिन अब वह अधिक चालाकी से लड़ा।

Skeet e Nig erano troppo docili per combattere, ed erano di Thornton.

स्कीट और निग लड़ने के लिए बहुत कोमल थे, और वे थॉर्नटन के थे।

Ma qualsiasi cane estraneo, non importa quanto forte o coraggioso, cedeva.

लेकिन कोई भी अजनबी कुत्ता, चाहे वह कितना भी शक्तिशाली या बहादुर क्यों न हो, हार मान लेता था।

Altrimenti, il cane si ritrovò a combattere contro Buck, lottando per la propria vita.

अन्यथा, कुत्ते को खुद को बक से लड़ते हुए पाया; अपने जीवन के लिए संघर्ष करते हुए।

Buck non ebbe pietà quando decise di combattere contro un altro cane.

एक बार जब बक ने दूसरे कुत्ते के खिलाफ लड़ने का फैसला किया तो उसे कोई दया नहीं आई।

Aveva imparato bene la legge del bastone e della zanna nel Nord.

उन्होंने नॉर्थलैंड में क्लब और फेंग का कानून अच्छी तरह से सीखा था।

Non ha mai rinunciato a un vantaggio e non si è mai tirato indietro dalla battaglia.

उन्होंने कभी भी अपनी बढ़त नहीं छोड़ी और कभी भी युद्ध से पीछे नहीं हटे।

Aveva studiato Spitz e i cani più feroci della polizia e della posta.

उन्होंने स्पिट्ज़ तथा डाक एवं पुलिस के सबसे खूंखार कुत्तों का अध्ययन किया था।

Sapeva chiaramente che non esisteva via di mezzo in un combattimento selvaggio.

वह स्पष्ट रूप से जानते थे कि जंगली लड़ाई में कोई बीच का रास्ता नहीं होता।

Doveva governare o essere governato; mostrare misericordia significava mostrare debolezza.

उसे या तो शासन करना होगा या शासित होना होगा; दया दिखाने का मतलब है कमज़ोरी दिखाना।

La pietà era sconosciuta nel mondo crudo e brutale della sopravvivenza.

जीवित रहने की कच्ची और क्रूर दुनिया में दया अज्ञात थी।

Mostrare pietà era visto come un atto di paura, e la paura conduceva rapidamente alla morte.

दया दिखाना भय के समान माना जाता था, और भय शीघ्र ही मृत्यु का कारण बनता था।

La vecchia legge era semplice: uccidere o essere uccisi, mangiare o essere mangiati.

पुराना नियम सरल था: मारो या मारे जाओ, खाओ या खाए जाओ।

Quella legge proveniva dalle profondità del tempo e Buck la seguì alla lettera.

वह नियम समय की गहराई से आया था और बक ने उसका पूरी तरह पालन किया।

Buck era più vecchio dei suoi anni e del numero dei suoi respiri.

बक अपनी उम्र और सांसों की संख्या से अधिक उम्र का था।

Collegava in modo chiaro il passato remoto con il momento presente.

उन्होंने प्राचीन अतीत को वर्तमान क्षण से स्पष्ट रूप से जोड़ा।

I ritmi profondi dei secoli si muovevano attraverso di lui come le maree.

युगों की गहरी लयें ज्वार की तरह उसके भीतर प्रवाहित होती थीं।

Il tempo pulsava nel suo sangue con la stessa sicurezza con cui le stagioni muovevano la terra.

समय उसके रक्त में उसी प्रकार धड़कता था, जिस प्रकार ऋतुएँ पृथ्वी को चलाती हैं।

Sedeva accanto al fuoco di Thornton, con il petto forte e le zanne bianche.

वह थॉर्नटन की आग के पास बैठा था, उसकी छाती मजबूत और दांत सफेद थे।

La sua lunga pelliccia ondeggiava, ma dietro di lui lo osservavano gli spiriti dei cani selvatici.

उसके लंबे फर लहरा रहे थे, लेकिन उसके पीछे जंगली कुत्तों की आत्माएं देख रही थीं।

Lupi mezzi e lupi veri si agitavano nel suo cuore e nei suoi sensi.

उसके हृदय और इन्द्रियों में आधे-भेड़िये और पूरे-भेड़िये हलचल मचा रहे थे।

Assaggiarono la sua carne e bevvero la stessa acqua che bevve lui.

उन्होंने उसका मांस चखा और वही पानी पिया जो उसने पिया था।

Annusarono il vento insieme a lui e ascoltarono la foresta.

वे उसके साथ-साथ हवा को सूँघते रहे और जंगल की आवाज़ सुनते रहे।

Sussurravano il significato dei suoni selvaggi nell'oscurità.

वे अंधेरे में जंगली ध्वनियों का अर्थ फुसफुसाते रहे।

Modellavano il suo umore e guidavano ciascuna delle sue reazioni silenziose.

उन्होंने उसके मूड को आकार दिया और उसकी प्रत्येक शांत प्रतिक्रिया को निर्देशित किया।

Giacevano accanto a lui mentre dormiva e diventavano parte dei suoi sogni profondi.

वे सोते समय उसके साथ लेटे रहते थे और उसके गहरे सपनों का हिस्सा बन जाते थे।

Sognavano con lui, oltre lui, e costituivano il suo stesso spirito.

उन्होंने उसके साथ, उससे परे स्वप्न देखे, और उसकी आत्मा का निर्माण किया।

Gli spiriti della natura selvaggia chiamavano con tanta forza che Buck si sentì attratto.

जंगली आत्माओं ने इतनी जोर से पुकारा कि बक को भी अपने ओर खींचा जाने लगा।

Ogni giorno che passava, l'umanità e le sue rivendicazioni si indebolivano nel cuore di Buck.

प्रत्येक दिन, बक के दिल में मानव जाति और उसके दावे कमजोर होते गए।

Nel profondo della foresta si stava per udire un richiamo strano ed emozionante.

जंगल के गहरे इलाके में एक अजीब और रोमांचकारी आवाज़ उठने वाली थी।

Ogni volta che sentiva la chiamata, Buck provava un impulso a cui non riusciva a resistere.

हर बार जब वह पुकार सुनता, तो बक को एक ऐसी इच्छा होती जिसका वह विरोध नहीं कर सकता था।

Avrebbe voltato le spalle al fuoco e ai sentieri battuti dagli uomini.

वह आग से और पीटे हुए मानवीय मार्गों से मुड़ने वाला था।

Stava per addentrarsi nella foresta, avanzando senza sapere il perché.

वह बिना कारण जाने जंगल में आगे बढ़ने वाला था।

Non mise in discussione questa attrazione, perché la chiamata era profonda e potente.

उन्होंने इस आकर्षण पर प्रश्न नहीं उठाया, क्योंकि यह आह्वान गहरा और शक्तिशाली था।

Spesso raggiungeva l'ombra verde e la terra morbida e intatta

अक्सर, वह हरी छाया और नरम अछूती धरती तक पहुँच जाता था

Ma poi il forte amore per John Thornton lo riportò al fuoco.

लेकिन फिर जॉन थॉर्नटन के प्रति प्रबल प्रेम ने उसे पुनः आग के पास खींच लिया।

Soltanto John Thornton riuscì davvero a tenere stretto il cuore selvaggio di Buck.

केवल जॉन थॉर्नटन ही बक के जंगली दिल को अपनी मुट्ठी में रख सकता था।

Per Buck il resto dell'umanità non aveva alcun valore o significato duraturo.

बक के लिए शेष मानव जाति का कोई स्थायी मूल्य या अर्थ नहीं था।

Gli sconosciuti potrebbero lodarlo o accarezzargli la pelliccia con mani amichevoli.

अजनबी लोग उसकी प्रशंसा कर सकते थे या अपने मित्रवत हाथों से उसके बालों को सहला सकते थे।

Buck rimase impassibile e se ne andò per eccesso di affetto.

बक अविचलित रहा और अत्यधिक स्नेह से दूर चला गया।

Hans e Pete arrivarono con la zattera che era stata attesa a lungo

हंस और पीट उस बेड़ा के साथ पहुंचे जिसका लंबे समय से इंतजार किया जा रहा था

Buck li ignorò finché non venne a sapere che erano vicini a Thornton.

बक ने उन्हें तब तक नजरअंदाज किया जब तक उसे पता नहीं चला कि वे थॉर्नटन के करीब थे।

Da allora in poi li tollerò, ma non dimostrò mai loro tutto il suo calore.

उसके बाद, उन्होंने उन्हें सहन तो किया, लेकिन कभी भी उनके प्रति पूरी गर्मजोशी नहीं दिखाई।

Accettava da loro cibo o gentilezza come se volesse fare loro un favore.

वह उनसे भोजन या दयालुता ऐसे लेता था मानो उन पर कोई उपकार कर रहा हो।

Erano come Thornton: semplici, onesti e lucidi nei pensieri.

वे थॉर्नटन की तरह थे - सरल, ईमानदार और स्पष्ट विचार वाले।

Tutti insieme viaggiarono verso la segheria di Dawson e il grande vortice

वे सब मिलकर डाउसन की आरा मिल और महान भँवर की यात्रा पर गए।

Nel corso del loro viaggio impararono a comprendere profondamente la natura di Buck.

अपनी यात्रा के दौरान उन्होंने बक के स्वभाव को गहराई से समझा।

Non cercarono di avvicinarsi come avevano fatto Skeet e Nig.

उन्होंने स्कीट और निग की तरह नजदीक आने की कोशिश नहीं की।

Ma l'amore di Buck per John Thornton non fece che aumentare con il tempo.

लेकिन समय के साथ बक का जॉन थॉर्नटन के प्रति प्रेम और भी गहरा होता गया।

Solo Thornton poteva mettere uno zaino sulla schiena di Buck durante l'estate.

गर्मियों में केवल थॉर्नटन ही बक की पीठ पर बोझ डाल सकता था।

Buck era disposto a eseguire senza riserve qualsiasi ordine impartito da Thornton.

थॉर्नटन जो भी आदेश देते, बक उसे पूरी तरह से करने को तैयार रहते थे।

Un giorno, dopo aver lasciato Dawson per le sorgenti del Tanana,

एक दिन, जब वे डावसन से तानाना नदी के उद्गम स्थल की ओर चले गए,

il gruppo era seduto su una rupe che scendeva per un metro fino a raggiungere la nuda roccia.

समूह एक चट्टान पर बैठा था जो तीन फीट नीचे नंगी चट्टान तक गिर गई थी।

John Thornton si sedette vicino al bordo e Buck si riposò accanto a lui.

जॉन थॉर्नटन किनारे पर बैठा था और बक उसके बगल में आराम कर रहा था।

Thornton ebbe un'idea improvvisa e richiamò l'attenzione degli uomini.

थॉर्नटन के मन में अचानक एक विचार आया और उसने उन लोगों का ध्यान अपनी ओर आकर्षित किया।

Indicò l'altro lato del baratro e diede a Buck un unico comando.

उन्होंने खाई की ओर इशारा किया और बक को एक आदेश दिया।

"Salta, Buck!" disse, allungando il braccio oltre il precipizio.

"कूदो, बक!" उसने अपना हाथ नीचे की ओर घुमाते हुए कहा।

Un attimo dopo dovette afferrare Buck, che stava saltando per obbedire.

एक क्षण में, उसे बक को पकड़ना पड़ा, जो आज्ञा पालन करने के लिए उछल रहा था।

Hans e Pete si precipitarono in avanti e tirarono entrambi indietro per metterli in salvo.

हंस और पीट आगे बढ़े और दोनों को सुरक्षित स्थान पर खींच लिया।

Dopo che tutto fu finito e che ebbero ripreso fiato, Pete prese la parola.

जब सब कुछ समाप्त हो गया और उन्होंने अपनी सांसें संभाल लीं, तो पीट बोला।

«È un amore straordinario», disse, scosso dalla feroce devozione del cane.

"यह प्रेम अद्भुत है," उन्होंने कुत्ते की तीव्र भक्ति से हिलकर कहा।

Thornton scosse la testa e rispose con calma e serietà.

थॉर्नटन ने अपना सिर हिलाया और शांत गंभीरता से जवाब दिया।

«No, l'amore è splendido», disse, «ma anche terribile».

"नहीं, यह प्यार शानदार है," उन्होंने कहा, "लेकिन भयानक भी है।"

"A volte, devo ammetterlo, questo tipo di amore mi fa paura."

"कभी-कभी, मुझे मानना होगा, इस तरह का प्यार मुझे डराता है।"

Pete annuì e disse: "Mi dispiacerebbe tanto essere l'uomo che ti tocca".

पीट ने सिर हिलाया और कहा, "मैं वह आदमी बनना पसंद नहीं करूंगा जो तुम्हें छूता है।"

Mentre parlava, guardava Buck con aria seria e piena di rispetto.

बक बोलते समय वह गंभीर और सम्मान से भरे हुए नजर आए।

"Py Jingo!" esclamò Hans in fretta. "Neanch'io, no signore."

"पाई जिंगो!" हंस ने जल्दी से कहा। "मैं भी नहीं, नहीं सर।"

Prima che finisse l'anno, i timori di Pete si avverarono a Circle City.

वर्ष समाप्त होने से पहले, सर्किल सिटी में पीट की आशंकाएं सच साबित हुईं।

Un uomo crudele di nome Black Burton attaccò una rissa nel bar.

ब्लैक बर्टन नामक एक क्रूर व्यक्ति ने बार में झगड़ा शुरू कर दिया।

Era arrabbiato e cattivo, e si scagliava contro un novellino.

वह क्रोधित और दुर्भावनापूर्ण था, तथा एक नये नवयुवक पर प्रहार कर रहा था।

John Thornton intervenne, calmo e bonario come sempre.

जॉन थॉर्नटन हमेशा की तरह शांत और अच्छे स्वभाव के साथ आगे आए।

Buck giaceva in un angolo, con la testa bassa, e osservava Thornton attentamente.

बक एक कोने में सिर झुकाए लेटा हुआ था और थॉर्नटन को करीब से देख रहा था।

Burton colpì all'improvviso e il suo pugno fece girare Thornton.

बर्टन ने अचानक वार किया, जिससे थॉर्नटन चक्कर खा गया।
Solo la ringhiera della sbarra gli impedì di cadere violentemente a terra.

केवल बार की रेलिंग ही उसे जमीन पर गिरने से बचा पाई।
Gli osservatori hanno sentito un suono che non era un abbaio o un guaito

देखने वालों ने एक ऐसी आवाज सुनी जो भौंकने या चीखने की नहीं थी
Buck emise un profondo ruggito mentre si lanciava verso l'uomo.

बक ने उस आदमी की ओर बढ़ते हुए गहरी दहाड़ लगाई।
Burton alzò il braccio e per poco non si salvò la vita.

बर्टन ने अपना हाथ ऊपर उठाया और बड़ी मुश्किल से अपनी जान बचाई।
Buck si schiantò contro di lui, facendolo cadere a terra.

बक ने उस पर जोरदार प्रहार किया, जिससे वह सीधा फर्श पर गिर पड़ा।
Buck gli diede un morso profondo al braccio, poi si lanciò alla gola.

बक ने उस आदमी की बांह पर गहरा काट लिया, फिर उसके गले पर झपटा।
Burton riuscì a parare solo in parte e il suo collo fu squarciato.

बर्टन केवल आंशिक रूप से ही अवरोध उत्पन्न कर सका, तथा उसकी गर्दन फट गई।
Gli uomini si precipitarono dentro, brandendo i manganelli e allontanarono Buck dall'uomo sanguinante.

लोग दौड़े, लाठियां उठाईं, और खून से लथपथ बक को वहां से भगा दिया।
Un chirurgo ha lavorato rapidamente per impedire che il sangue fuoriuscisse.

एक सर्जन ने रक्त को बाहर बहने से रोकने के लिए तेजी से काम किया।
Buck camminava avanti e indietro ringhiando, tentando di attaccare ancora e ancora.

बक इधर-उधर घूमता और गुर्राता हुआ बार-बार हमला करने की कोशिश कर रहा था।

Soltanto i bastoni oscillanti gli impedirono di raggiungere Burton.

केवल झूलते हुए डंडे ही उसे बर्टन तक पहुंचने से रोक रहे थे।

Proprio lì, sul posto, venne convocata una riunione dei minatori.

खनिकों की एक बैठक बुलाई गई और उसे वहीं पर आयोजित किया गया।

Concordarono sul fatto che Buck era stato provocato e votarono per liberarlo.

उन्होंने इस बात पर सहमति जताई कि बक को उकसाया गया था और उसे रिहा करने के लिए मतदान किया गया।

Ma il nome feroce di Buck risuonava ormai in ogni accampamento dell'Alaska.

लेकिन बक का भयंकर नाम अब अलास्का के हर शिविर में गूंजने लगा।

Più tardi, quello stesso autunno, Buck salvò Thornton di nuovo in un modo nuovo.

बाद में उसी वर्ष, बक ने एक नए तरीके से थॉर्नटन को पुनः बचाया।

I tre uomini stavano guidando una lunga barca lungo delle rapide impetuose.

तीनों व्यक्ति एक लम्बी नाव को तेज बहाव वाली नदी में ले जा रहे थे।

Thornton manovrava la barca, gridando indicazioni per raggiungere la riva.

थॉर्नटन नाव को चला रहे थे और तटरेखा की ओर जाने का रास्ता बता रहे थे।

Hans e Pete correvano sulla terraferma, tenendo una corda da un albero all'altro.

हंस और पीट एक रस्सी पकड़कर एक पेड़ से दूसरे पेड़ तक दौड़ते रहे।

Buck procedeva a passo d'uomo sulla riva, tenendo sempre d'occhio il suo padrone.

बक किनारे पर लगातार चलता रहा और हमेशा अपने मालिक पर नज़र रखता रहा।

In un punto pericoloso, delle rocce sporgevano dall'acqua veloce.

एक ख़राब जगह पर, तेज़ पानी के नीचे चट्टानें उभरी हुई थीं।

Hans lasciò andare la cima e Thornton tirò la barca verso la larghezza.

हंस ने रस्सी छोड़ दी और थॉर्नटन ने नाव को दूर ले गया।

Hans corse a percorrerla di nuovo, superando le pericolose rocce.

हंस खतरनाक चट्टानों को पार करते हुए नाव को पकड़ने के लिए दौड़ा।

La barca superò la sporgenza ma trovò una corrente più forte.

नाव किनारे से तो निकल गई, लेकिन धारा के तेज बहाव से टकरा गई।

Hans afferrò la cima troppo velocemente e fece perdere l'equilibrio alla barca.

हंस ने रस्सी को बहुत तेजी से पकड़ लिया और नाव का संतुलन बिगाड़ दिया।

La barca si capovolse e sbatté contro la riva, con la parte inferiore rivolta verso l'alto.

नाव पलट गई और नीचे की ओर किनारे से टकरा गई।

Thornton venne scaraventato fuori e trascinato nella parte più selvaggia dell'acqua.

थॉर्नटन को बाहर फेंक दिया गया और वह पानी के सबसे खतरनाक हिस्से में बह गया।

Nessun nuotatore sarebbe sopravvissuto in quelle acque pericolose e pericolose.

कोई भी तैराक उस जानलेवा, तेज़ पानी में जीवित नहीं बच सकता था।

Buck si lanciò all'istante e inseguì il suo padrone lungo il fiume.

बक तुरन्त पानी में कूद पड़ा और अपने मालिक का नदी में पीछा किया।

Dopo trecento metri finalmente raggiunse Thornton.

तीन सौ गज चलने के बाद वह अंततः थॉर्नटन पहुँच गया।

Thornton afferrò la coda di Buck, e Buck si diresse verso la riva.

थॉर्नटन ने बक की पूंछ पकड़ ली और बक किनारे की ओर मुड़ गया।

Nuotò con tutte le sue forze, lottando contro la forte resistenza dell'acqua.

वह पानी के तेज़ बहाव से लड़ते हुए पूरी ताकत से तैरने लगा।

Si spostarono verso valle più velocemente di quanto riuscissero a raggiungere la riva.

वे तट तक पहुंचने से पहले ही तेजी से नीचे की ओर बढ़ गए।

Più avanti, il fiume ruggiva più forte, precipitando in rapide mortali.

आगे नदी और भी जोर से दहाड़ने लगी, क्योंकि वह जानलेवा तेज बहाव में गिर रही थी।

Le rocce fendevano l'acqua come i denti di un enorme pettine.

चट्टानें पानी को किसी बड़े कंघे के दांतों की तरह चीरती हुई निकल रही थीं।

La forza di attrazione dell'acqua nei pressi del dislivello era selvaggia e ineluttabile.

बूंद के पास पानी का खिंचाव बहुत भयानक और अपरिहार्य था।

Thornton sapeva che non sarebbero mai riusciti a raggiungere la riva in tempo.

थॉर्नटन को पता था कि वे कभी भी समय पर किनारे तक नहीं पहुंच सकेंगे।

Raschiò una roccia, ne sbatté una seconda,

उसने एक चट्टान को खुरच दिया, दूसरी को तोड़ दिया,

Poi si schiantò contro una terza roccia, afferrandola con entrambe le mani.

और फिर वह तीसरी चट्टान से टकराया और उसे दोनों हाथों से पकड़ लिया।

Lasciò andare Buck e urlò sopra il ruggito: "Vai, Buck! Vai!"

उसने बक को छोड़ दिया और दहाड़ते हुए चिल्लाया, "जाओ, बक! जाओ!"

Buck non riuscì a restare a galla e fu trascinato dalla corrente.

बक तैर नहीं सका और धारा के साथ बह गया।

Lottò con tutte le sue forze, cercando di girarsi, ma non fece alcun progresso.

उसने कड़ी मशक्कत की, मुड़ने का प्रयास किया, लेकिन कोई प्रगति नहीं हुई।

Poi sentì Thornton ripetere il comando sopra il fragore del fiume.

तभी उसने नदी की गर्जना के बीच थॉर्नटन को आदेश दोहराते सुना।

Buck si impennò fuori dall'acqua e sollevò la testa come per dare un'ultima occhiata.

बक पानी से बाहर निकला और अपना सिर ऊपर उठाया जैसे कि आखिरी बार देख रहा हो।

poi si voltò e obbedì, nuotando verso la riva con risolutezza.

फिर मुड़कर आज्ञा का पालन किया और दृढ़ संकल्प के साथ किनारे की ओर तैरने लगे।

Pete e Hans lo tirarono a riva all'ultimo momento possibile.

पीट और हंस ने उसे अंतिम क्षण में किनारे पर खींच लिया।

Sapevano che Thornton avrebbe potuto aggrapparsi alla roccia solo per pochi minuti.

वे जानते थे कि थॉर्नटन चट्टान से केवल कुछ मिनट ही और चिपक सकता है।

Corsero su per la riva fino a un punto molto più in alto rispetto al punto in cui lui era appeso.

वे किनारे पर उस स्थान तक दौड़े, जहां वह लटका हुआ था।

Legarono con cura la cima della barca al collo e alle spalle di Buck.

उन्होंने नाव की रस्सी को बक की गर्दन और कंधों पर सावधानीपूर्वक बाँध दिया।

La corda era stretta ma abbastanza larga da permettere di respirare e muoversi.

रस्सी कसी हुई थी, लेकिन सांस लेने और चलने के लिए पर्याप्त ढीली थी।

Poi lo gettarono di nuovo nel fiume impetuoso e mortale.

इसके बाद उन्होंने उसे पुनः उस तेज़ बहती, जानलेवा नदी में फेंक दिया।

Buck nuotò coraggiosamente ma non riuscì a prendere l'angolazione giusta per affrontare la forza della corrente.

बक ने साहसपूर्वक तैरना जारी रखा, लेकिन धारा के तेज वेग में उसका कोण चूक गया।

Si accorse troppo tardi che stava per superare Thornton.

उसे बहुत देर से पता चला कि वह थॉर्नटन से आगे निकल जाएगा।

Hans tirò forte la corda, come se Buck fosse una barca che si capovolge.

हंस ने रस्सी को इस तरह खींचा, मानो बक कोई पलटती हुई नाव हो।

La corrente lo trascinò sott'acqua e lui scomparve sotto la superficie.

धारा ने उसे पानी के नीचे खींच लिया और वह सतह के नीचे गायब हो गया।

Il suo corpo colpì la riva prima che Hans e Pete lo tirassero fuori.

इससे पहले कि हंस और पीट उसे बाहर निकालते, उसका शरीर किनारे से टकराया।

Era mezzo annegato e gli tolsero l'acqua dal corpo.

वह आधा डूब चुका था और उन्होंने उससे पानी निकाला।

Buck si alzò, barcollò e crollò di nuovo a terra.

बक लड़खड़ाकर खड़ा हो गया और पुनः जमीन पर गिर पड़ा।

Poi udirono la voce di Thornton portata debolmente dal vento.

तभी उन्हें हवा के साथ आती हुई थॉर्नटन की धीमी आवाज सुनाई दी।

Sebbene le parole non fossero chiare, sapevano che era vicino alla morte.

यद्यपि शब्द स्पष्ट नहीं थे, फिर भी वे जानते थे कि वह मृत्यु के निकट है।

Il suono della voce di Thornton colpì Buck come una scossa elettrica.

थॉर्नटन की आवाज ने बक को बिजली के झटके की तरह झकझोर दिया।

Saltò in piedi e corse su per la riva, tornando al punto di partenza.

वह उछलकर किनारे की ओर भागा और वापस प्रक्षेपण स्थल पर आ गया।
Legarono di nuovo la corda a Buck, e di nuovo lui entrò nel
fiume.

उन्होंने फिर से रस्सी को बक के हाथ में बाँध दिया और वह फिर से धारा में
प्रवेश कर गया।
Questa volta nuotò direttamente e con decisione nell'acqua
impetuosa.

इस बार, वह सीधे और मजबूती से बहते पानी में तैर गया।
Hans lasciò scorrere la corda con regolarità, mentre Pete
impediva che si aggrovigliasse.

हंस ने रस्सी को धीरे से छोड़ा जबकि पीट ने उसे उलझने से बचाया।
Buck nuotò con forza finché non si trovò allineato appena
sopra Thornton.

बक ने तब तक तेजी से तैराकी की जब तक कि वह थॉर्नटन के ठीक ऊपर
नहीं पहुंच गया।
Poi si voltò e si lanciò verso di lui come un treno a tutta
velocità.

फिर वह मुड़ा और पूरी गति से रेलगाड़ी की तरह दौड़ पड़ा।
Thornton lo vide arrivare, si preparò e gli abbracciò il collo.

थॉर्नटन ने उसे आते देखा, अपने आप को संभाला, तथा उसकी गर्दन के
चारों ओर अपनी बाहें लपेट लीं।
Hans legò saldamente la corda attorno a un albero mentre
entrambi venivano tirati sott'acqua.

हंस ने रस्सी को पेड़ के चारों ओर बांध दिया और दोनों को नीचे खींच लिया
गया।
Caddero sott'acqua, schiantandosi contro rocce e detriti del
fiume.

वे पानी के नीचे लुढ़क गए और चट्टानों और नदी के मलबे से टकराने लगे।
Un attimo prima Buck era in cima e un attimo dopo
Thornton si alzava ansimando.

एक क्षण बक शीर्ष पर था, अगले ही क्षण थॉर्नटन हांफता हुआ ऊपर उठा।

Malconci e soffocati, si diressero verso la riva e si misero in salvo.

बुरी तरह से घायल और घुटते हुए वे किनारे और सुरक्षित स्थान की ओर मुड़े।

Thornton riprese conoscenza mentre era sdraiato su un tronco alla deriva.

थॉर्नटन को होश आया तो वह एक लकड़ी के ढेर पर लेटा हुआ था।

Hans e Pete lavorarono duramente per riportarlo a respirare e a vivere.

हंस और पीट ने उसकी सांस और जीवन वापस लाने के लिए कड़ी मेहनत की।

Il suo primo pensiero fu per Buck, che giaceva immobile e inerte.

उसका पहला विचार बक के बारे में था, जो निश्चल और शिथिल पड़ा था।

Nig ululò sul corpo di Buck e Skeet gli leccò delicatamente il viso.

निग बक के शरीर पर चिल्लाया, और स्कीट ने उसके चेहरे को धीरे से चाटा।

Thornton, dolorante e contuso, esaminò Buck con mano attenta.

चोटिल और पीड़ा से भरे थॉर्नटन ने सावधानीपूर्वक अपने हाथों से बक की जांच की।

Ha trovato tre costole rotte, ma il cane non presentava ferite mortali.

उन्होंने पाया कि कुत्ते की तीन पसलियां टूटी हुई थीं, लेकिन कोई घातक घाव नहीं था।

"Questo è tutto", disse Thornton. "Ci accamperemo qui". E così fecero.

"यह बात तय हो गई," थॉर्नटन ने कहा। "हम यहीं डेरा डालेंगे।" और उन्होंने ऐसा ही किया।

Rimasero lì finché le costole di Buck non guarirono e lui poté di nuovo camminare.

वे तब तक वहीं रहे जब तक बक की पसलियां ठीक नहीं हो गईं और वह फिर से चलने लायक नहीं हो गया।

Quell'inverno Buck compì un'impresa che accrebbe ulteriormente la sua fama.

उस शीतकाल में बक ने एक ऐसा कारनामा किया जिससे उसकी प्रसिद्धि और बढ़ गयी।

Fu un gesto meno eroico del salvataggio di Thornton, ma altrettanto impressionante.

यह थॉर्नटन को बचाने से कम वीरतापूर्ण था, लेकिन उतना ही प्रभावशाली था।

A Dawson, i soci avevano bisogno di provviste per un viaggio lontano.

डावसन में साझेदारों को दूर की यात्रा के लिए आपूर्ति की आवश्यकता थी।

Volevano viaggiare verso est, in terre selvagge e incontaminate.

वे पूर्व की ओर, अछूते निर्जन प्रदेशों की यात्रा करना चाहते थे।

Quel viaggio fu possibile grazie all'impresa compiuta da Buck nell'Eldorado Saloon.

एल्डोरैडो सैलून में बक के कार्य ने उस यात्रा को संभव बनाया।

Tutto cominciò con degli uomini che si vantavano dei loro cani bevendo qualcosa.

इसकी शुरुआत शराब पीते समय पुरुषों द्वारा अपने कुत्तों की शेखी बघारने से हुई।

La fama di Buck lo rese bersaglio di sfide e dubbi.

बक की प्रसिद्धि ने उन्हें चुनौतियों और संदेह का लक्ष्य बना दिया।

Thornton, fiero e calmo, rimase fermo nel difendere il nome di Buck.

गर्व और शांति से भरे थॉर्नटन, बक के नाम की रक्षा में दृढ़ रहे।

Un uomo ha affermato che il suo cane riusciva a trainare facilmente duecentocinquanta chili.

एक व्यक्ति ने बताया कि उसका कुत्ता पांच सौ पाउंड का भार आसानी से खींच सकता है।

Un altro disse seicento, e un terzo si vantò di settecento.

एक अन्य ने कहा छः सौ, और तीसरे ने कहा सात सौ।

"Pfft!" disse John Thornton, "Buck può trainare una slitta da mille libbre."

"फ़ट!" जॉन थॉर्नटन ने कहा, "बक एक हज़ार पाउंड की स्लेज खींच सकता है।"

Matthewson, un Bonanza King, si sporse in avanti e lo sfidò.

मैथ्यूसन, जो एक बोनान्ज़ा किंग था, आगे झुका और उसे चुनौती दी।

"Pensi che possa spostare tutto quel peso?"

"तुम्हें लगता है कि वह इतना वजन उठाकर चल सकता है?"

"E pensi che riesca a sollevare il peso per cento metri?"

"और आपको लगता है कि वह वजन को पूरे सौ गज तक खींच सकता है?"

Thornton rispose freddamente: "Sì. Buck è abbastanza cane da farlo."

थॉर्नटन ने शांत भाव से उत्तर दिया, "हाँ। बक ऐसा करने के लिए पर्याप्त कुत्ता है।"

"Metterà in moto mille libbre e la tirerà per cento metri."

"वह एक हजार पाउंड का भार गति में डाल देगा, और उसे सौ गज तक खींच लेगा।"

Matthewson sorrise lentamente e si assicurò che tutti gli uomini udissero le sue parole.

मैथ्यूसन धीरे से मुस्कुराये और यह सुनिश्चित किया कि सभी लोग उनकी बातें सुनें।

"Ho mille dollari che dicono che non può. Eccoli."

"मेरे पास एक हज़ार डॉलर हैं जो कहते हैं कि वह ऐसा नहीं कर सकता। यह रहा।"

Sbatté sul bancone un sacco di polvere d'oro grande quanto una salsiccia.

उसने सॉसेज के आकार की सोने की धूल से भरी एक बोरी बार पर पटक दी।

Nessuno disse una parola. Il silenzio si fece pesante e teso intorno a loro.

कोई भी एक शब्द नहीं बोला। उनके चारों ओर सन्नाटा भारी और तनावपूर्ण हो गया।

Il bluff di Thornton, se mai lo fu, era stato preso sul serio.

थॉर्नटन की धमकी को - यदि वह झूठी थी - गंभीरता से लिया गया।

Sentì il calore salirgli al viso mentre il sangue gli affluiva alle guance.

उसने अपने चेहरे पर गर्मी महसूस की और खून उसके गालों पर चढ़ गया।

In quel momento la sua lingua aveva preceduto la ragione.

उस क्षण उसकी जीभ उसकी बुद्धि से आगे निकल गई थी।

Non sapeva davvero se Buck sarebbe riuscito a spostare mille libbre.

वह सचमुच नहीं जानता था कि बक एक हजार पाउंड का भार उठा सकता है या नहीं।

Mezza tonnellata! Solo la sua mole gli faceva sentire il cuore pesante.

आधा टन! सिर्फ़ इसके आकार से ही उसका दिल भारी हो गया।

Aveva fiducia nella forza di Buck e lo riteneva capace.

उन्हें बक की ताकत पर भरोसा था और वे उसे सक्षम समझते थे।

Ma non aveva mai affrontato una sfida di questo tipo, non in questo modo.

लेकिन उन्होंने कभी इस तरह की चुनौती का सामना नहीं किया था।

Una dozzina di uomini lo osservavano in silenzio, in attesa di vedere cosa avrebbe fatto.

एक दर्जन लोग चुपचाप उसे देख रहे थे, यह देखने के लिए कि वह क्या करेगा।

Lui non aveva i soldi, e nemmeno Hans e Pete.

उसके पास पैसे नहीं थे - न ही हंस के पास और न ही पीट के पास।

"Ho una slitta fuori", disse Matthewson in modo freddo e diretto.

मैथ्यूसन ने ठंडे और सीधे स्वर में कहा, "मेरे पास बाहर एक स्लेज है।"

"È carico di venti sacchi, da cinquanta libbre ciascuno, tutti di farina.

"इसमें बीस बोरियाँ भरी हुई हैं, प्रत्येक बोरी में पचास पाउंड आटा है।

Quindi non lasciare che la scomparsa della slitta diventi la tua scusa", ha aggiunto.

उन्होंने कहा, "इसलिए अब स्लेज गुम होने को अपना बहाना मत बनाइए।"

Thornton rimase in silenzio. Non sapeva che parole dire.

थॉर्नटन चुप खड़ा रहा। उसे समझ नहीं आ रहा था कि वह क्या कहे।

Guardò i volti intorno a sé senza vederli chiaramente.

उसने चारों ओर चेहरों को देखा, लेकिन उन्हें स्पष्ट रूप से नहीं देख सका।

Sembrava un uomo immerso nei suoi pensieri, che cercava di ripartire.

वह विचारों में डूबा हुआ एक आदमी लग रहा था, जो पुनः आरंभ करने का प्रयास कर रहा था।

Poi incontrò Jim O'Brien, un amico dei tempi dei Mastodon.

तभी उनकी मुलाकात जिम ओ'ब्रायन से हुई, जो मैस्टोडॉन के दिनों के उनके मित्र थे।

Quel volto familiare gli diede un coraggio che non sapeva di avere.

उस परिचित चेहरे ने उसे वह साहस दिया जिसका उसे पता भी नहीं था।

Si voltò e chiese a bassa voce: "Puoi prestarmi mille dollari?"

वह मुड़ा और धीमी आवाज़ में पूछा, "क्या आप मुझे एक हज़ार रुपये उधार दे सकते हैं?"

"Certo", disse O'Brien, lasciando cadere un pesante sacco vicino all'oro.

"ज़रूर," ओ'ब्रायन ने कहा, और सोने के पास एक भारी बोरी गिरा दी।

"Ma sinceramente, John, non credo che la bestia possa fare questo."

"लेकिन सच कहूं तो, जॉन, मुझे विश्वास नहीं है कि जानवर ऐसा कर सकता है।"

Tutti quelli presenti all'Eldorado Saloon si precipitarono fuori per assistere all'evento.

एल्डोरैडो सैलून में सभी लोग घटना देखने के लिए बाहर दौड़े।

Lasciarono tavoli e bevande e perfino le partite furono sospese.

उन्होंने अपनी मेजें और पेय पदार्थ छोड़ दिए, यहां तक कि खेल भी रोक दिए गए।

Croupier e giocatori accorsero per assistere alla conclusione di questa audace scommessa.

डीलर और जुआरी साहसिक दांव का अंत देखने के लिए आए थे।

Centinaia di persone si radunarono attorno alla slitta sulla strada ghiacciata.

बर्फीली खुली सड़क पर स्लेज के चारों ओर सैकड़ों लोग एकत्र हुए।

La slitta di Matthewson era carica di un carico completo di sacchi di farina.

मैथ्यूसन की स्लेज पर आटे की बोरियां भरी हुई थीं।

La slitta era rimasta ferma per ore a temperature sotto lo zero.

स्लेज घंटों तक शून्य से नीचे के तापमान में खड़ी रही।

I pattini della slitta erano congelati e incollati alla neve compatta.

स्लेज के धावक बर्फ से चिपके हुए थे।

Gli uomini scommettevano due a uno che Buck non sarebbe riuscito a spostare la slitta.

लोगों ने दो-एक की संभावना जताई कि बक स्लेज को नहीं हिला सकेगा।

Scoppiò una disputa su cosa significasse realmente "break out".

इस बात पर विवाद छिड़ गया कि वास्तव में "ब्रेक आउट" का क्या अर्थ है।

O'Brien ha affermato che Thornton dovrebbe allentare la base ghiacciata della slitta.

ओ'ब्रायन ने कहा कि थॉर्नटन को स्लेज के जमे हुए आधार को ढीला करना चाहिए।

Buck potrebbe quindi "rompere" una partenza solida e immobile.

बक तब एक ठोस, गतिहीन शुरुआत से "बाहर निकल" सकता था।

Matthewson sosteneva che anche il cane doveva liberare i corridori.

मैथ्यूसन ने तर्क दिया कि कुत्ते को भी धावकों को मुक्त करना होगा।

Gli uomini che avevano sentito la scommessa concordavano con Matthewson.

जिन लोगों ने शर्त सुनी थी वे मैथ्यूसन के विचार से सहमत थे।

Con questa sentenza, le probabilità contro Buck salirono a tre a uno.

इस निर्णय के साथ ही बक के विरुद्ध संभावना तीन-से-एक हो गई।

Nessuno si fece avanti per accettare le crescenti quote di tre a uno.

बढ़ती हुई तीन-से-एक की विषमता को स्वीकार करने के लिए कोई भी आगे नहीं आया।

Nessuno credeva che Buck potesse compiere la grande impresa.

किसी भी व्यक्ति को विश्वास नहीं था कि बक इतना महान कार्य कर सकता है।

Thornton era stato spinto a scommettere, pieno di dubbi.

थॉर्नटन को संदेहों से भरा हुआ शर्त में जल्दबाजी में शामिल किया गया था।

Ora guardava la slitta e la muta di dieci cani accanto ad essa.

अब उसने स्लेज और उसके पास खड़े दस कुत्तों के दल को देखा।

Vedere la realtà del compito lo faceva sembrare ancora più impossibile.

कार्य की वास्तविकता को देखकर यह और भी असम्भव लगने लगा।

In quel momento Matthewson era pieno di orgoglio e sicurezza.

उस क्षण मैथ्यूसन गर्व और आत्मविश्वास से भरे हुए थे।

"Tre a uno!" urlò. "Ne scommetto altri mille, Thornton!

"तीन से एक!" वह चिल्लाया। "मैं एक हज़ार और दांव लगाऊँगा, थॉर्नटन!

"Cosa dici?" aggiunse, abbastanza forte da farsi sentire da tutti.

आप क्या कहते हैं?" उन्होंने इतनी ऊंची आवाज में कहा कि सभी सुन सकें।

Il volto di Thornton esprimeva i suoi dubbi, ma il suo spirito era sollevato.

थॉर्नटन के चेहरे पर संदेह झलक रहा था, लेकिन उसका उत्साह बढ़ गया था।

Quello spirito combattivo ignorava le avversità e non temeva nulla.

उस लड़ाकू भावना ने मुश्किलों को नजरअंदाज कर दिया और किसी भी चीज से नहीं डरी।

Chiamò Hans e Pete perché portassero tutti i loro soldi al tavolo.

उन्होंने हंस और पीट को बुलाया और कहा कि वे अपनी सारी नकदी मेज पर ले आएं।

Non gli era rimasto molto altro: solo duecento dollari in tutto.

उनके पास बहुत कम पैसा बचा था - कुल मिलाकर केवल दो सौ डॉलर।

Questa piccola somma costituiva la loro intera fortuna nei momenti difficili.

यह छोटी सी रकम कठिन समय के दौरान उनकी कुल संपत्ति थी।

Ciononostante puntarono tutta la loro fortuna contro la scommessa di Matthewson.

फिर भी, उन्होंने मैथ्यूसन की शर्त पर अपनी सारी सम्पत्ति दांव पर लगा दी।

La muta composta da dieci cani venne sganciata e allontanata dalla slitta.

दस कुत्तों की टीम को अलग कर दिया गया और स्लेज से दूर ले जाया गया।

Buck venne messo alle redini, indossando la sua consueta imbracatura.

बक को उसकी परिचित लगाम पहनाकर कमान सौंपी गई।

Aveva colto l'energia della folla e ne aveva percepito la tensione.

उन्होंने भीड़ की ऊर्जा और तनाव को महसूस किया था।

In qualche modo sapeva che doveva fare qualcosa per John Thornton.

किसी तरह, उन्हें पता था कि उन्हें जॉन थॉर्नटन के लिए कुछ करना होगा।

La gente mormorava ammirata di fronte alla figura fiera del cane.

लोग कुत्ते की गर्वित आकृति को देखकर प्रशंसा से बड़बड़ाने लगे।

Era magro e forte, senza un solo grammo di carne in più.

वह दुबला-पतला और मजबूत था, उसके शरीर पर एक भी अतिरिक्त मांस नहीं था।

Il suo peso di centocinquanta chili era sinonimo di potenza e resistenza.

उनका पूरा वजन, जो कि एक सौ पचास पाउंड था, शक्ति और सहनशक्ति का प्रतीक था।

Il mantello di Buck brillava come la seta, denso di salute e forza.

बक का कोट रेशम की तरह चमक रहा था, जो स्वास्थ्य और शक्ति से भरपूर था।

La pelliccia sul collo e sulle spalle sembrava sollevarsi e drizzarsi.

उसकी गर्दन और कंधों के पास का फर ऊपर उठ गया और उसमें बाल खड़े हो गए।

La sua criniera si muoveva leggermente, ogni capello era animato dalla sua grande energia.

उसकी अयाल हल्की सी हिल रही थी, प्रत्येक बाल उसकी महान ऊर्जा से जीवंत था।

Il suo petto ampio e le sue gambe forti si sposavano bene con la sua corporatura pesante e robusta.

उसकी चौड़ी छाती और मजबूत पैर उसके भारी, मजबूत शरीर से मेल खाते थे।

I muscoli si tesero sotto il cappotto, tesi e sodi come ferro legato.

उसके कोट के नीचे मांसपेशियाँ फड़क रही थीं, लोहे की तरह सख्त और दृढ़।

Gli uomini lo toccavano e giuravano che era fatto come una macchina d'acciaio.

लोग उसे छूकर कसम खाते थे कि वह स्टील मशीन की तरह बना है।

Le probabilità contro il grande cane sono scese leggermente a due a uno.

महान कुत्ते के खिलाफ बाधाएं थोड़ी कम होकर दो से एक हो गईं।

Un uomo dei banchi di Skookum si fece avanti balbettando.

स्कूकम बेंचेज से एक आदमी हकलाते हुए आगे बढ़ा।

"Bene, signore! Offro ottocento per lui... prima della prova, signore!"

"अच्छा, सर! मैं उसके लिए आठ सौ की पेशकश करता हूँ - परीक्षण से पहले, सर!"

"Ottocento, così com'è adesso!" insistette l'uomo.

"अभी तो आठ सौ है!" आदमी ने जोर देकर कहा।

Thornton fece un passo avanti, sorrise e scosse la testa con calma.

थॉर्नटन आगे बढ़े, मुस्कुराये और शांति से अपना सिर हिलाया।

Matthewson intervenne rapidamente con tono ammonitore e aggrottando la fronte.

मैथ्यूसन ने तुरंत चेतावनी भरे स्वर में भौंहें सिकोड़ते हुए हस्तक्षेप किया।

"Devi allontanarti da lui", disse. "Dagli spazio."

उन्होंने कहा, "तुम्हें उससे दूर चले जाना चाहिए। उसे जगह दो।"

La folla tacque; solo i giocatori continuavano a offrire due a uno.

भीड़ शांत हो गई; केवल जुआरी ही अब भी दो-दो दांव लगा रहे थे।

Tutti ammiravano la corporatura di Buck, ma il carico sembrava troppo pesante.

सभी लोग बक के शरीर की प्रशंसा कर रहे थे, लेकिन उसका वजन बहुत अधिक था।

Venti sacchi di farina, ciascuno del peso di cinquanta libbre, sembravano decisamente troppi.

आटे की बीस बोरियाँ - प्रत्येक का वजन पचास पाउंड - बहुत ज़्यादा लग रही थीं।

Nessuno era disposto ad aprire la borsa e a rischiare i propri soldi.

कोई भी अपनी थैली खोलने और अपना पैसा जोखिम में डालने को तैयार नहीं था।

Thornton si inginocchiò accanto a Buck e gli prese la testa tra entrambe le mani.

थॉर्नटन बक के पास घुटनों के बल बैठ गया और उसके सिर को दोनों हाथों में ले लिया।

Premette la guancia contro quella di Buck e gli parlò all'orecchio.

उसने अपना गाल बक के गाल से सटाया और उसके कान में बोला।

Non c'erano più né scossoni giocosi né insulti affettuosi sussurrati.

अब कोई चंचल हिलाना-डुलाना या फुसफुसाकर प्यार भरी गालियाँ नहीं थीं।

Mormorò solo dolcemente: "Quanto mi ami, Buck."

वह केवल धीरे से बुदबुदाया, "जितना तुम मुझसे प्यार करते हो, बक।"

Buck emise un gemito sommesso, trattenendo a stento la sua impazienza.

बक ने धीमी सी कराह निकाली, उसकी उत्सुकता पर कोई काबू नहीं था।

Gli astanti osservavano con curiosità la tensione che aleggiava nell'aria.

दर्शक उत्सुकता से देख रहे थे क्योंकि वातावरण में तनाव व्याप्त था।

Quel momento sembrava quasi irreale, qualcosa che trascendeva la ragione.

वह क्षण लगभग अवास्तविक सा लगा, जैसे कुछ तर्क से परे हो।

Quando Thornton si alzò, Buck gli prese delicatamente la mano tra le fauci.

जब थॉर्नटन खड़ा हुआ, तो बक ने धीरे से उसका हाथ अपने जबड़े में ले लिया।

Premette con i denti, poi lasciò andare lentamente e delicatamente.

उसने अपने दांतों से दबाया, फिर धीरे से और धीरे से छोड़ दिया।

Fu una risposta silenziosa d'amore, non detta, ma compresa.

यह प्रेम का मौन उत्तर था, बोला हुआ नहीं, बल्कि समझा हुआ।

Thornton si allontanò di molto dal cane e diede il segnale.

थॉर्नटन कुत्ते से काफी पीछे हट गया और संकेत दिया।

"Ora, Buck", disse, e Buck rispose con calma concentrata.

"अब, बक," उन्होंने कहा, और बक ने ध्यान केंद्रित कर शांति से जवाब दिया।

Buck tese le corde, poi le allentò di qualche centimetro.

बक ने ट्रेस को पहले कस दिया, फिर कुछ इंच तक ढीला कर दिया।

Questo era il metodo che aveva imparato; il suo modo per rompere la slitta.

यह वह विधि थी जो उसने सीखी थी; स्लेज तोड़ने का उसका तरीका।

"Caspita!" urlò Thornton, con voce acuta nel silenzio pesante.

"जी!" थॉर्नटन चिल्लाया, उसकी आवाज़ भारी सन्नाटे में तीखी थी।

Buck si girò verso destra e si lanciò con tutto il suo peso.

बक दाहिनी ओर मुड़ा और अपना पूरा वजन डालकर आगे बढ़ा।

Il gioco svanì e tutta la massa di Buck colpì le timonerie strette.

ढीलापन गायब हो गया, और बक का पूरा शरीर तंग पटरियों से टकराया।

La slitta tremò e i pattini produssero un suono secco e scoppiettante.

स्लेज कांपने लगी और धावकों ने तीखी चटचटाहट वाली आवाज निकाली।
"Haw!" ordinò Thornton, cambiando di nuovo direzione a Buck.

"हाउ!" थॉर्नटन ने बक की दिशा फिर बदलते हुए आदेश दिया।
Buck ripeté la mossa, questa volta tirando bruscamente verso sinistra.

बक ने यही चाल दोहराई, इस बार वह तेजी से बायीं ओर खिंचा।
La slitta scricchiolava più forte, i pattini schioccavano e si spostavano.

स्लेज की आवाज तेज हो गई, धावक झटके खाने लगे और इधर-उधर हिलने लगे।
Il pesante carico scivolò leggermente di lato sulla neve ghiacciata.

भारी बोझ जमी हुई बर्फ पर थोड़ा सा बगल की ओर खिसक गया।
La slitta si era liberata dalla presa del sentiero ghiacciato!

स्लेज बर्फीले रास्ते की पकड़ से मुक्त हो गयी थी!
Gli uomini trattennero il respiro, inconsapevoli di non stare nemmeno respirando.

पुरुषों ने अपनी सांस रोक ली, उन्हें पता ही नहीं था कि वे सांस भी नहीं ले रहे हैं।
"Ora, TIRA!" gridò Thornton nel silenzio glaciale.

"अब, खींचो!" थॉर्नटन ने जमी हुई खामोशी के पार चिल्लाकर कहा।
Il comando di Thornton risuonò netto, come lo schiocco di una frusta.

थॉर्नटन का आदेश चाबुक की तड़तड़ाहट की तरह तीव्र सुनाई दिया।
Buck si lanciò in avanti con un affondo violento e violento.

बक ने स्वयं को एक भयंकर और झटके के साथ आगे की ओर फेंका।
Tutto il suo corpo si irrigidì e si contrasse sotto l'enorme sforzo.

उसका पूरा शरीर भारी तनाव के कारण तनावग्रस्त और सिकुड़ गया।
I muscoli si muovevano sotto la pelliccia come serpenti che prendevano vita.

उसके फर के नीचे मांसपेशियाँ ऐसे लहरा रही थीं जैसे जीवित साँप हों।

Il suo grande petto era basso e la testa era protesa in avanti verso la slitta.

उसकी बड़ी छाती नीचे झुकी हुई थी, सिर स्लेज की ओर आगे की ओर बढ़ा हुआ था।

Le sue zampe si muovevano come fulmini e gli artigli fendevano il terreno ghiacciato.

उसके पंजे बिजली की तरह चलते थे, और उसके पंजे जमी हुई ज़मीन को चीरते थे।

I solchi erano profondi mentre lottava per ogni centimetro di trazione.

वह प्रत्येक इंच पकड़ के लिए संघर्ष कर रहा था, तथा खांचे गहरे हो गए थे।

La slitta ondeggiò, tremò e cominciò a muoversi lentamente e in modo inquieto.

स्लेज हिलने लगी, कांपने लगी और धीमी, असहज गति से चलने लगी।

Un piede scivolò e un uomo tra la folla gemette ad alta voce.

एक पैर फिसला और भीड़ में से एक आदमी जोर से कराह उठा।

Poi la slitta si lanciò in avanti con un movimento brusco e a scatti.

तभी स्लेज झटके के साथ, उग्र गति से आगे बढ़ी।

Non si fermò più: mezzo pollice...un pollice...cinque pollici in più.

यह फिर नहीं रुका - आधा इंच...एक इंच...दो इंच और।

Gli scossoni si fecero più lievi man mano che la slitta cominciava ad acquistare velocità.

जैसे-जैसे स्लेज ने गति पकड़नी शुरू की, झटके कम होते गए।

Presto Buck cominciò a tirare con una potenza fluida e uniforme.

जल्द ही बक सहज, समान, लुढ़कती शक्ति के साथ खींचने लगा।

Gli uomini sussultarono e finalmente si ricordarono di respirare di nuovo.

लोगों की सांस फूलने लगी और अंततः उन्हें दोबारा सांस लेने की याद आई।

Non si erano accorti che il loro respiro si era fermato per lo stupore.

उन्हें पता ही नहीं चला कि भय के कारण उनकी सांसें रुक गई थीं।

Thornton gli corse dietro, gridando comandi brevi e allegri.

थॉर्नटन पीछे दौड़ा और छोटे-छोटे, प्रसन्नचित्त आदेश देता हुआ बोला।

Davanti a noi c'era una catasta di legna da ardere che segnava la distanza.

आगे लकड़ियों का ढेर था जो दूरी का संकेत दे रहा था।

Mentre Buck si avvicinava al mucchio, gli applausi diventavano sempre più forti.

जैसे ही बक ढेर के पास पहुंचा, जयजयकार और तेज होती गई।

Gli applausi crebbero fino a diventare un boato quando Buck superò il traguardo.

जैसे ही बक अंतिम बिंदु से आगे बढ़ा, जयजयकार गर्जना में बदल गई।

Gli uomini saltarono e gridarono, perfino Matthewson sorrise.

लोग उछलने लगे और चिल्लाने लगे, यहां तक कि मैथ्यूसन भी मुस्कुराने लगा।

I cappelli volavano in aria e i guanti venivano lanciati senza pensarci o mirare.

टोपियाँ हवा में उड़ने लगीं, दस्ताने बिना सोचे-समझे या उद्देश्य के उछाले जाने लगे।

Gli uomini si afferrarono e si strinsero la mano senza sapere chi.

पुरुषों ने एक दूसरे को पकड़ लिया और बिना यह जाने कि वे कौन हैं, हाथ मिलाया।

Tutta la folla era in delirio, in un tripudio di gioia e di entusiasmo.

पूरी भीड़ उन्मत्त, आनन्दपूर्ण उत्सव में झूम उठी।

Thornton cadde in ginocchio accanto a Buck con le mani tremanti.

थॉर्नटन कांपते हाथों से बक के पास घुटनों के बल बैठ गया।

Premette la testa contro quella di Buck e lo scosse delicatamente avanti e indietro.

उसने अपना सिर बक के सिर से सटाया और उसे धीरे से आगे-पीछे हिलाया।

Chi si avvicinava lo sentiva maledire il cane con amore silenzioso.

जो लोग उसके पास गए, उन्होंने उसे शांत प्रेम से कुत्ते को कोसते हुए सुना।

Imprecò a lungo contro Buck, con dolcezza, calore, emozione.

वह काफी देर तक बक को गालियाँ देता रहा - धीरे से, गर्मजोशी से, भावुकता से।

"Bene, signore! Bene, signore!" esclamò di corsa il re della panchina di Skookum.

"अच्छा, सर! अच्छा, सर!" स्कूकम बेंच राजा ने जल्दी से चिल्लाया।

"Le darò mille, anzi milleduecento, per quel cane, signore!"

"मैं आपको उस कुत्ते के लिए एक हज़ार - नहीं, बारह सौ - दूँगा, सर!"

Thornton si alzò lentamente in piedi, con gli occhi brillanti di emozione.

थॉर्नटन धीरे-धीरे अपने पैरों पर खड़ा हुआ, उसकी आँखें भावनाओं से चमक रही थीं।

Le lacrime gli rigavano le guance senza alcuna vergogna.

बिना किसी शर्म के उसके गालों पर खुलकर आँसू बहने लगे।

"Signore", disse al re della panchina di Skookum, con fermezza e fermezza

"सर," उसने स्कूकम बेंच राजा से स्थिर और दृढ़ स्वर में कहा

"No, signore. Può andare all'inferno, signore. Questa è la mia risposta definitiva."

"नहीं, सर। आप नरक में जा सकते हैं, सर। यह मेरा अंतिम उत्तर है।"

Buck afferrò delicatamente la mano di Thornton tra le sue forti mascelle.

बक ने थॉर्नटन का हाथ धीरे से अपने मजबूत जबड़ों में पकड़ लिया।

Thornton lo scosse scherzosamente; il loro legame era più profondo che mai.

थॉर्नटन ने उसे खेल-खेल में हिलाया, उनका रिश्ता पहले की तरह गहरा था।

La folla, commossa dal momento, fece un passo indietro in silenzio.

इस क्षण से द्रवित भीड़ चुपचाप पीछे हट गई।

Da quel momento in poi nessuno osò più interrompere un affetto così sacro.

तब से, किसी ने भी ऐसे पवित्र स्नेह को बाधित करने का साहस नहीं किया।

Il suono della chiamata

पुकार की ध्वनि

Buck aveva guadagnato milleseicento dollari in cinque minuti.

बक ने पाँच मिनट में सोलह सौ डॉलर कमा लिये थे।

Il denaro permise a John Thornton di saldare alcuni dei suoi debiti.

इस धन से जॉन थॉर्नटन ने अपने कुछ कर्ज चुकाये।

Con il resto del denaro si diresse verso est insieme ai suoi soci.

बाकी बचे पैसों से वह अपने साझेदारों के साथ पूर्व की ओर चल पड़ा।

Cercarono una leggendaria miniera perduta, antica quanto il paese stesso.

वे एक ऐसी खोई हुई खदान की तलाश में थे, जो देश जितनी ही पुरानी थी।

Molti uomini avevano cercato la miniera, ma pochi l'avevano trovata.

कई लोगों ने खदान की खोज की थी, लेकिन बहुत कम लोग इसे खोज पाए थे।

Molti uomini erano scomparsi durante la pericolosa ricerca.

इस खतरनाक खोज के दौरान कई लोग गायब हो गये थे।

Questa miniera perduta era avvolta nel mistero e nella vecchia tragedia.

यह खोई हुई खदान रहस्य और पुरानी त्रासदी दोनों से लिपटी हुई थी।

Nessuno sapeva chi fosse stato il primo uomo a scoprire la miniera.

कोई नहीं जानता था कि खदान खोजने वाला पहला व्यक्ति कौन था।

Le storie più antiche non menzionano nessuno per nome.

सबसे पुरानी कहानियों में किसी का नाम नहीं लिया गया है।

Lì c'era sempre stata una vecchia capanna fatiscente.

वहाँ हमेशा से एक पुराना जर्जर केबिन रहा था।

I moribondi avevano giurato che vicino a quella vecchia capanna ci fosse una miniera.

मरते हुए लोगों ने कसम खाई थी कि उस पुराने केबिन के बगल में एक बारूदी सुरंग थी।

Hanno dimostrato le loro storie con un oro che non ha eguali altrove.

उन्होंने अपनी कहानियों को सोने से प्रमाणित किया जैसा अन्यत्र कहीं नहीं मिलता।

Nessuna anima viva aveva mai saccheggiato il tesoro da quel luogo.

किसी भी जीवित आत्मा ने उस स्थान से खजाना कभी नहीं लूटा था।

I morti erano morti e i morti non raccontano storie.

मरे हुए लोग तो मरे हुए हैं, और मरे हुए लोग कोई कहानी नहीं बताते।

Così Thornton e i suoi amici si diressero verso Est.

इसलिए थॉर्नटन और उसके दोस्त पूर्व की ओर चले गए।

Si unirono a noi Pete e Hans, portando con sé Buck e sei cani robusti.

पीट और हंस भी बक और छह मजबूत कुत्तों को साथ लेकर आये।

Si avviarono lungo un sentiero sconosciuto dove altri avevano fallito.

वे एक अज्ञात रास्ते पर चल पड़े, जहां अन्य लोग असफल हो गए थे।

Percorsero in slitta settanta miglia lungo il fiume Yukon ghiacciato.

उन्होंने जमी हुई युकोन नदी पर सत्तर मील तक स्लेज से यात्रा की।

Girarono a sinistra e seguirono il sentiero verso lo Stewart.

वे बायीं ओर मुड़े और स्टीवर्ट नदी के रास्ते पर चले गए।

Superarono il Mayo e il McQuestion e proseguirono oltre.

वे मेयो और मैककेश्चन को पार करते हुए आगे बढ़ गए।

Lo Stewart si restringeva fino a diventare un ruscello, infilandosi tra cime frastagliate.

स्टीवर्ट नदी सिकुड़कर एक धारा में बदल गई, जिसके दांतेदार शिखर उभर आए।

Queste vette aguzze rappresentavano la spina dorsale del continente.

ये तीखी चोटियाँ महाद्वीप की रीढ़ की हड्डी का प्रतीक थीं।

John Thornton pretendeva poco dagli uomini e dalla terra selvaggia.

जॉन थॉर्नटन को मनुष्यों या जंगली भूमि से कोई खास अपेक्षा नहीं थी।

Non temeva nulla della natura e affrontava la natura selvaggia con disinvoltura.

उन्हें प्रकृति से किसी भी चीज का डर नहीं था और उन्होंने जंगली जीवन का सामना सहजता से किया।

Con solo del sale e un fucile poteva viaggiare dove voleva.

केवल नमक और एक राइफल के साथ वह जहां चाहे यात्रा कर सकता था।

Come gli indigeni, durante il viaggio cacciava per procurarsi il cibo.

स्थानीय लोगों की तरह वह भी यात्रा करते समय भोजन की तलाश में रहते थे।

Se non prendeva nulla, continuava ad andare avanti, confidando nella fortuna che lo attendeva.

यदि उसे कुछ नहीं मिलता तो वह भाग्य पर भरोसा करते हुए आगे बढ़ता रहता।

Durante questo lungo viaggio, la carne era l'alimento principale di cui si nutrivano.

इस लम्बी यात्रा में मांस ही मुख्य चीज थी जो उन्होंने खाई।

La slitta trasportava attrezzi e munizioni, ma non c'era un orario preciso.

स्लेज में औजार और गोला-बारूद तो था, लेकिन कोई सख्त समय-सारणी नहीं थी।

Buck amava questo vagabondare, la caccia e la pesca senza fine.

बक को यह भ्रमण, अंतहीन शिकार और मछली पकड़ना बहुत पसंद था।

Per settimane viaggiarono senza sosta, giorno dopo giorno.

कई सप्ताह तक वे लगातार दिन-रात यात्रा करते रहे।

Altre volte si accampavano e restavano fermi per settimane.

कभी-कभी वे शिविर बनाकर हफ्तों तक वहीं रहते थे।

I cani riposarono mentre gli uomini scavavano nel terreno ghiacciato.

जब लोग जमी हुई मिट्टी खोद रहे थे, तब कुत्ते आराम कर रहे थे।

Scaldavano le padelle sul fuoco e cercavano l'oro nascosto.

वे आग पर बर्तन गर्म करते और उसमें छिपे हुए सोने की खोज करते।

C'erano giorni in cui pativano la fame, altri in cui banchettavano.

कुछ दिन वे भूखे रहे, और कुछ दिन उन्होंने दावतें खाईं।

Il loro pasto dipendeva dalla selvaggina e dalla fortuna della caccia.

उनका भोजन खेल और शिकार के भाग्य पर निर्भर करता था।

Con l'arrivo dell'estate, uomini e cani caricavano carichi sulle spalle.

जब गर्मियां आती थीं, तो लोग और कुत्ते अपनी पीठ पर बोझ लाद लेते थे।

Fecero rafting sui laghi azzurri nascosti nelle foreste di montagna.

उन्होंने पहाड़ी जंगलों में छिपी नीली झीलों पर राफ्टिंग की।

Navigavano su imbarcazioni sottili su fiumi che nessun uomo aveva mai mappato.

वे उन नदियों पर पतली नावें चलाते थे जिनका मानचित्र कभी किसी मनुष्य ने नहीं बनाया था।

Quelle barche venivano costruite con gli alberi che avevano segato in natura.

वे नावें जंगल में काटे गए पेड़ों से बनाई गई थीं।

Passarono i mesi e loro viaggiarono attraverso terre selvagge e sconosciute.

कई महीने बीत गए और वे जंगली अनजान भूमि से होकर गुज़रते रहे।

Non c'erano uomini lì, ma vecchie tracce lasciavano intendere che alcuni di loro fossero presenti.

वहाँ कोई आदमी नहीं था, फिर भी पुराने निशानों से संकेत मिलता है कि वहाँ आदमी थे।

Se la Capanna Perduta fosse esistita davvero, allora altre persone in passato erano passate da lì.

यदि खोया हुआ केबिन वास्तविक था, तो अन्य लोग भी कभी इस रास्ते से आये होंगे।

Attraversavano passi alti durante le bufere di neve, anche d'estate.

वे बर्फानी तूफानों में भी, यहाँ तक कि गर्मियों के दौरान भी, ऊँचे दर्रे पार करते थे।

Rabbrividivano sotto il sole di mezzanotte sui pendii brulli delle montagne.

वे नंगे पहाड़ी ढलानों पर आधी रात के सूरज के नीचे ठिठुर रहे थे।

Tra il limite degli alberi e i campi di neve, salivano lentamente.

वृक्षों और बर्फ के मैदानों के बीच वे धीरे-धीरे चढ़ते रहे।

Nelle valli calde, scacciavano nuvole di moscerini e mosche.

गर्म घाटियों में, वे मक्खियों और मच्छरों के झुंड को मारते थे।

Raccolsero bacche dolci vicino ai ghiacciai nel pieno della fioritura estiva.

उन्होंने गर्मियों में खिले ग्लेशियरों के पास से मीठे जामुन तोड़े।

I fiori che trovarono erano belli quanto quelli del Southland.

उन्हें जो फूल मिले वे साउथलैंड के फूलों जैसे ही सुन्दर थे।

Quell'autunno giunsero in una regione solitaria piena di laghi silenziosi.

उस पतझड़ में वे शांत झीलों से भरे एक सुनसान क्षेत्र में पहुँच गये।

La terra era triste e vuota, un tempo brulicava di uccelli e animali.

यह भूमि उदास और खाली थी, जहां कभी पक्षी और जानवर रहते थे।

Ora non c'era più vita, solo il vento e il ghiaccio che si formava nelle pozze.

अब वहाँ कोई जीवन नहीं था, केवल हवा और तालाबों में जमती बर्फ थी।

Le onde lambivano le rive deserte con un suono dolce e lugubre.

लहरें खाली तटों से मृदु, शोकपूर्ण ध्वनि के साथ टकरा रही थीं।

Arrivò un altro inverno e loro seguirono di nuovo deboli e vecchi sentieri.

एक और सर्दी आई और वे फिर से धुंधले, पुराने रास्तों पर चल पड़े।

Erano le tracce di uomini che avevano cercato molto prima di loro.

ये उन लोगों के निशान थे जिन्होंने इनसे बहुत पहले खोज की थी।

Una volta trovarono un sentiero che si inoltrava nel profondo della foresta oscura.

एक बार उन्हें अंधेरे जंगल में एक रास्ता मिल गया।

Era un vecchio sentiero e sentivano che la baita perduta era vicina.

यह एक पुराना रास्ता था और उन्हें लगा कि खोया हुआ केबिन नजदीक ही है।

Ma il sentiero non portava da nessuna parte e si perdeva nel fitto del bosco.

लेकिन रास्ता कहीं नहीं गया और घने जंगल में लुप्त हो गया।

Nessuno sapeva chi avesse tracciato il sentiero e perché lo avesse fatto.

यह रास्ता किसने बनाया और क्यों बनाया, यह कोई नहीं जानता।

Più tardi trovarono i resti di una capanna nascosta tra gli alberi.

बाद में उन्हें पेड़ों के बीच छिपे एक लॉज का मलबा मिला।

Coperte marce erano sparse dove un tempo qualcuno aveva dormito.

जहां कभी कोई सोया था, वहां सड़े हुए कम्बल बिखरे पड़े थे।

John Thornton trovò sepolto all'interno un fucile a pietra focaia a canna lunga.

जॉन थॉर्नटन को अंदर दबा हुआ एक लंबी बैरल वाला फ्लिंटलॉक मिला।

Sapeva fin dai primi tempi che si trattava di un cannone della Hudson Bay.

उन्हें शुरुआती कारोबारी दिनों से ही पता था कि यह हडसन बे की बंदूक है।

A quei tempi, tali armi venivano barattate con pile di pelli di castoro.

उन दिनों ऐसी बंदूकों का व्यापार ऊदबिलाव की खाल के ढेर के बदले में किया जाता था।

Questo era tutto: non rimaneva alcuna traccia dell'uomo che aveva costruito la loggia.

बस इतना ही था - लॉज बनाने वाले व्यक्ति का कोई सुराग नहीं बचा।

Arrivò di nuovo la primavera e non trovarono traccia della Capanna Perduta.

फिर वसंत आया और उन्हें खोए हुए केबिन का कोई निशान नहीं मिला।

Invece trovarono un'ampia valle con un ruscello poco profondo.

इसके बजाय उन्हें एक उथली धारा वाली चौड़ी घाटी मिली।

L'oro si stendeva sul fondo della pentola come burro giallo e liscio.

पैन के तले पर चिकने, पीले मक्खन की तरह सोना फैला हुआ था।

Si fermarono lì e non cercarono oltre la cabina.

वे वहीं रुक गए और केबिन की और खोज नहीं की।

Ogni giorno lavoravano e ne trovavano migliaia di pezzi in polvere d'oro.

प्रत्येक दिन वे काम करते थे और हजारों की संख्या में सोने की धूल ढूंढते थे।

Confezionarono l'oro in sacchi di pelle di alce, da cinquanta libbre ciascuno.

उन्होंने सोने को मूस की खाल से बने बैगों में पैक किया, प्रत्येक बैग का वजन पचास पाउंड था।

I sacchi erano accatastati come legna da ardere fuori dal loro piccolo rifugio.

उनके छोटे से लॉज के बाहर बैगों को जलाऊ लकड़ी की तरह ढेर करके रखा गया था।

Lavoravano come giganti e i giorni trascorrevano veloci come sogni.

वे दिग्गजों की तरह काम करते थे, और दिन सपनों की तरह बीतते थे।

Accumularono tesori mentre gli infiniti giorni trascorrevano rapidamente.

जैसे-जैसे अंतहीन दिन तेजी से बीतते गए, उन्होंने खजाना इकट्ठा करना जारी रखा।

I cani avevano ben poco da fare, se non trasportare la carne di tanto in tanto.

कुत्तों के पास अब मांस ढोने के अलावा कोई और काम नहीं था।

Thornton cacciò e uccise la selvaggina, mentre Buck si sdraiò accanto al fuoco.

थॉर्नटन शिकार करता और उसे मारता था, और बक आग के पास लेटा रहता था।

Trascorse lunghe ore in silenzio, perso nei pensieri e nei ricordi.

वह कई घंटे मौन रहकर विचारों और स्मृतियों में खोए रहते थे।

L'immagine dell'uomo peloso tornava sempre più spesso alla mente di Buck.

बक के मन में बालों वाले आदमी की छवि बार-बार आती थी।

Ora che il lavoro scarseggiava, Buck sognava mentre sbatteva le palpebre verso il fuoco.

अब चूंकि काम कम हो गया था, बक आग के पास आंखें झपकाते हुए सपने देखने लगा।

In quei sogni, Buck vagava con l'uomo in un altro mondo.

उन सपनों में, बक उस आदमी के साथ दूसरी दुनिया में भटकता रहा।

La paura sembrava il sentimento più forte in quel mondo lontano.

उस दूर के संसार में भय सबसे प्रबल भावना प्रतीत हो रही थी।

Buck vide l'uomo peloso dormire con la testa bassa.

बक ने देखा कि वह बालों वाला आदमी सिर झुकाए सो रहा था।

Aveva le mani giunte e il suo sonno era agitato e interrotto.

उसके हाथ आपस में बंधे हुए थे और उसकी नींद बेचैन और टूटी हुई थी।

Si svegliava di soprassalto e fissava il buio con timore.

वह अचानक जाग जाता था और भयभीत होकर अंधेरे में देखता रहता था।

Poi aggiungeva altra legna al fuoco per mantenere viva la fiamma.

फिर वह आग की लौ को तेज बनाए रखने के लिए उसमें और लकड़ियाँ डालता।

A volte camminavano lungo una spiaggia in riva a un mare grigio e infinito.

कभी-कभी वे धूसर, अंतहीन समुद्र के किनारे समुद्र तट पर टहलते थे।

L'uomo peloso raccolse i frutti di mare e li mangiò mentre camminava.

बालों वाला आदमी चलते-चलते सीपदार मछलियाँ उठाता और खाता रहा।

I suoi occhi cercavano sempre pericoli nascosti nell'ombra.

उसकी आँखें हमेशा छाया में छिपे खतरों की तलाश में रहती थीं।

Le sue gambe erano sempre pronte a scattare al primo segno di minaccia.

खतरे का पहला संकेत मिलते ही उसके पैर दौड़ने के लिए हमेशा तैयार रहते थे।

Avanzavano furtivamente nella foresta, silenziosi e cauti, uno accanto all'altro.

वे जंगल में एक-दूसरे के साथ-साथ चुपचाप और सतर्क होकर रेंगते रहे।

Buck lo seguì alle calcagna, ed entrambi rimasero all'erta.

बक उसके पीछे-पीछे गया, और वे दोनों सतर्क रहे।

Le loro orecchie si muovevano e si contraevano, i loro nasi fiutavano l'aria.

उनके कान फड़कने लगे और हिलने लगे, उनकी नाक हवा सूँघने लगी।

L'uomo riusciva a sentire e ad annusare la foresta in modo altrettanto acuto quanto Buck.

वह आदमी जंगल की आवाज़ को बक की तरह ही तेज़ी से सुन और सूंघ सकता था।

L'uomo peloso si lanciò tra gli alberi a velocità improvvisa.

बालों वाला आदमी अचानक तेजी से पेड़ों के बीच से गुजरा।

Saltava da un ramo all'altro senza mai perdere la presa.

वह एक डाल से दूसरी डाल पर छलांग लगाता रहा, लेकिन उसकी पकड़ कभी ढीली नहीं पड़ी।

Si muoveva con la stessa rapidità con cui si muoveva sopra e sopra il terreno.

वह जमीन पर जितनी तेजी से चलता था, उतनी ही तेजी से ऊपर भी चलता था।

Buck ricordava le lunghe notti passate sotto gli alberi a fare la guardia.

बक को पेड़ों के नीचे पहरा देते हुए बिताई गई लंबी रातें याद थीं।

L'uomo dormiva appollaiato sui rami, aggrappandosi forte.

वह आदमी शाखाओं से चिपककर सो गया।

Questa visione dell'uomo peloso era strettamente legata al richiamo profondo.

बालों वाले आदमी का यह दर्शन गहरी पुकार से बहुत निकटता से जुड़ा हुआ था।

Il richiamo risuonava ancora nella foresta con una forza inquietante.

वह पुकार अभी भी जंगल में भयावह शक्ति के साथ गूंजती है।

La chiamata riempì Buck di desiderio e di un inquieto senso di gioia.

इस कॉल ने बक को लालसा और खुशी की बेचैन भावना से भर दिया।

Sentì strani impulsi e stimoli a cui non riusciva a dare un nome.

उसे अजीब सी इच्छाएं और हलचल महसूस हुई जिनका वह नाम नहीं बता सका।

A volte seguiva la chiamata inoltrandosi nel silenzio dei boschi.

कभी-कभी वह उस पुकार का पीछा करते हुए जंगल की शांत गहराई में चला जाता था।

Cercava il richiamo, abbaiando piano o bruscamente mentre camminava.

वह पुकार की तलाश में था, चलते समय धीरे से या तेजी से भौंकता हुआ।

Annusò il muschio e il terreno nero dove cresceva l'erba.

उसने उस जगह पर काई और काली मिट्टी को सूँघा जहाँ घास उगी हुई थी।

Sbuffò di piacere sentendo i ricchi odori della terra profonda.

वह गहरी धरती की समृद्ध गंध से प्रसन्न होकर सूँघने लगा।

Rimase accovacciato per ore dietro i tronchi ricoperti di funghi.

वह घंटों तक फफूंद से ढके पेड़ों के पीछे दुबका रहा।

Rimase immobile, ascoltando con gli occhi sgranati ogni minimo rumore.

वह चुपचाप खड़ा रहा और अपनी आँखें चौड़ी करके हर छोटी सी आवाज़ को सुनता रहा।

Forse sperava di sorprendere la cosa che aveva emesso la chiamata.

हो सकता है कि वह उस चीज़ को आश्चर्यचकित करने की आशा कर रहा हो जिसने कॉल दिया था।

Non sapeva perché si comportava in quel modo: lo faceva e basta.

वह नहीं जानता था कि उसने ऐसा क्यों किया - उसने बस ऐसा किया।

Questi impulsi provenivano dal profondo, al di là del pensiero o della ragione.

ये इच्छाएं भीतर से आती थीं, विचार या तर्क से परे।

Buck fu colto da impulsi irresistibili, senza preavviso o motivo.

अदम्य इच्छाओं ने बिना किसी चेतावनी या कारण के बक को जकड़ लिया।

A volte sonnecchiava pigramente nell'accampamento, sotto il caldo di mezzogiorno.

कभी-कभी वह दोपहर की गर्मी में शिविर में आलस से झपकी ले रहा था।

All'improvviso sollevò la testa e le sue orecchie si drizzarono in allerta.

अचानक, उसका सिर उठा और उसके कान चौकन्ने होकर ऊपर उठ गये।

Poi balzò in piedi e si lanciò nella natura selvaggia senza fermarsi.

फिर वह उछल पड़ा और बिना रुके जंगल की ओर भाग गया।

Corse per ore attraverso sentieri forestali e spazi aperti.

वह जंगल के रास्तों और खुले स्थानों पर घंटों दौड़ता रहा।

Amava seguire i letti asciutti dei torrenti e spiare gli uccelli sugli alberi.

उसे सूखी नदियों के किनारे घूमना और पेड़ों पर पक्षियों की जासूसी करना बहुत पसंद था।

Poteva restare nascosto tutto il giorno, osservando le pernici che si pavoneggiavano in giro.

वह सारा दिन छिपकर लेटा रह सकता था, और इधर-उधर घूमते तीतरों को देखता रह सकता था।

Suonavano i tamburi e marciavano, ignari della presenza immobile di Buck.

वे ढोल बजाते और मार्च करते रहे, बक की उपस्थिति से अनभिज्ञ।

Ma ciò che amava di più era correre al crepuscolo estivo.

लेकिन उन्हें सबसे ज्यादा पसंद था गर्मियों में शाम के समय दौड़ना।

La luce fioca e i suoni assonnati della foresta lo riempivano di gioia.

मंद रोशनी और जंगल की नींद भरी आवाज़ें उसे खुशी से भर रही थीं।

Leggeva i cartelli della foresta con la stessa chiarezza con cui un uomo legge un libro.

उन्होंने जंगल के चिह्नों को इतनी स्पष्टता से पढ़ा जैसे कोई व्यक्ति किताब पढ़ता है।

E cercava sempre la strana cosa che lo chiamava.

और वह हमेशा उस अजीब चीज़ को खोजता रहता था जो उसे बुलाती थी।

Quella chiamata non si è mai fermata: lo raggiungeva sia da sveglio che nel sonno.

वह पुकार कभी रुकी नहीं - वह जागते या सोते समय उसके पास पहुंचती थी।

Una notte si svegliò di soprassalto, con gli occhi acuti e le orecchie tese.

एक रात वह अचानक जाग गया, उसकी आँखें तेज़ और कान ऊँचे थे।

Le sue narici si contrassero mentre la sua criniera si rizzava in onde.

उसके नथुने फड़क रहे थे, जबकि उसके बाल लहरों की तरह खड़े थे।

Dal profondo della foresta giunse di nuovo quel suono, il vecchio richiamo.

जंगल के गहरे भाग से फिर वही आवाज़ आई, वही पुरानी पुकार।

Questa volta il suono risuonò chiaro, un ululato lungo, inquietante e familiare.

इस बार आवाज स्पष्ट सुनाई दी, एक लंबी, भयावह, परिचित चीख।

Era come il verso di un husky, ma dal tono strano e selvaggio.

यह कर्कश चीख की तरह थी, लेकिन स्वर में अजीब और जंगली।

Buck riconobbe subito quel suono: lo aveva già sentito molto tempo prima.

बक को तुरन्त ही वह आवाज पहचान गई - उसने ठीक वैसी ही आवाज बहुत पहले सुनी थी।

Attraversò con un balzo l'accampamento e scomparve rapidamente nel bosco.

वह शिविर से छलांग लगाकर तेजी से जंगल में गायब हो गया।

Avvicinandosi al suono, rallentò e si mosse con cautela.

जैसे ही वह आवाज के निकट पहुंचा, उसने अपनी गति धीमी कर ली और सावधानी से आगे बढ़ा।

Presto raggiunse una radura tra fitti pini.

जल्द ही वह घने देवदार के पेड़ों के बीच एक खुले स्थान पर पहुंच गया।

Lì, ritto sulle zampe posteriori, sedeva un lupo grigio alto e magro.

वहाँ, एक लंबा, दुबला-पतला भेड़िया अपने कूल्हों के बल सीधा बैठा था।

Il naso del lupo puntava verso il cielo, continuando a riecheggiare il richiamo.

भेड़िये की नाक आसमान की ओर उठी हुई थी, तथा अभी भी आवाज गूंज रही थी।

Buck non aveva emesso alcun suono, eppure il lupo si fermò e ascoltò.

बक ने कोई आवाज नहीं की, फिर भी भेड़िया रुक गया और सुनने लगा।

Percependo qualcosa, il lupo si irrigidì e scrutò l'oscurità.

कुछ आभास होने पर भेड़िया घबरा गया और अंधेरे में खोज करने लगा।

Buck si fece avanti furtivamente, con il corpo basso e i piedi ben appoggiati al terreno.

हिरन धीरे-धीरे नज़र आया, उसका शरीर झुका हुआ था, पैर ज़मीन पर शांत थे।

La sua coda era dritta e il suo corpo era teso e teso.

उसकी पूँछ सीधी थी, उसका शरीर तनाव से कड़ा हो गया था।

Manifestava sia un atteggiamento minaccioso che una sorta di rude amicizia.

उन्होंने धमकी और एक प्रकार की कठोर मित्रता दोनों का प्रदर्शन किया।

Era il saluto cauto tipico delle bestie selvatiche.

यह जंगली जानवरों द्वारा किया जाने वाला सतर्क अभिवादन था।

Ma il lupo si voltò e fuggì non appena vide Buck.

लेकिन जैसे ही भेड़िये ने बक को देखा, वह मुड़कर भाग गया।

Buck si lanciò all'inseguimento, saltando selvaggiamente, desideroso di raggiungerlo.

बक ने बेतहाशा छलांग लगाते हुए उसका पीछा किया, ताकि वह उससे आगे निकल जाए।

Seguì il lupo in un ruscello secco bloccato da un ingorgo di tronchi.

वह भेड़िये का पीछा करते हुए एक सूखी नदी तक पहुंचा जो लकड़ी के ढेर से अवरुद्ध थी।

Messo alle strette, il lupo si voltò e rimase fermo.

कोने में फँसकर भेड़िया घूम गया और अपनी जगह पर खड़ा हो गया।

Il lupo ringhiò e schioccò i denti come un husky intrappolato in una rissa.

भेड़िया किसी लड़ाई में फंसे हुए कर्कश कुत्ते की तरह गुर्राया और झपट पड़ा।

I denti del lupo schioccarono rapidamente e il suo corpo si irrigidì per la furia selvaggia.

भेड़िये के दांत तेजी से बजने लगे, उसका शरीर भयंकर क्रोध से भर गया।

Buck non attaccò, ma girò intorno al lupo con attenta cordialità.

बक ने हमला नहीं किया, बल्कि सावधानीपूर्वक मित्रतापूर्वक भेड़िये के चारों ओर चक्कर लगाया।

Cercò di bloccargli la fuga con movimenti lenti e innocui.

उसने धीमी, हानिरहित हरकतों से उसके भागने को रोकने की कोशिश की।

Il lupo era cauto e spaventato: Buck lo superava di peso tre volte.

भेड़िया सावधान और डरा हुआ था - बक का वजन उससे तीन गुना ज़्यादा था।

La testa del lupo arrivava a malapena all'altezza della spalla massiccia di Buck.

भेड़िये का सिर बमुश्किल बक के विशाल कंधे तक पहुंच पाया।

Il lupo, attento a individuare un varco, si lanciò e l'inseguimento ricominciò.

रास्ता देखकर भेड़िया भाग गया और पीछा फिर शुरू हो गया।
Buck lo mise alle strette più volte e la danza si ripeté.

कई बार बक ने उसे कोने में धकेला, और नृत्य दोहराया गया।
Il lupo era magro e debole, altrimenti Buck non avrebbe
potuto catturarlo.

भेड़िया दुबला-पतला और कमज़ोर था, अन्यथा बक उसे पकड़ नहीं पाता।
Ogni volta che Buck si avvicinava, il lupo si girava di scatto
e lo affrontava spaventato.

हर बार जब बक उसके निकट आता तो भेड़िया डरकर घूम जाता और
उसका सामना करता।
Poi, alla prima occasione, si precipitò di nuovo nel bosco.

फिर पहला मौका मिलते ही वह एक बार फिर जंगल में भाग गया।
Ma Buck non si arrese e alla fine il lupo imparò a fidarsi di
lui.

लेकिन बक ने हार नहीं मानी और अंततः भेड़िये को उस पर भरोसा हो
गया।
Annusò il naso di Buck e i due diventarono giocosi e attenti.

उसने बक की नाक सूँघी, और दोनों चंचल और सतर्क हो गए।
Giocavano come animali selvaggi, feroci ma timidi nella loro
gioia.

वे जंगली जानवरों की तरह खेलते थे, अपनी खुशी में वे भयंकर होते हुए भी
शर्मीले थे।
Dopo un po' il lupo trotterellò via con calma e decisione.

थोड़ी देर बाद भेड़िया शांत भाव से चला गया।
Dimostrò chiaramente a Buck che intendeva essere seguito.

उन्होंने बक को स्पष्ट रूप से दिखा दिया कि उनका अनुसरण किया जाना
चाहिए।
Correvano fianco a fianco nel buio della sera.

वे गोधूलि के अंधेरे में एक-दूसरे के साथ-साथ दौड़े।
Seguirono il letto del torrente fino alla gola rocciosa.

वे नाले के किनारे-किनारे चलते हुए चट्टानी घाटी में चले गए।

Attraversarono un freddo spartiacque nel punto in cui aveva avuto origine il fiume.

उन्होंने उस ठण्डे विभाजन को पार किया जहां से धारा शुरू हुई थी।

Sul pendio più lontano trovarono un'ampia foresta e molti corsi d'acqua.

दूर ढलान पर उन्हें विस्तृत जंगल और कई नदियाँ मिलीं।

Corsero per ore senza fermarsi attraverso quella terra immensa.

इस विशाल भूमि पर वे घंटों बिना रुके दौड़ते रहे।

Il sole saliva sempre più alto, l'aria si faceva calda, ma loro continuavano a correre.

सूरज ऊपर चढ़ता गया, हवा गर्म होती गई, लेकिन वे दौड़ते रहे।

Buck era pieno di gioia: sapeva di aver risposto alla sua chiamata.

बक खुशी से भर गया - वह जानता था कि वह अपनी बुलाहट का उत्तर दे रहा है।

Corse accanto al fratello della foresta, più vicino alla fonte della chiamata.

वह अपने जंगली भाई के पास दौड़ा, तथा कॉल के स्रोत के करीब पहुंच गया।

I vecchi sentimenti ritornano, potenti e difficili da ignorare.

पुरानी भावनाएँ वापस आ गईं, शक्तिशाली और अनदेखा करना कठिन।

Queste erano le verità nascoste nei ricordi dei suoi sogni.

ये उनके सपनों की यादों के पीछे की सच्चाई थी।

Tutto questo lo aveva già fatto in un mondo lontano e oscuro.

उसने यह सब पहले भी एक दूर और अंधकारमय दुनिया में किया था।

Questa volta lo fece di nuovo, scatenandosi con il cielo aperto sopra di lui.

अब उसने फिर ऐसा ही किया, ऊपर खुले आसमान में बेतहाशा दौड़ता हुआ।

Si fermarono presso un ruscello per bere l'acqua fredda che scorreva.

वे ठंडे बहते पानी को पीने के लिए एक झरने के पास रुके।

Mentre beveva, Buck si ricordò improvvisamente di John Thornton.

शराब पीते समय बक को अचानक जॉन थॉर्नटन की याद आ गई।

Si sedette in silenzio, lacerato dal sentimento di lealtà e dalla chiamata.

वह चुपचाप बैठ गया, निष्ठा और आह्वान के खिंचाव से विचलित।

Il lupo continuò a trottare, ma tornò indietro per incitare Buck ad andare avanti.

भेड़िया आगे बढ़ गया, लेकिन बक को आगे बढ़ने के लिए कहने के लिए वापस आया।

Gli annusò il naso e cercò di convincerlo con gesti gentili.

उसने अपनी नाक सूँघी और कोमल इशारों से उसे मनाने की कोशिश की।

Ma Buck si voltò e riprese a tornare indietro per la strada da cui era venuto.

लेकिन बक पलट गया और जिस रास्ते से आया था उसी रास्ते से वापस जाने लगा।

Il lupo gli corse accanto per molto tempo, guaindo piano.

भेड़िया बहुत देर तक उसके बगल में चुपचाप रोता हुआ दौड़ता रहा।

Poi si sedette, alzò il naso ed emise un lungo ululato.

फिर वह बैठ गया, अपनी नाक ऊपर उठाई और एक लंबी चीख निकाली।

Era un grido lugubre, che si addolcì mentre Buck si allontanava.

यह एक शोकपूर्ण चीख थी, जो बक के चले जाने पर धीमी पड़ गई।

Buck ascoltò mentre il suono del grido svaniva lentamente nel silenzio della foresta.

बक सुनता रहा, रोने की आवाज धीरे-धीरे जंगल के सन्नाटे में लुप्त हो गई।

John Thornton stava cenando quando Buck irruppe nell'accampamento.

जॉन थॉर्नटन खाना खा रहे थे जब बक शिविर में घुस आया।

Buck gli saltò addosso selvaggiamente, leccandolo, mordendolo e facendolo rotolare.

बक उस पर बेतहाशा कूद पड़ा, उसे चाटने, काटने और पटकने लगा।
Lo fece cadere, gli saltò sopra e gli baciò il viso.

उसने उसे गिरा दिया, उसके ऊपर चढ़ गया, और उसके चेहरे को चूमा।
Thornton lo definì con affetto "fare il buffone".

थॉर्नटन ने इसे स्नेहपूर्वक "सामान्य मूर्खता का नाटक" कहा।
Nel frattempo, imprecava dolcemente contro Buck e lo scuoteva avanti e indietro.

इस दौरान वह बक को धीरे से कोसता रहा और उसे आगे-पीछे हिलाता रहा।
Per due interi giorni e due notti, Buck non lasciò l'accampamento nemmeno una volta.

पूरे दो दिन और रात तक बक एक बार भी शिविर से बाहर नहीं निकला।
Si teneva vicino a Thornton e non lo perdeva mai di vista.

वह थॉर्नटन के करीब रहा और उसे कभी अपनी नजरों से ओझल नहीं होने दिया।
Lo seguiva mentre lavorava e lo osservava mentre mangiava.

जब वह काम करता तो वह उसके पीछे-पीछे चलता और जब वह खाता तो वह उसे देखता रहता।
Di notte vedeva Thornton avvolto nelle sue coperte e ogni mattina lo vedeva uscire.

उन्होंने थॉर्नटन को रात में अपने कंबल में और प्रत्येक सुबह बाहर देखा।
Ma presto il richiamo della foresta ritornò, più forte che mai.

लेकिन जल्द ही जंगल की आवाज़ वापस आ गई, पहले से भी अधिक तेज़।
Buck si sentì di nuovo irrequieto, agitato dal pensiero del lupo selvatico.

जंगली भेड़िये के विचार से बक फिर से बेचैन हो गया।
Ricordava la terra aperta e le corse fianco a fianco.

उसे खुली ज़मीन और साथ-साथ दौड़ना याद आ गया।
Ricominciò a vagare nella foresta, solo e vigile.

वह एक बार फिर जंगल में अकेला और सतर्क होकर घूमने लगा।
Ma il fratello selvaggio non tornò e l'ululato non fu udito.

लेकिन जंगली भाई वापस नहीं आया, और चीख भी नहीं सुनी गई।
Buck cominciò a dormire all'aperto, restando lontano anche per giorni interi.

बक ने बाहर सोना शुरू कर दिया, और कई दिनों तक बाहर ही रहने लगा।
Una volta attraversò l'alto spartiacque dove aveva origine il torrente.

एक बार वह उस ऊंचे विभाजन को पार कर गया जहां से खाड़ी शुरू हुई थी।
Entrò nella terra degli alberi scuri e dei grandi corsi d'acqua.

वह काले घने जंगलों और चौड़ी बहती नदियों के देश में प्रवेश कर गया।
Vagò per una settimana alla ricerca di tracce del fratello selvaggio.

एक सप्ताह तक वह अपने जंगली भाई के चिन्हों की खोज में घूमता रहा।
Uccideva la propria carne e viaggiava a passi lunghi e instancabili.

वह स्वयं अपना मांस मारता था और लम्बे, अथक कदमों से यात्रा करता था।
Pescò salmoni in un ampio fiume che arrivava fino al mare.

वह समुद्र तक पहुंचने वाली एक चौड़ी नदी में सैल्मन मछली पकड़ता था।
Lì lottò e uccise un orso nero reso pazzo dagli insetti.

वहां उन्होंने कीड़ों से परेशान एक काले भालू से लड़ाई की और उसे मार डाला।
L'orso stava pescando e corse alla cieca tra gli alberi.

भालू मछली पकड़ रहा था और अंधाधुंध पेड़ों के बीच से भाग रहा था।
La battaglia fu feroce e risvegliò il profondo spirito combattivo di Buck.

यह युद्ध बहुत ही भयंकर था, जिसने बक की गहरी लड़ाकू भावना को जगा दिया।
Due giorni dopo, Buck tornò e trovò dei ghiottoni nei pressi della sua preda.

दो दिन बाद बक वापस लौटा तो उसने देखा कि उसके शिकार स्थल पर वूल्वरिन मौजूद थे।

Una dozzina di loro litigarono furiosamente e rumorosamente per la carne.

उनमें से एक दर्जन लोग मांस को लेकर शोरगुल मचाते हुए झगड़ने लगे।

Buck caricò e li disperse come foglie al vento.

बक ने उन पर हमला किया और उन्हें हवा में उड़ते पत्तों की तरह बिखेर दिया।

Due lupi rimasero indietro: silenziosi, senza vita e immobili per sempre.

दो भेड़िये पीछे रह गए - हमेशा के लिए चुप, निर्जीव और अविचल।

La sete di sangue divenne più forte che mai.

खून की प्यास पहले से भी अधिक बढ़ गई।

Buck era un cacciatore, un assassino, che si nutriva di creature viventi.

बक एक शिकारी था, एक हत्यारा था, जो जीवित प्राणियों को खाकर अपना पेट भरता था।

Sopravvisse da solo, affidandosi alla sua forza e ai suoi sensi acuti.

वह अपनी ताकत और तीव्र इन्द्रियों पर भरोसा करते हुए अकेले जीवित रहे।

Prosperava nella natura selvaggia, dove solo i più forti potevano sopravvivere.

वह जंगल में पनपा, जहां केवल सबसे मजबूत लोग ही रह सकते थे।

Da ciò nacque un grande orgoglio che riempì tutto l'essere di Buck.

इससे बक के पूरे अस्तित्व में एक महान गर्व की भावना उत्पन्न हुई।

Il suo orgoglio traspariva da ogni passo, dal fremito di ogni muscolo.

उसका गर्व उसके हर कदम में, हर मांसपेशी की हलचल में झलकता था।

Il suo orgoglio era evidente, come si vedeva dal suo comportamento.

उनका अभिमान उनकी वाणी की तरह स्पष्ट था, जो उनके व्यवहार से झलकता था।

Persino il suo spesso mantello appariva più maestoso e splendeva di più.

यहां तक कि उसका मोटा कोट भी अधिक राजसी और चमकीला लग रहा था।

Buck avrebbe potuto essere scambiato per un lupo grigio gigante.

बक को एक विशालकाय लकड़ी भेड़िया समझ लिया गया होगा।

A parte il marrone sul muso e le macchie sopra gli occhi.

उसके थूथन पर भूरे रंग और आंखों के ऊपर के धब्बों को छोड़कर।

E la striscia bianca di pelo che gli correva lungo il centro del petto.

और उसकी छाती के बीच से नीचे तक फैली फर की सफ़ेद लकीर।

Era addirittura più grande del più grande lupo di quella feroce razza.

वह उस खूंखार नस्ल के सबसे बड़े भेड़िये से भी बड़ा था।

Suo padre, un San Bernardo, gli ha trasmesso la stazza e la corporatura robusta.

उनके पिता, जो सेंट बर्नार्ड थे, ने उन्हें आकार और भारी शरीर दिया।

Sua madre, una pastorella, plasmò quella mole conferendole la forma di un lupo.

उनकी मां, जो एक चरवाहा थीं, ने उस विशालकाय शरीर को भेड़िये जैसा आकार दिया।

Aveva il muso lungo di un lupo, anche se più pesante e largo.

उसका थूथन भेड़िये जैसा लम्बा था, यद्यपि भारी और चौड़ा था।

La sua testa era quella di un lupo, ma di dimensioni enormi e maestose.

उसका सिर भेड़िये जैसा था, लेकिन बहुत विशाल और भव्य आकार का था।

L'astuzia di Buck era l'astuzia del lupo e della natura selvaggia.

बक की चालाकी भेड़िये और जंगली जानवरों जैसी चालाकी थी।

La sua intelligenza gli venne sia dal Pastore Tedesco che dal San Bernardo.

उनकी बुद्धिमत्ता जर्मन शेफर्ड और सेंट बर्नार्ड दोनों से आई थी।

Tutto ciò, unito alla dura esperienza, lo rese una creatura temibile.

इन सब बातों के साथ-साथ कठोर अनुभवों ने उसे एक डरावना प्राणी बना दिया।

Era formidabile quanto qualsiasi animale che vagasse nelle terre selvagge del nord.

वह उत्तरी जंगल में विचरण करने वाले किसी भी जानवर के समान ही दुर्जेय था।

Nutrendosi solo di carne, Buck raggiunse l'apice della sua forza.

केवल मांस पर जीवित रहते हुए, बक अपनी शक्ति के पूर्ण शिखर पर पहुंच गया।

Trasudava potenza e forza maschile in ogni fibra del suo corpo.

उसके रोम-रोम में शक्ति और पुरुष शक्ति भरी हुई थी।

Quando Thornton gli accarezzò la schiena, i peli brillarono di energia.

जब थॉर्नटन ने उसकी पीठ पर हाथ फेरा तो उसके बालों में ऊर्जा की चमक आ गयी।

Ogni capello scricchiolava, carico del tocco di un magnetismo vivente.

प्रत्येक बाल जीवंत चुंबकत्व के स्पर्श से आवेशित होकर खड़खड़ा उठा।

Il suo corpo e il suo cervello erano sintonizzati sulla tonalità più fine possibile.

उनका शरीर और मस्तिष्क सर्वोत्तम संभव सुर में लयबद्ध थे।

Ogni nervo, ogni fibra e ogni muscolo lavoravano in perfetta armonia.

प्रत्येक तंत्रिका, तंतु और मांसपेशी पूर्ण सामंजस्य में काम कर रही थी।

A qualsiasi suono o visione che richiedesse un intervento, rispondeva immediatamente.

किसी भी ध्वनि या दृश्य पर, जिस पर कार्रवाई की आवश्यकता होती थी, वह तुरंत प्रतिक्रिया देते थे।

Se un husky saltava per attaccare, Buck poteva saltare due volte più velocemente.

यदि कोई हस्की हमला करने के लिए छलांग लगाता, तो बक दोगुनी तेजी से छलांग लगा सकता था।

Reagì più rapidamente di quanto gli altri potessero vedere o sentire.

उन्होंने इतनी तेजी से प्रतिक्रिया की कि अन्य लोग देख या सुन भी नहीं पाए।

Percezione, decisione e azione avvennero tutte in un unico, fluido istante.

धारणा, निर्णय और कार्रवाई सभी एक ही क्षण में आ गए।

In realtà si tratta di atti separati, ma troppo rapidi per essere notati.

सच तो यह है कि ये क्रियाएं अलग-अलग थीं, लेकिन इतनी तीव्र थीं कि उन पर ध्यान नहीं दिया जा सका।

Gli intervalli tra questi atti erano così brevi che sembravano uno solo.

इन कृत्यों के बीच अंतराल इतना कम था कि ऐसा लग रहा था कि वे एक ही हैं।

I suoi muscoli e il suo essere erano come molle strettamente avvolte.

उसकी मांसपेशियां और शरीर कसकर कुंडलित स्प्रिंगों की तरह थे।

Il suo corpo traboccava di vita, selvaggia e gioiosa nella sua potenza.

उसका शरीर जीवन से भर गया, उसकी शक्ति उग्र और आनंदित थी।

A volte aveva la sensazione che la forza stesse per esplodere completamente dentro di lui.

कभी-कभी उसे ऐसा महसूस होता था कि मानो उसकी सारी शक्ति उसके अंदर से पूरी तरह बाहर निकल जायेगी।

"Non c'è mai stato un cane simile", disse Thornton un giorno tranquillo.

"ऐसा कुत्ता कभी नहीं था," थॉर्नटन ने एक शांत दिन कहा।

I soci osservarono Buck uscire fiero dall'accampamento.

साझेदारों ने बक को गर्व से शिविर से बाहर जाते हुए देखा।

"Quando è stato creato, ha cambiato il modo in cui un cane può essere", ha detto Pete.

पीट ने कहा, "जब वह बना, तो उसने कुत्ते की असली पहचान ही बदल दी।"

"Per Dio! Lo penso anch'io", concordò subito Hans.

"हे भगवान! मैं भी ऐसा ही सोचता हूँ," हंस ने तुरंत सहमति जताई।

Lo videro allontanarsi, ma non il cambiamento che avvenne dopo.

उन्होंने उसे जाते तो देखा, लेकिन उसके बाद आए बदलाव को नहीं देखा।

Non appena entrò nel bosco, Buck si trasformò completamente.

जैसे ही वह जंगल में दाखिल हुआ, बक पूरी तरह से बदल गया।

Non marciava più, ma si muoveva come uno spettro selvaggio tra gli alberi.

वह अब मार्च नहीं करता था, बल्कि पेड़ों के बीच एक जंगली भूत की तरह घूमता था।

Divenne silenzioso, come un gatto, un bagliore che attraversava le ombre.

वह चुप हो गया, बिल्ली के पैरों की तरह, छायाओं के बीच से गुजरती हुई एक झिलमिलाहट की तरह।

Usava la copertura con abilità, strisciando sulla pancia come un serpente.

वह सांप की तरह पेट के बल रेंगते हुए कुशलता से छिपने लगा।

E come un serpente, sapeva balzare in avanti e colpire in silenzio.

और साँप की तरह, वह चुपचाप आगे छलांग लगाकर वार कर सकता था।

Potrebbe rubare una pernice bianca direttamente dal suo nido nascosto.

वह एक तीतर (ptarmigan) को उसके छिपे हुए घोंसले से सीधे चुरा सकता था।

Uccideva i conigli addormentati senza emettere alcun suono.

उसने बिना कोई आवाज किये सोये हुए खरगोशों को मार डाला।

Riusciva a catturare gli scoiattoli a mezz'aria anche se fuggivano troppo lentamente.

वह चिपमंक्स को हवा में ही पकड़ सकता था, क्योंकि वे बहुत धीमी गति से भागते थे।

Nemmeno i pesci nelle pozze riuscivano a sfuggire ai suoi attacchi improvvisi.

यहां तक कि तालाबों में मौजूद मछलियां भी उसके अचानक प्रहार से बच नहीं सकीं।

Nemmeno i furbi castori impegnati a riparare le dighe erano al sicuro da lui.

यहां तक कि बांधों की मरम्मत करने वाले चतुर बीवर भी उससे सुरक्षित नहीं थे।

Uccideva per nutrirsi, non per divertirsi, ma preferiva uccidere le proprie vittime.

वह भोजन के लिए हत्या करता था, मनोरंजन के लिए नहीं - परन्तु उसे स्वयं शिकार करना अधिक पसंद था।

Eppure, un umorismo subdolo permeava alcune delle sue cacce silenziose.

फिर भी, उनके कुछ मौन शिकारों में एक धूर्त हास्य झलकता था।

Si avvicinò furtivamente agli scoiattoli, solo per lasciarli scappare.

वह गिलहरियों के करीब गया, ताकि वे भाग सकें।

Stavano per fuggire tra gli alberi, chiacchierando con rabbia e paura.

वे भयभीत होकर बड़बड़ाते हुए पेड़ों की ओर भागने वाले थे।

Con l'arrivo dell'autunno, le alci cominciarono ad apparire in numero maggiore.

जैसे-जैसे पतझड़ आया, मूस बड़ी संख्या में दिखाई देने लगे।

Si spostarono lentamente verso le basse valli per affrontare l'inverno.

वे सर्दी से बचने के लिए धीरे-धीरे निचली घाटियों की ओर बढ़े।

Buck aveva già abbattuto un giovane vitello randagio.

बक पहले ही एक छोटे, आवारा बछड़े को मार गिरा चुका था।

Ma lui desiderava ardentemente affrontare prede più grandi e pericolose.

लेकिन वह बड़े और अधिक खतरनाक शिकार का सामना करना चाहता था।

Un giorno, sul crinale, alla sorgente del torrente, trovò la sua occasione.

एक दिन, नदी के मुहाने पर, उसे अपना अवसर मिल गया।

Una mandria di venti alci era giunta da terre boscose.

बीस मूस का एक झुंड जंगली भूमि से पार हो गया था।

Tra loro c'era un possente toro, il capo del gruppo.

उनमें एक शक्तिशाली बैल भी था, जो समूह का नेता था।

Il toro era alto più di due metri e mezzo e appariva feroce e selvaggio.

बैल छह फुट से अधिक लंबा था और भयंकर एवं जंगली दिख रहा था।

Lanciò le sue grandi corna, le cui quattordici punte si diramavano verso l'esterno.

उसने अपने चौड़े सींग फड़फड़ाये, जिनमें से चौदह सींग बाहर की ओर निकले हुए थे।

Le punte di quelle corna si estendevano per due metri.

उन सींगों के सिरे सात फुट तक फैले हुए थे।

I suoi piccoli occhi ardevano di rabbia quando vide Buck lì vicino.

जब उसने बक को पास में देखा तो उसकी छोटी-छोटी आंखें क्रोध से जल उठीं।

Emise un ruggito furioso, tremando di rabbia e dolore.

वह क्रोध और पीड़ा से कांपते हुए भयंकर दहाड़ने लगा।

Vicino al suo fianco spuntava la punta di una freccia, appuntita e piumata.

उसके पार्श्व भाग के पास एक तीर का सिरा निकला हुआ था, जो पंखदार और नुकीला था।

Questa ferita contribuì a spiegare il suo umore selvaggio e amareggiato.

इस घाव से उनकी क्रूर, कटु मनोदशा को समझने में मदद मिली।

Buck, guidato dall'antico istinto di caccia, fece la sua mossa.

बक ने अपनी प्राचीन शिकार प्रवृत्ति से प्रेरित होकर अपना कदम उठाया।

Il suo obiettivo era separare il toro dal resto della mandria.

उसका उद्देश्य बैल को बाकी झुंड से अलग करना था।

Non era un compito facile: richiedeva velocità e una grande astuzia.

यह कोई आसान काम नहीं था - इसके लिए गति और भयंकर चतुराई की आवश्यकता थी।

Abbaiava e danzava vicino al toro, appena fuori dalla sua portata.

वह बैल के पास भौंकने और नाचने लगा, बस उसकी सीमा से बाहर।

L'alce si lanciò con enormi zoccoli e corna mortali.

मूस अपने विशाल खुरों और घातक सींगों के साथ झपट्टा मारता था।

Un colpo avrebbe potuto porre fine alla vita di Buck in un batter d'occhio.

एक ही झटके से बक की जिंदगी खत्म हो सकती थी।

Incapace di abbandonare la minaccia, il toro si infuriò.

खतरे को पीछे छोड़ने में असमर्थ, बैल पागल हो गया।

Lui caricava con furia, ma Buck riusciva sempre a sfuggirgli.

वह क्रोध में हमला करने लगा, लेकिन बक हमेशा बच निकलता।

Buck finse di essere debole, allontanandosi ulteriormente dalla mandria.

बक ने कमजोरी का नाटक किया, जिससे वह झुंड से दूर चला गया।

Ma i giovani tori sarebbero tornati alla carica per proteggere il capo.

लेकिन युवा बैल अपने नेता की रक्षा के लिए पीछे हटने वाले थे।

Costrinsero Buck a ritirarsi e il toro a ricongiungersi al gruppo.

उन्होंने बक को पीछे हटने पर मजबूर कर दिया और बैल को समूह में पुनः शामिल होने पर मजबूर कर दिया।

C'è una pazienza nella natura selvaggia, profonda e inarrestabile.

जंगल में धैर्य है, गहरा और अजेय।

Un ragno resta immobile nella sua tela per innumerevoli ore.

एक मकड़ी अपने जाल में अनगिनत घंटों तक बिना हिले-डुले प्रतीक्षा करती रहती है।

Un serpente si avvolge su se stesso senza contrarsi e aspetta il momento giusto.

साँप बिना हिले-डुले कुंडली मारकर बैठा रहता है और समय आने तक प्रतीक्षा करता है।

Una pantera è in agguato, finché non arriva il momento.

एक तेंदुआ घात में बैठा रहता है, जब तक कि वह क्षण न आ जाए।

Questa è la pazienza dei predatori che cacciano per sopravvivere.

यह शिकारियों का धैर्य है जो जीवित रहने के लिए शिकार करते हैं।

La stessa pazienza ardeva dentro Buck mentre gli restava accanto.

बक के अंदर भी वही धैर्य जल रहा था, जब वह उसके करीब रहा।

Rimase vicino alla mandria, rallentandone la marcia e incutendo timore.

वह झुंड के पास ही रहा, उसकी गति धीमी कर दी और डर पैदा कर दिया।

Provocava i giovani tori e molestava le mucche madri.

वह युवा बैलों को चिढ़ाता था और माता गायों को परेशान करता था।

Spinse il toro ferito in una rabbia ancora più profonda e impotente.

उसने घायल बैल को और भी अधिक असहाय क्रोध में धकेल दिया।

Per mezza giornata il combattimento si trascinò senza alcuna tregua.

आधे दिन तक लड़ाई बिना किसी आराम के चलती रही।

Buck attaccò da ogni angolazione, veloce e feroce come il vento.

बक ने हर कोण से हमला किया, हवा की तरह तेज़ और भयंकर।

Impedì al toro di riposare o di nascondersi con la mandria.

उसने बैल को अपने झुंड के साथ आराम करने या छिपने से रोका।

Buck logorò la volontà dell'alce più velocemente del suo corpo.

बक ने मूस की इच्छाशक्ति को उसके शरीर से भी अधिक तेजी से कमजोर कर दिया।

Il giorno passò e il sole tramontò basso nel cielo a nord-ovest.

दिन बीत गया और सूर्य उत्तर-पश्चिमी आकाश में नीचे डूब गया।

I giovani tori tornarono più lentamente per aiutare il loro capo.

युवा बैल अपने नेता की मदद करने के लिए धीरे-धीरे वापस लौटे।

Erano tornate le notti autunnali e il buio durava ormai sei ore.

पतझड़ की रातें लौट आई थीं और अब अँधेरा छह घंटे तक रहता था।

L'inverno li spingeva verso valli più sicure e calde.

सर्दी उन्हें सुरक्षित, गर्म घाटियों की ओर नीचे की ओर धकेल रही थी।

Ma non riuscirono comunque a sfuggire al cacciatore che li tratteneva.

लेकिन फिर भी वे उस शिकारी से बच नहीं सके जिसने उन्हें रोक रखा था।

Era in gioco solo una vita: non quella del branco, ma quella del loro capo.

केवल एक ही जीवन दांव पर लगा था - झुंड का नहीं, केवल उनके नेता का।

Ciò rendeva la minaccia lontana e non una loro preoccupazione urgente.

इससे खतरा दूर हो गया और उनकी तत्काल चिंता का विषय नहीं रहा।

Col tempo accettarono questo prezzo e lasciarono che Buck prendesse il vecchio toro.

समय के साथ, उन्होंने इस लागत को स्वीकार कर लिया और बक को बूढ़ा बैल लेने दिया।

Mentre calava il crepuscolo, il vecchio toro rimase in piedi con la testa bassa.

जैसे ही शाम होने लगी, बूढ़ा बैल अपना सिर नीचे झुकाए खड़ा रहा।

Guardò la mandria che aveva guidato svanire nella luce morente.

उसने देखा कि जिस झुंड का वह नेतृत्व कर रहा था वह लुप्त हो रही रोशनी में गायब हो गया।

C'erano mucche che aveva conosciuto, vitelli che un tempo aveva generato.

वहाँ कुछ गायें थीं जिन्हें वह जानता था, कुछ बछड़े थे जिनके पिता वह कभी था।

C'erano tori più giovani con cui aveva combattuto e che aveva dominato nelle stagioni passate.

वहां कुछ युवा बैल थे, जिनसे उसने पिछले सीजनों में लड़ाई की थी और उन पर विजय प्राप्त की थी।

Non poteva seguirli, perché davanti a lui era di nuovo accovacciato Buck.

वह उनका पीछा नहीं कर सका - क्योंकि बक फिर से उसके सामने बैठा था।

Il terrore spietato e zannuto gli bloccava ogni via che potesse percorrere.

निर्दयी दांतेदार आतंक ने उसके हर रास्ते को अवरुद्ध कर दिया।

Il toro pesava più di trecento chili di potenza densa.

बैल का वजन तीन सौ से अधिक वज़नी था।

Aveva vissuto a lungo e lottato duramente in un mondo di difficoltà.

उन्होंने लंबे समय तक संघर्षपूर्ण जीवन जिया और कड़ा संघर्ष किया।

Eppure, alla fine, la morte gli venne commessa da una bestia molto più bassa di lui.

तथापि अब, अंत में, मृत्यु उससे बहुत नीचे स्थित एक पशु से आई।

La testa di Buck non arrivò nemmeno alle enormi ginocchia noccate del toro.

बक का सिर बैल के विशाल घुटनों तक भी नहीं उठा।

Da quel momento in poi, Buck rimase con il toro notte e giorno.

उस क्षण से बक रात-दिन बैल के साथ रहने लगा।

Non gli dava mai tregua, non gli permetteva mai di brucare o bere.

उसने उसे कभी आराम नहीं करने दिया, कभी चरने या पानी पीने नहीं दिया।

Il toro cercò di mangiare giovani germogli di betulla e foglie di salice.

बैल ने युवा सन्टी की टहनियाँ और विलो के पत्ते खाने की कोशिश की।

Ma Buck lo scacciò, sempre all'erta e sempre all'attacco.

लेकिन बक ने उसे भगा दिया, हमेशा सतर्क और हमेशा हमलावर रहा।

Anche nei torrenti che scorrevano, Buck bloccava ogni assetato tentativo.

यहां तक कि टपकती धाराओं में भी, बक ने प्यासे लोगों के हर प्रयास को रोक दिया।

A volte, in preda alla disperazione, il toro fuggiva a tutta velocità.

कभी-कभी, हताश होकर, बैल पूरी गति से भाग जाता था।

Buck lo lasciò correre, avanzando tranquillamente dietro di lui, senza mai allontanarsi troppo.

बक ने उसे दौड़ने दिया, वह शांतिपूर्वक उसके पीछे-पीछे दौड़ता रहा, कभी ज्यादा दूर नहीं गया।

Quando l'alce si fermò, Buck si sdraiò, ma rimase pronto.

जब मूस रुका तो बक लेट गया, लेकिन तैयार रहा।

Se il toro provava a mangiare o a bere, Buck colpiva con tutta la sua furia.

यदि बैल कुछ खाने या पीने की कोशिश करता तो बक पूरे क्रोध से उस पर हमला कर देता।

La grande testa del toro si abbassava sotto le enormi corna.

बैल का विशाल सिर उसके विशाल सींगों के नीचे झुक गया।

Il suo passo rallentò, il trotto divenne pesante, un'andatura barcollante.

उसकी चाल धीमी हो गई, उसकी चाल भारी हो गई, वह लड़खड़ाता हुआ चलने लगा।

Spesso restava immobile con le orecchie abbassate e il naso rivolto verso il terreno.

वह प्रायः कान और नाक जमीन पर झुकाये स्थिर खड़ा रहता था।

In quei momenti Buck si prese del tempo per bere e riposare.

उन क्षणों के दौरान, बक ने पानी पीने और आराम करने के लिए समय निकाला।

Con la lingua fuori e gli occhi fissi, Buck sentì che la terra stava cambiando.

जीभ बाहर निकाले, आँखें स्थिर किये, बक को महसूस हुआ कि धरती बदल रही है।

Sentì qualcosa di nuovo muoversi nella foresta e nel cielo.

उसे जंगल और आकाश में कुछ नया चलता हुआ महसूस हुआ।

Con il ritorno delle alci tornarono anche altre creature selvatiche.

जैसे ही मूस वापस लौटा, वैसे ही जंगल के अन्य जीव भी वापस आ गए।

La terra sembrava viva di una presenza invisibile ma fortemente nota.

यह भूमि अस्तित्व से जीवंत महसूस हुई, अदृश्य लेकिन अच्छी तरह से जानी गई।

Buck non lo sapeva tramite l'udito, la vista o l'olfatto.

बक को यह बात न तो ध्वनि से, न दृष्टि से, न ही गंध से पता चली।

Un sentimento più profondo gli diceva che nuove forze erano in movimento.

एक गहरी अनुभूति ने उन्हें बताया कि नई शक्तियां आगे बढ़ रही थीं।

Una strana vita si agitava nei boschi e lungo i corsi d'acqua.

जंगलों और नदियों के किनारे अजीब जीवन की हलचल मची हुई थी।

Decise di esplorare questo spirito una volta completata la caccia.

उन्होंने शिकार पूरा होने के बाद इस आत्मा का पता लगाने का संकल्प लिया।

Il quarto giorno, Buck riuscì finalmente a catturare l'alce.

चौथे दिन, बक ने अंततः मूस को नीचे गिरा दिया।

Rimase nei pressi della preda per un giorno e una notte interi, nutrendosi e riposandosi.

वह पूरा दिन और रात शिकार के पास रहा, उसे खाना खिलाया और आराम किया।

Mangiò, poi dormì, poi mangiò ancora, finché non fu forte e sazio.

उसने खाया, फिर सोया, फिर खाया, जब तक कि वह शक्तिशाली और तृप्त नहीं हो गया।

Quando fu pronto, tornò indietro verso l'accampamento e Thornton.

जब वह तैयार हो गया, तो वह वापस शिविर और थॉर्नटन की ओर मुड़ गया।

Con passo costante iniziò il lungo viaggio di ritorno verso casa.

स्थिर गति से वह घर की लम्बी यात्रा पर निकल पड़ा।

Correva con la sua andatura instancabile, ora dopo ora, senza mai smarrirsi.

वह घंटों तक बिना थके दौड़ता रहा, एक बार भी नहीं भटका।

Attraverso terre sconosciute, si muoveva dritto come l'ago di una bussola.

अज्ञात भूमियों में वह कम्पास की सुई की तरह सीधे आगे बढ़ता रहा।

Il suo senso dell'orientamento faceva sembrare deboli, al confronto, l'uomo e la mappa.

उनकी दिशा बोध की तुलना में मनुष्य और मानचित्र कमजोर प्रतीत होते थे।

Mentre Buck correva, sentiva sempre più forte l'agitazione nella terra selvaggia.

बक जैसे-जैसे भागता गया, उसे जंगली भूमि में हलचल अधिक तीव्रता से महसूस हुई।

Era un nuovo tipo di vita, diverso da quello dei tranquilli mesi estivi.

यह एक नये प्रकार का जीवन था, जो शांत ग्रीष्म महीनों से भिन्न था।

Questa sensazione non giungeva più come un messaggio sottile o distante.

यह अनुभूति अब किसी सूक्ष्म या दूरस्थ संदेश के रूप में नहीं आती।

Ora gli uccelli parlavano di questa vita e gli scoiattoli chiacchieravano.

अब पक्षी इस जीवन के बारे में बात करने लगे और गिलहरियाँ इसके बारे में चहचहाने लगीं।

Persino la brezza sussurrava avvertimenti tra gli alberi silenziosi.

यहां तक कि हवा भी खामोश पेड़ों के बीच से चेतावनी फुसफुसा रही थी।

Più volte si fermò ad annusare l'aria fresca del mattino.

कई बार वह रुका और सुबह की ताज़ी हवा को सूँघा।

Lì lesse un messaggio che lo fece fare un balzo in avanti più velocemente.

उसने वहां एक संदेश पढ़ा जिससे वह तेजी से आगे बढ़ने लगा।

Fu pervaso da un forte senso di pericolo, come se qualcosa fosse andato storto.

उसके अंदर खतरे का भारी अहसास भर गया, मानो कुछ गलत हो गया हो।

Temeva che la calamità stesse per arrivare, o che fosse già arrivata.

उसे डर था कि विपत्ति आ रही है - या आ चुकी है।

Superò l'ultima cresta ed entrò nella valle sottostante.

वह आखिरी पहाड़ी को पार कर नीचे घाटी में प्रवेश कर गया।

Si muoveva più lentamente, attento e cauto a ogni passo.

वह धीरे-धीरे आगे बढ़ रहा था, हर कदम पर सतर्क और सावधान।

Dopo tre miglia trovò una pista fresca che lo fece irrigidire.

तीन मील आगे जाकर उसे एक नया रास्ता मिला, जिससे उसका मन अकड़ गया।

I peli sul collo si rizzarono e si rizzarono in segno di allarme.

उसकी गर्दन के बाल घबराकर खड़े हो गए।

Il sentiero portava dritto all'accampamento dove Thornton aspettava.

रास्ता सीधे उस शिविर की ओर ले गया जहां थॉर्नटन इंतजार कर रहा था।

Buck ora si muoveva più velocemente, con passi silenziosi e rapidi.

बक अब और तेजी से चलने लगा, उसकी चाल शांत और तीव्र थी।

I suoi nervi si irrigidirono mentre leggeva segnali che altri non avrebbero notato.

जैसे ही उसने उन संकेतों को पढ़ा जिन्हें अन्य लोग नहीं समझ पाए, उसकी घबराहट बढ़ गई।

Ogni dettaglio del percorso raccontava una storia, tranne l'ultimo pezzo.

निशान का प्रत्येक विवरण एक कहानी कहता था - सिवाय अंतिम टुकड़े के।

Il suo naso gli raccontò della vita che aveva trascorso lì.

उसकी नाक उसे उस जीवन के बारे में बता रही थी जो इस तरह से गुजरा था।

L'odore gli fornì un'immagine mutevole mentre lo seguiva da vicino.

जैसे ही वह उसके पीछे गया, उसे गंध से बदलती हुई तस्वीर दिखाई दी।
Ma la foresta stessa era diventata silenziosa, innaturalmente immobile.

लेकिन जंगल शांत हो गया था; अस्वाभाविक रूप से स्थिर।
Gli uccelli erano scomparsi, gli scoiattoli erano nascosti, silenziosi e immobili.

पक्षी गायब हो गए थे, गिलहरियाँ छिप गई थीं, शांत और स्थिर।
Vide solo uno scoiattolo grigio, sdraiato su un albero morto.

उसने केवल एक ग्रे गिलहरी को देखा, जो एक मृत पेड़ पर लेटी हुई थी।
Lo scoiattolo si mimetizzava, rigido e immobile come una parte della foresta.

गिलहरी जंगल के एक हिस्से की तरह अकड़कर और गतिहीन होकर उसमें घुलमिल गई।
Buck si muoveva come un'ombra, silenzioso e sicuro tra gli alberi.

बक छाया की तरह, चुपचाप और निश्चितता के साथ पेड़ों के बीच से गुजर रहा था।
Il suo naso si mosse di lato come se fosse stato tirato da una mano invisibile.

उसकी नाक बगल की ओर इस तरह झुकी मानो किसी अदृश्य हाथ ने उसे खींचा हो।
Si voltò e seguì il nuovo odore nel profondo di un boschetto.

वह मुड़ा और नई खुशबू का पीछा करते हुए झाड़ियों की गहराई में चला गया।
Lì trovò Nig, steso morto, trafitto da una freccia.

वहां उन्होंने निग को मृत अवस्था में पाया, जिसके शरीर में एक तीर लगा हुआ था।
La freccia gli attraversò il corpo, lasciando ancora visibili le piume.

तीर उसके शरीर के आर-पार हो गया, लेकिन पंख अभी भी दिखाई दे रहे थे।

Nig si era trascinato fin lì, ma era morto prima di riuscire a raggiungere i soccorsi.

निग खुद को घसीटकर वहां पहुंचा था, लेकिन मदद पहुंचने से पहले ही उसकी मौत हो गई।

Cento metri più avanti, Buck trovò un altro cane da slitta.

सौ गज आगे बक को एक और स्लेज कुत्ता मिला।

Era un cane che Thornton aveva comprato a Dawson City.

यह एक कुत्ता था जिसे थॉर्नटन ने डावसन सिटी से खरीदा था।

Il cane lottava con tutte le sue forze, dimenandosi violentemente sul sentiero.

कुत्ता मौत से संघर्ष कर रहा था, रास्ते पर जोर-जोर से छटपटा रहा था।

Buck gli passò accanto senza fermarsi, con gli occhi fissi davanti a sé.

बक उसके चारों ओर से गुजरा, बिना रुके, उसकी आँखें सामने की ओर टिकी रहीं।

Dalla direzione dell'accampamento proveniva un canto lontano e ritmico.

शिविर की दिशा से दूर से लयबद्ध जयघोष की ध्वनि आ रही थी।

Le voci si alzavano e si abbassavano con un tono strano, inquietante, cantilenante.

आवाजें अजीब, भयानक, गायन-गीत जैसी स्वर में उठती और गिरती रहीं।

Buck strisciò in silenzio fino al limite della radura.

बक चुपचाप रेंगता हुआ मैदान के किनारे तक चला गया।

Lì vide Hans disteso a faccia in giù, trafitto da numerose frecce.

वहां उसने देखा कि हंस अनेक बाणों से घायल होकर मुंह के बल लेटा हुआ है।

Il suo corpo sembrava quello di un porcospino, irto di penne.

उसका शरीर साही जैसा लग रहा था, जिसके पंख लगे हुए थे।

Nello stesso momento, Buck guardò verso la capanna in rovina.

उसी क्षण, बक ने खंडहर हो चुके लॉज की ओर देखा।

Quella vista gli fece rizzare i capelli sul collo e sulle spalle.

यह दृश्य देखकर उसकी गर्दन और कंधों के रोंगटे खड़े हो गए।

Un'ondata di rabbia selvaggia travolse tutto il corpo di Buck.

बक के पूरे शरीर में भयंकर क्रोध का तूफान दौड़ गया।

Ringhiò forte, anche se non ne era consapevole.

वह जोर से गुर्राया, हालांकि उसे पता नहीं था कि उसने ऐसा किया है।

Il suono era crudo, pieno di una furia terrificante e selvaggia.

आवाज़ कच्ची थी, डरावनी, क्रूर क्रोध से भरी हुई।

Per l'ultima volta nella sua vita, Buck perse la ragione a causa delle emozioni.

अपने जीवन में अंतिम बार बक ने अपनी भावनाओं पर काबू नहीं पाया।

Fu l'amore per John Thornton a spezzare il suo attento controllo.

यह जॉन थॉर्नटन के प्रति प्रेम ही था जिसने उनके सावधानीपूर्वक नियंत्रण को तोड़ दिया।

Gli Yeehats ballavano attorno alla baita in legno di abete rosso distrutta.

यीहाट्स बर्बाद स्प्रूस लॉज के चारों ओर नृत्य कर रहे थे।

Poi si udì un ruggito e una bestia sconosciuta si lanciò verso di loro.

तभी एक दहाड़ सुनाई दी और एक अज्ञात जानवर उनकी ओर झपटा।

Era Buck: una furia in movimento, una tempesta vivente di vendetta.

यह बक था; गतिमान रोष; प्रतिशोध का जीवंत तूफान।

Si gettò in mezzo a loro, folle di voglia di uccidere.

वह उनके बीच में कूद पड़ा, और उसे मारने की इच्छा से वह पागल हो गया।

Si lanciò contro il primo uomo, il capo Yeehat, e colpì nel segno.

वह पहले आदमी, यीहाट प्रमुख, पर झपटा और सीधा वार किया।

La sua gola era squarciata e il sangue schizzava a fiotti.

उसका गला फट गया था और खून की धार बह रही थी।
Buck non si fermò, ma con un balzo squarciò la gola dell'uomo successivo.

बक रुका नहीं, बल्कि एक ही छलांग में अगले आदमी का गला फाड़ दिया।
Era inarrestabile: squarciava, tagliava, non si fermava mai a riposare.

वह अजेय था - फाड़ता, काटता, कभी रुकता नहीं।
Si lanciò e balzò così velocemente che le loro frecce non riuscirono a toccarlo.

वह इतनी तेजी से उछला कि उनके बाण उसे छू नहीं सके।
Gli Yeehats erano in preda al panico e alla confusione.

येहट्स अपनी ही घबराहट और असमंजस में फंस गए थे।
Le loro frecce non colpirono Buck e si colpirono tra loro.

उनके तीर बक को छूते हुए एक दूसरे पर जा लगे।
Un giovane scagliò una lancia contro Buck e colpì un altro uomo.

एक युवक ने बक पर भाला फेंका जो दूसरे व्यक्ति को लगा।
La lancia gli trapassò il petto e la punta gli trafisse la schiena.

भाला उसकी छाती में घुस गया, और उसकी नोक उसकी पीठ पर लगी।
Il terrore travolse gli Yeehats, che si diedero alla ritirata.

यीहाट्स पर आतंक छा गया और वे पूरी तरह से पीछे हटने लगे।
Urlarono allo Spirito Maligno e fuggirono nelle ombre della foresta.

वे दुष्ट आत्मा को भगाने के लिए चिल्लाए और जंगल की छाया में भाग गए।
Buck era davvero come un demone mentre inseguiva gli Yeehats.

सचमुच, बक एक राक्षस की तरह था, जब वह यीहाट्स का पीछा कर रहा था।
Li inseguì attraverso la foresta, abbattendoli come cervi.

वह जंगल में उनका पीछा करता हुआ हिरणों की तरह उन्हें नीचे गिराने लगा।

Divenne un giorno di destino e terrore per gli spaventati Yeehats.

भयभीत यीहाट्स के लिए यह भाग्य और आतंक का दिन बन गया।

Si dispersero sul territorio, fuggendo in ogni direzione.

वे देश भर में बिखर गए और हर दिशा में दूर-दूर तक भाग गए।

Passò un'intera settimana prima che gli ultimi sopravvissuti si incontrassero in una valle.

एक पूरा सप्ताह बीत जाने के बाद आखिरी बचे लोग घाटी में मिले।

Solo allora contarono le perdite e raccontarono quanto accaduto.

उसके बाद ही उन्होंने अपने नुकसानों का हिसाब लगाया और जो कुछ हुआ उसके बारे में बताया।

Buck, stanco dell'inseguimento, ritornò all'accampamento in rovina.

बक, पीछा करते-करते थक गया और बर्बाद शिविर में लौट आया।

Trovò Pete, ancora avvolto nelle coperte, ucciso nel primo attacco.

उन्होंने पाया कि पीट अभी भी अपने कम्बल में था और पहले हमले में मारा गया था।

I segni dell'ultima lotta di Thornton erano visibili nella terra lì vicino.

थॉर्नटन के अंतिम संघर्ष के निशान पास की मिट्टी में अंकित थे।

Buck seguì ogni traccia, annusando ogni segno fino al punto finale.

बक ने हर निशान का पीछा किया, प्रत्येक निशान को अंतिम बिंदु तक सूँघता रहा।

Sul bordo di una profonda pozza trovò il fedele Skeet, immobile.

एक गहरे तालाब के किनारे उसे अपनी वफादार स्कीट निश्चल पड़ी हुई मिली।

La testa e le zampe anteriori di Skeet erano nell'acqua, immobili nella morte.

स्कीट का सिर और अगले पंजे पानी में थे, मृत्यु के बाद भी वे हिल नहीं रहे थे।

La piscina era fangosa e contaminata dai liquidi di scarico delle chiuse.

पूल कीचड़युक्त था तथा स्लुइस बक्सों से बहते पानी के कारण दूषित हो गया था।

La sua superficie torbida nascondeva ciò che si trovava sotto, ma Buck conosceva la verità.

इसकी धुंधली सतह ने उसके नीचे छिपी हुई चीज़ों को छिपा दिया, लेकिन बक को सच्चाई पता थी।

Seguì l'odore di Thornton nella piscina, ma non lo portò da nessun'altra parte.

उन्होंने थॉर्नटन की गंध को पूल तक पहुंचाया - लेकिन वह गंध कहीं और नहीं ले गई।

Non c'era alcun odore che provenisse, solo il silenzio dell'acqua profonda.

वहाँ कोई सुगंध नहीं थी - केवल गहरे पानी का सन्नाटा था।

Buck rimase tutto il giorno vicino alla piscina, camminando avanti e indietro per l'accampamento, addolorato.

सारा दिन बक पूल के पास रहा और दुःख में शिविर में घूमता रहा।

Vagava irrequieto o sedeva immobile, immerso nei suoi pensieri.

वह बेचैनी से घूमता रहता था या फिर शांति से बैठा रहता था, गहरे विचारों में खोया रहता था।

Conosceva la morte, la fine della vita, la scomparsa di ogni movimento.

वह मृत्यु को जानता था; जीवन का अंत; समस्त गति का लुप्त हो जाना।

Capì che John Thornton se n'era andato e non sarebbe mai più tornato.

वह समझ गया कि जॉन थॉर्नटन चला गया है और कभी वापस नहीं आएगा।

La perdita lasciò in lui un vuoto che pulsava come la fame.

इस क्षति ने उसके अंदर एक खालीपन पैदा कर दिया था जो भूख की तरह धड़क रहा था।

Ma questa era una fame che il cibo non riusciva a placare, non importava quanto ne mangiasse.

लेकिन यह ऐसी भूख थी जिसे भोजन से शांत नहीं किया जा सकता था, चाहे वह कितना भी खा ले।

A volte, mentre guardava i cadaveri di Yeehats, il dolore si attenuava.

कभी-कभी, जब वह मृत यीहट्स को देखता, तो उसका दर्द गायब हो जाता।

E poi dentro di lui nacque uno strano orgoglio, feroce e totale.

और फिर उसके अंदर एक अजीब सा गर्व जाग उठा, भयंकर और पूर्ण।

Aveva ucciso l'uomo, la preda più alta e pericolosa di tutte.

उसने मनुष्य को मार डाला था, जो सबसे बड़ा और सबसे खतरनाक खेल था।

Aveva ucciso in violazione dell'antica legge del bastone e della zanna.

उसने प्राचीन कानून, गदा और नुकीले हथियार की अवहेलना करते हुए हत्या की थी।

Buck annusò i loro corpi senza vita, curioso e pensieroso.

बक ने उत्सुकता और विचार से उनके निर्जीव शरीरों को सूँघा।

Erano morti così facilmente, molto più facilmente di un husky in combattimento.

वे बहुत आसानी से मर गए थे - किसी लड़ाई में किसी हस्की की मृत्यु से भी अधिक आसानी से।

Senza le armi non avrebbero avuto vera forza né avrebbero rappresentato una minaccia.

हथियारों के बिना, उनके पास कोई वास्तविक ताकत या खतरा नहीं था।

Buck non avrebbe più avuto paura di loro, a meno che non fossero stati armati.

बक को उनसे कभी डर नहीं लगने वाला था, जब तक कि वे हथियारबंद न हों।

Stava attento solo quando portavano clave, lance o frecce.

केवल तभी जब वे लाठियां, भाले या तीर लेकर आते थे, वह सावधान हो जाता था।

Calò la notte e la luna piena spuntò alta sopra le cime degli alberi.

रात हो गई और पूरा चाँद पेड़ों की चोटियों से ऊपर उठ गया।

La pallida luce della luna avvolgeva la terra in un tenue e spettrale chiarore, come se fosse giorno.

चाँद की पीली रोशनी ने धरती को दिन के समान एक नरम, भूतिया चमक से नहला दिया।

Mentre la notte avanzava, Buck continuava a piangere presso la pozza silenziosa.

जैसे-जैसे रात गहराती गई, बक अभी भी शांत तालाब के पास विलाप कर रहा था।

Poi si accorse di un diverso movimento nella foresta.

तभी उसे जंगल में एक अलग हलचल का अहसास हुआ।

L'agitazione non proveniva dagli Yeehats, ma da qualcosa di più antico e profondo.

यह हलचल यीहाट्स से नहीं, बल्कि किसी पुरानी और गहरी चीज से थी।

Si alzò in piedi, drizzò le orecchie e tastò con attenzione la brezza con il naso.

वह खड़ा हो गया, कान ऊपर उठाए, नाक से हवा का ध्यानपूर्वक परीक्षण किया।

Da lontano giunse un debole e acuto grido che squarciò il silenzio.

दूर से एक हल्की, तीखी चीख आई जिसने सन्नाटे को चीर दिया।

Poi un coro di grida simili seguì subito dopo il primo.

फिर पहले के ठीक पीछे समान प्रकार की चीखों का एक समूह गूंज उठा।

Il suono si avvicinava sempre di più, diventando sempre più forte con il passare dei minuti.

आवाज़ पास आती गई और हर पल तेज़ होती गई।

Buck conosceva quel grido: proveniva da quell'altro mondo nella sua memoria.

बक इस चीख को जानता था - यह उसकी स्मृति में उस दूसरी दुनिया से आई थी।

Si recò al centro dello spazio aperto e ascoltò attentamente.

वह खुले स्थान के मध्य में चला गया और ध्यान से सुनने लगा।

L'appello risuonò più forte che mai, più sentito e più potente che mai.

यह आह्वान गूंज उठा, अनेकों बार सुना गया तथा पहले से भी अधिक शक्तिशाली था।

E ora, più che mai, Buck era pronto a rispondere alla sua chiamata.

और अब, पहले से कहीं अधिक, बक अपनी बुलाहट का उत्तर देने के लिए तैयार था।

John Thornton era morto e in lui non era rimasto alcun legame con l'uomo.

जॉन थॉर्नटन मर चुका था, और उसके भीतर मनुष्य के प्रति कोई बंधन नहीं बचा था।

L'uomo e tutte le pretese umane erano svaniti: era finalmente libero.

मनुष्य और सभी मानवीय दावे समाप्त हो गए थे - वह अंततः स्वतंत्र था।

Il branco di lupi era a caccia di carne, proprio come un tempo avevano fatto gli Yeehats.

भेड़ियों का झुंड मांस की तलाश में था, जैसे कभी येहट्स ने किया था।

Avevano seguito le alci mentre scendevano dalle terre boscose.

वे जंगल वाली भूमि से मूस का पीछा करते हुए नीचे आये थे।

Ora, selvaggi e affamati di prede, attraversarono la sua valle.

अब, वे जंगली और शिकार के भूखे थे, इसलिए वे उसकी घाटी में चले गए।

Giunsero nella radura illuminata dalla luna, scorrendo come acqua argentata.

वे चाँदनी रात में चाँदी के पानी की तरह बहते हुए आये।

Buck rimase immobile al centro, in attesa.

बक बीच में स्थिर खड़ा रहा, बिना हिले-डुले, उनका इंतजार करता रहा।

La sua presenza calma e imponente lasciò il branco senza parole, tanto da farlo restare per un breve periodo in silenzio.

उनकी शांत, विशाल उपस्थिति ने समूह को कुछ देर के लिए मौन में डाल दिया।

Allora il lupo più audace gli saltò addosso senza esitazione.

तभी सबसे साहसी भेड़िया बिना किसी हिचकिचाहट के सीधे उस पर झपटा।

Buck colpì rapidamente e spezzò il collo del lupo con un solo colpo.

बक ने तेजी से वार किया और एक ही झटके में भेड़िये की गर्दन तोड़ दी।

Rimase di nuovo immobile mentre il lupo morente si contorceva dietro di lui.

वह फिर से निश्चल खड़ा रहा, जबकि मरता हुआ भेड़िया उसके पीछे घूम गया।

Altri tre lupi attaccarono rapidamente, uno dopo l'altro.

एक के बाद एक तीन और भेड़ियों ने तेजी से हमला कर दिया।

Ognuno di loro si ritrasse sanguinante, con la gola o le spalle tagliate.

प्रत्येक व्यक्ति खून से लथपथ होकर पीछे हट गया, उसके गले या कंधे कट गए।

Ciò fu sufficiente a scatenare una carica selvaggia da parte dell'intero branco.

यह पूरे समूह को उग्र आक्रमण के लिए प्रेरित करने के लिए पर्याप्त था।

Si precipitarono tutti insieme, troppo impazienti e troppo ammassati per colpire bene.

वे एक साथ दौड़े, इतने उत्सुक और भीड़ में कि कोई अच्छा हमला नहीं कर सका।

La velocità e l'abilità di Buck gli permisero di anticipare l'attacco.

बक की गति और कौशल ने उन्हें हमले से आगे रहने में मदद की।

Girò sulle zampe posteriori, schioccando i denti e colpendo in tutte le direzioni.

वह अपने पिछले पैरों पर घूमकर सभी दिशाओं में वार करने लगा।

Ai lupi sembrò che la sua difesa non si fosse mai aperta o avesse vacillato.

भेड़ियों को ऐसा लगा जैसे उनका बचाव कभी खुला ही नहीं या कभी लड़खड़ाया ही नहीं।

Si voltò e colpì così velocemente che non riuscirono a raggiungerlo alle spalle.

वह इतनी तेजी से मुड़ा और वार किया कि वे उसके पीछे नहीं आ सके।

Ciononostante, il loro numero lo costrinse a cedere terreno e a ritirarsi.

फिर भी, उनकी संख्या ने उन्हें पीछे हटने पर मजबूर कर दिया।

Superò la piscina e scese nel letto roccioso del torrente.

वह तालाब के पास से होते हुए नीचे चट्टानी नाले में चला गया।

Lì si imbatté in un ripido pendio di ghiaia e terra.

वहाँ उसे बजरी और मिट्टी का एक गहरा किनारा मिला।

Si è infilato in un angolo scavato durante i vecchi scavi dei minatori.

वह खनिकों द्वारा की गई पुरानी खुदाई के दौरान काटे गए एक कोने में जा घुसा।

Ora, protetto su tre lati, Buck si trovava di fronte solo al lupo frontale.

अब, तीन तरफ से सुरक्षित, बक को केवल सामने वाले भेड़िये का सामना करना पड़ा।

Lì rimase in attesa, pronto per la successiva ondata di assalto.

वहां, वह अगले हमले के लिए तैयार खड़ा था।

Buck mantenne la posizione con tanta ferocia che i lupi indietreggiarono.

बक ने इतनी दृढ़ता से अपना स्थान बनाए रखा कि भेड़िये पीछे हट गए।

Dopo mezz'ora erano sfiniti e visibilmente sconfitti.

आधे घंटे के बाद वे थक चुके थे और स्पष्टतः पराजित दिख रहे थे।

Le loro lingue pendevano fuori e le loro zanne bianche brillavano alla luce della luna.

उनकी जीभें बाहर लटक रही थीं, उनके सफ़ेद नुकीले दांत चाँदनी में चमक रहे थे।

Alcuni lupi si sdraiano, con la testa alzata e le orecchie dritte verso Buck.

कुछ भेड़िये लेट गए, सिर उठाए, कान बक की ओर तान दिए।

Altri rimasero immobili, attenti e osservarono ogni suo movimento.

अन्य लोग स्थिर खड़े रहे, सतर्क रहे और उसकी हर हरकत पर नजर रखी।

Qualcuno si avvicinò alla piscina e bevve l'acqua fredda.

कुछ लोग पूल के पास चले गए और ठंडे पानी का आनंद लेने लगे।

Poi un lupo grigio, lungo e magro, si fece avanti furtivamente, con passo gentile.

तभी एक लम्बा, दुबला भूरा भेड़िया धीरे से आगे बढ़ा।

Buck lo riconobbe: era il fratello selvaggio di prima.

बक ने उसे पहचान लिया - यह तो पहले वाला जंगली भाई था।

Il lupo grigio uggiolò dolcemente e Buck rispose con un guaito.

भूरे भेड़िये ने धीरे से रोना शुरू किया, और बक ने भी कराहते हुए जवाब दिया।

Si toccarono il naso, silenziosamente, senza timore o minaccia.

उन्होंने चुपचाप, बिना किसी धमकी या डर के, एक-दूसरे की नाकें छूईं।

Poi venne un lupo più anziano, scarno e segnato dalle numerose battaglie.

इसके बाद एक बूढ़ा भेड़िया आया, जो कई लड़ाइयों के कारण दुबला-पतला और जख्मी था।

Buck cominciò a ringhiare, ma si fermò e annusò il naso del vecchio lupo.

बक गुर्राने लगा, लेकिन फिर रुका और बूढ़े भेड़िये की नाक सूँघने लगा।

Il vecchio si sedette, alzò il naso e ululò alla luna.

बूढ़ा बैठ गया, अपनी नाक उठाई, और चाँद को देखकर चिल्लाया।

Il resto del branco si sedette e si unì al lungo ululato.

बाकी लोग बैठ गए और लम्बी चीख़ में शामिल हो गए।

E ora la chiamata giunse a Buck, inequivocabile e forte.

और अब बक के पास कॉल आई, स्पष्ट और मजबूत।

Si sedette, alzò la testa e ululò insieme agli altri.

वह बैठ गया, अपना सिर उठाया और दूसरों के साथ चिल्लाने लगा।

Quando l'ululato cessò, Buck uscì dal suo riparo roccioso.

जब चीखना बंद हुआ तो बक अपने चट्टानी आश्रय से बाहर निकला।

Il branco si strinse attorno a lui, annusando con gentilezza e cautela.

झुंड उसके चारों ओर घिर गया, और दयालुता तथा सावधानी से सूँघने लगा।

Allora i capi lanciarono un grido e si precipitarono nella foresta.

तब नेता चिल्लाये और जंगल में भाग गये।

Gli altri lupi li seguirono, guaendo in coro, selvaggi e veloci nella notte.

अन्य भेड़िये भी रात में तेजी से और बेतहाशा चिल्लाते हुए उनके पीछे-पीछे आ गए।

Buck corse con loro, accanto al suo selvaggio fratello, ululando mentre correva.

बक उनके साथ, अपने जंगली भाई के पास, भागता हुआ चिल्ला रहा था।

Qui la storia di Buck giunge al termine.

यहाँ, बक की कहानी अपने अंत तक पहुँचती है।

Negli anni a seguire, gli Yeehats notarono degli strani lupi.

इसके बाद के वर्षों में, यीहाट्स ने अजीब भेड़ियों को देखा।

Alcuni avevano la testa e il muso marroni e il petto bianco.

कुछ के सिर और थूथन भूरे रंग के थे, तथा छाती सफेद रंग की थी।

Ma ancora di più temevano la presenza di una figura spettrale tra i lupi.

लेकिन इससे भी अधिक उन्हें भेड़ियों के बीच एक भूतिया आकृति का डर था।

Parlavano a bassa voce del Cane Fantasma, il capo del branco.

वे झुंड के नेता भूत कुत्ते के बारे में फुसफुसाते हुए बात कर रहे थे।

Questo Ghost Dog era più astuto del più audace cacciatore di Yeehat.

इस भूत कुत्ते में सबसे साहसी यीहट शिकारी से भी अधिक चालाकी थी।

Il cane fantasma rubava dagli accampamenti nel cuore dell'inverno e faceva a pezzi le loro trappole.

भूत कुत्ता गहरी सर्दियों में शिविरों से चोरी करता था और उनके जालों को फाड़ देता था।

Il cane fantasma uccise i loro cani e sfuggì alle loro frecce senza lasciare traccia.

भूत कुत्ते ने उनके कुत्तों को मार डाला और बिना किसी निशान के उनके तीरों से बच निकला।

Perfino i guerrieri più coraggiosi avevano paura di affrontare questo spirito selvaggio.

यहां तक कि उनके सबसे बहादुर योद्धा भी इस जंगली आत्मा का सामना करने से डरते थे।

No, la storia diventa ancora più oscura con il passare degli anni trascorsi nella natura selvaggia.

नहीं, जंगल में जैसे-जैसे वर्ष बीतते जाते हैं, कहानी और भी गहरी होती जाती है।

Alcuni cacciatori scompaiono e non fanno più ritorno ai loro accampamenti lontani.

कुछ शिकारी गायब हो जाते हैं और अपने दूरस्थ शिविरों में कभी वापस नहीं लौटते।

Altri vengono trovati con la gola squarciata, uccisi nella neve.

अन्य लोगों के गले कटे हुए तथा बर्फ में मृत पाए गए हैं।

Intorno ai loro corpi ci sono delle impronte più grandi di quelle che un lupo potrebbe mai lasciare.

उनके शरीर के चारों ओर निशान हैं - किसी भी भेड़िये द्वारा बनाए गए निशानों से बड़े।

Ogni autunno, gli Yeehats seguono le tracce dell'alce.

प्रत्येक शरद ऋतु में, यीहाट्स मूस के निशान का अनुसरण करते हैं।

Ma evitano una valle perché la paura è scolpita nel profondo del loro cuore.

लेकिन वे अपने दिलों में गहरे डर के साथ एक घाटी से बचते हैं।

Si dice che la valle sia stata scelta dallo Spirito Maligno come sua dimora.

वे कहते हैं कि इस घाटी को दुष्ट आत्मा ने अपने घर के लिए चुना है।

E quando la storia viene raccontata, alcune donne piangono accanto al fuoco.

और जब कहानी सुनाई जाती है, तो कुछ महिलाएं आग के पास बैठकर रोती हैं।

Ma d'estate, c'è un visitatore che giunge in quella valle sacra e silenziosa.

लेकिन गर्मियों में, एक पर्यटक उस शांत, पवित्र घाटी में आता है।

Gli Yeehats non lo conoscono e non potrebbero capirlo.

येहात लोग न तो उसके विषय में जानते थे, न ही उसे समझ सकते थे।

Il lupo è un animale grandioso, ricoperto di gloria, come nessun altro della sua specie.

भेड़िया महान है, गौरव से लदा हुआ, अपनी प्रजाति का कोई अन्य नहीं।

Lui solo attraversa il bosco verde ed entra nella radura della foresta.

वह अकेले ही हरे पेड़ों को पार कर जंगल के मैदान में प्रवेश करता है।

Lì, la polvere dorata contenuta nei sacchi di pelle d'alce si infiltra nel terreno.

वहां, मूस की खाल की बोरियों से निकली सुनहरी धूल मिट्टी में रिस रही है।

L'erba e le foglie vecchie hanno nascosto il giallo del sole.

घास और पुरानी पत्तियों ने पीले रंग को सूरज से छुपा दिया है।

Qui il lupo resta in silenzio, pensando e ricordando.

यहाँ भेड़िया चुपचाप खड़ा होकर सोच रहा है और याद कर रहा है।

Urla una volta sola, a lungo e lugubremente, prima di girarsi e andarsene.

वह एक बार चीखता है - लंबे समय तक और शोकाकुल होकर - जाने से पहले।

Ma non è sempre solo nella terra del freddo e della neve.

फिर भी वह ठंड और बर्फ की भूमि पर हमेशा अकेला नहीं रहता।

Quando le lunghe notti invernali scendono sulle valli più basse.

जब निचली घाटियों पर लम्बी सर्दियों की रातें उतरती हैं।

Quando i lupi seguono la selvaggina attraverso il chiaro di luna e il gelo.

जब भेड़िये चांदनी और ठंड के बीच शिकार का पीछा करते हैं।

Poi corre in testa al gruppo, saltando in alto e in modo selvaggio.

फिर वह झुंड के सबसे आगे दौड़ता है, ऊंची छलांग लगाता हुआ।
La sua figura svetta sulle altre, la sua gola risuona di canto.

उसका आकार अन्यों से ऊंचा है, उसका गला गीत से जीवंत है।
È il canto del mondo più giovane, la voce del branco.

यह युवा जगत का गीत है, समूह की आवाज है।
Canta mentre corre: forte, libero e per sempre selvaggio.

वह दौड़ते हुए गाता है - ताकतवर, स्वतंत्र और हमेशा उन्मुक्त।